センセイの書斎

イラストルポ「本」のある仕事場

内澤旬子

kawade bunko

河出書房新社

センセイの書斎

目次

はじめに

　私には「先生」がいない。ついでに上司もいない。イラストも文章も、誰かから手取り足取りきっちり教わったという経験がないのだ。通りすがりの方々からちょっとずつコツを教わったり、真似したり盗んだりして、気がついたらお金をいただくようになっていた。だから、今まで出会ってきた方々全員を自分の大事な「先生」と思って足を向けて寝ないようにしようと思うんだが、あまりにもたくさんいらっしゃるので、たぶんどなたかには足を向けていると思う。すみません。

　そんなだから、「書斎のイラストルポ」を雑誌連載として始めるチャンスをいただいたときには、小躍りして喜んだ。今度は「本の先生」にたくさん会えると思ったのである。

　本にはいろいろな読み方がある。枕元に一冊だけ置いて、毎晩毎晩その本だけを繰り返して読んだっていいし、一度に五冊を同時進行で読んだっていい。そんなこと誰かに習う必要もない。だけど、何かを書いたり、創り出したりするための資料として大量の本を読むということになると、ちょっと話が違ってくる。本をどう集め、どう読み、どう置いて情報を整理管理するのかにまで関わってくる。なかなか奥深く、修養が必要な技術だ。その修養の結果がくっきりと現れるのがその人の書斎（書庫）なのだと思う。

たぶん、書斎を作るのには「これが正解」というメソッドがあるわけではないだろう。持ち主の仕事によって、本の集め方、保管の期間もどんどん変わり、本の並べ方、整理のルールやコツなども違うはずだ。そう、だからこそたくさんの「本の先生」の書斎を拝見することで、ひょっとしたら自分にも真似できそうなコツやアイデアに出会えるかもしれない。そんな野望を秘め、三十一の書斎にお邪魔したのである。ここにご披露するイラストと文章は、三十一の先生方の貴重な時間を割いてもらってお聞きした、「書斎の奥義」の覚え書きのようなものである。「たった数時間のインタビューで先生と呼ばれる覚えはない」といわれそうなので、「センセイ」とお呼びすることにした。

登場する「センセイ」にはたくさんの資料本を駆使して文章を書く作家・研究者の方々が多いのだが、建築、デザインを創り出す「センセイ」もいらっしゃる。それから本を集め並べること自体で何かを発している書店や専門図書館も、私の大事な「センセイ」だ。

本好きの方ならば誰もが持つ経験かと思うが、書斎に並んだ本の背を端から順にじいっと眺めているだけで、不思議なことにじわあっと持ち主や並べた人の個性が滲み出してくることがある。イラストでは、そうした個性を味わっていただきながら、本棚と机の位置関係など、本をフィジカルに管理するその人なりの分類ルールをも伝えられないかと、いろいろ考えこらして盛り込んでみた。文章では、「センセイ」たちの本とのつきあい方から、本に対する思い入れなどをお聞きしてまとめた。

　イラストと文によって書斎の世界の面白さをどこまで伝えることができるか、祈るような気持ちで今この本を送り出そうとしている。まずはページをめくってみて下さい。それではセンセイ方にご登場していただきます。さあどうぞ……。

センセイの書斎

林望　HAYASHI Nozomu　書誌学者・作家

古典籍から『an・an』まで、リンボウ先生のふみくら

一九九九年一月

人の家の冷蔵庫を覗くのは面白い。なかに入っているもの、常備されているものからその人のふだんの暮らしぶりがリアルに伝わるからだ。あんまりお行儀のいい趣味とはいえないけれども。書庫を見るのも同じで、その人の脳の知的暮らしぶりを窺うことができる。まして作家の書庫ともなると、作品の舞台裏、着想の秘密がいっぱい詰まっていそうだ。ひょっとしたら秘密のかけらくらいもらえるかもしれない。そんな気持ちで書庫を訪ね回ることにした。

とはいっても大事な書庫を公開して下さる方が、一体何人いるのだろうか。不安を胸に一人目、リンボウ先生こと、書誌学者であり、作家の林望氏に電話をかけた。

「いいですよ。好きなだけいてください。僕は書斎で仕事していますから」

いともあっさりとリンボウ先生はご自宅の書庫に招き入れて下さった。地下の重々しい防火扉を開けると、脇に手回しハンドルの付いた大きな書棚がずらり。

ハンドルを回すと書棚がしずしずと移動して向かい合うスペースができるようになっている。

除湿器の音だけが響く、地下独特の静けさのなか、書棚を採寸し、主な書名を書き写していく。古色蒼然とした和書が山のように積み上がっていたかと思うと、オペラ事典があったり、イギリス関係の資料が並ぶ。篠田節子の小説もあれば劇画『ゴルゴ13』もある。どれでも手に取って見ていいといって下さったのだが、何をどう見ればいいのやら、たくさんありすぎて、すっかり混乱してしまった。

「なにしろどうやって整理するかが大問題で。だいたい頭のなかで分類ができてるんですけどね。ドア側から全集、個人全集、それからだんだん個別的なものになってきて、洋書だとか、イギリス関係の資料、大型本なんかが入ってますよね。その次は国文学の近現代もの、古典、それから書誌学関係……。十進分類法のように、機械的じゃなくて、あくまでも自分にとってどういうふうにしておいたら都合がいいかっていう、ファジーな分類法になっています。同じ本が二冊ある場合には、違う分類のところに入れる。

どうしていちばん下の棚を開けてあるかっていうと、まず見にくいから。この書棚はレールの上に載ってるので、いちばん下に本が入ってなくても倒れやすいということもない。それから万一、地震が起こって火事になったときに、消防車が水をかける

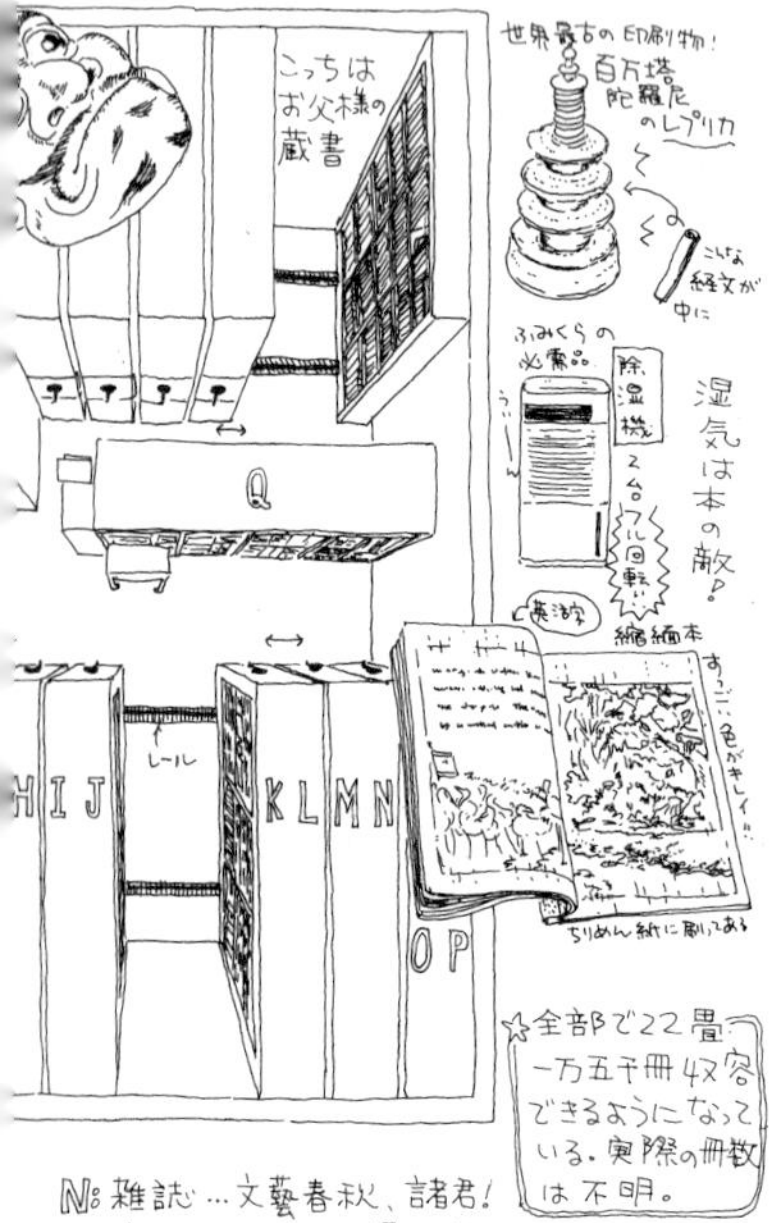

☆全部で22畳。
一万五千冊収容
できるようになって
いる。実際の冊数
は不明。

N：雑誌…文藝春秋、諸君！
デカメロン、ガロ、夫婦生活、
ビブリア、汲古、an.an（70's）

O：ファイル類、文庫本、ノート類
しにか、イマーゴ、手紙…
（イギリスから御家族に送った
手紙などが"イギリスはおいしい"
の素になった）

P：上部五段と共にお父様の蔵書

Q：箱入りの和書や能面、謡曲本
など、貴重なものがおさまっている

執筆は
1階の書斎
で。欲しい
本ができると
書庫にトコトコ
降りてきて、
書斎へ持って
いく。

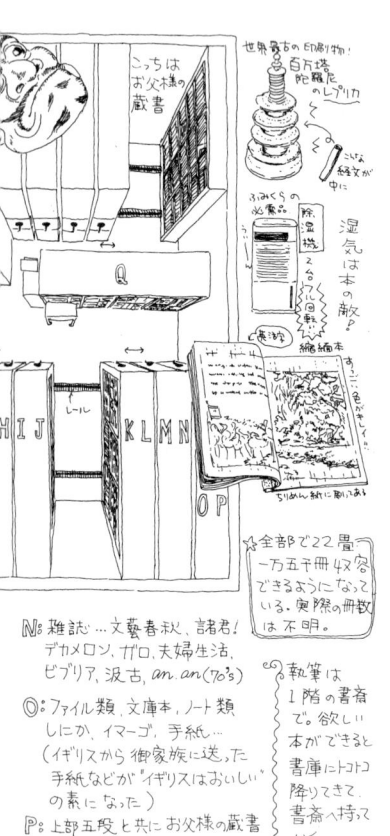

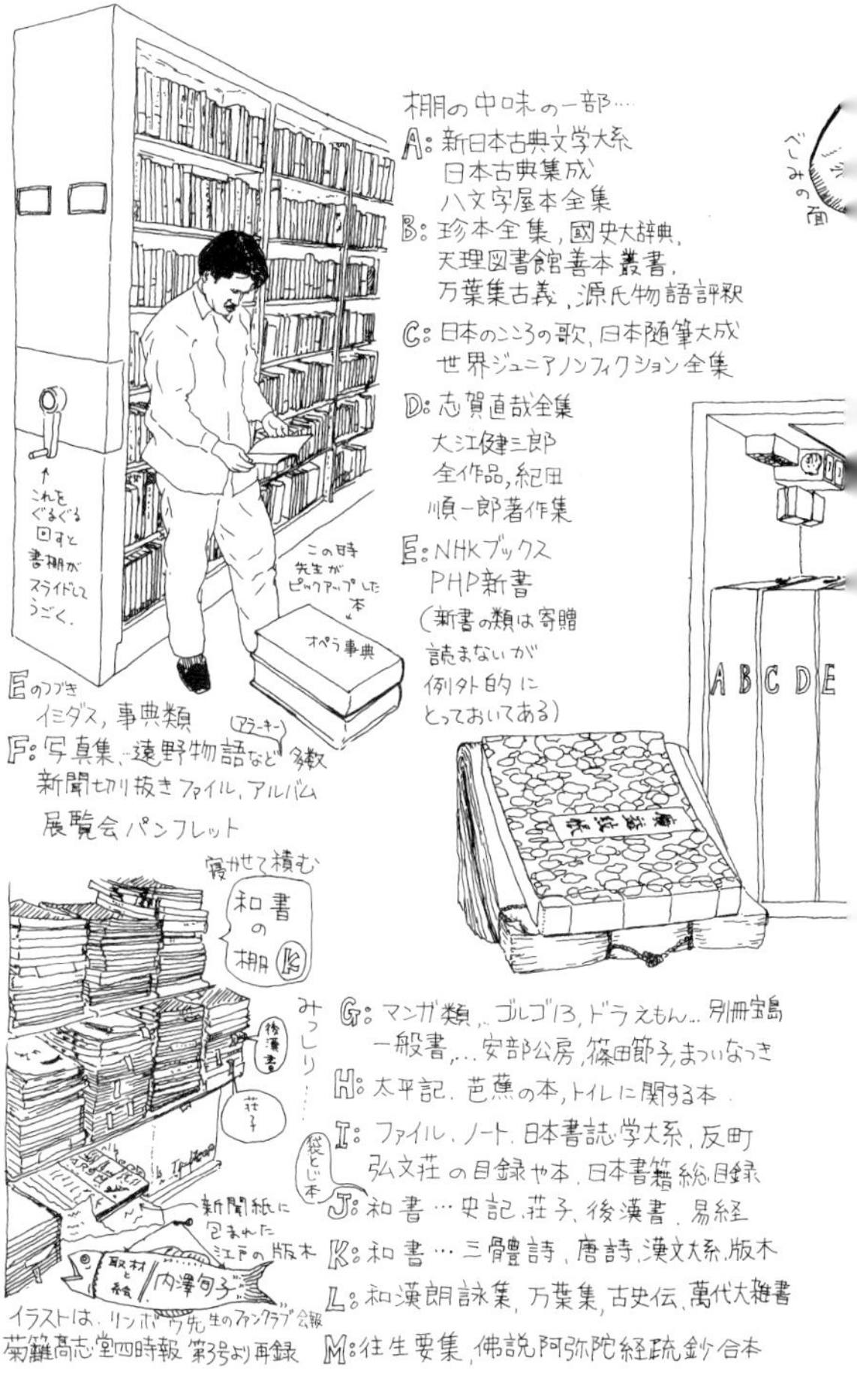
棚の中味の一部…
A：新日本古典文学大系
日本古典集成
八文字屋本全集
B：珍本全集，國史大辞典，
天理図書館善本叢書，
万葉集古義，源氏物語評釈
C：日本のこころの歌，日本随筆大成
世界ジュニアノンフィクション全集
D：志賀直哉全集
大江健三郎
全作品，紀田
順一郎著作集
E：NHKブックス
PHP新書
（新書の類は寄贈
読まないが
例外的に
とっておいてある）
これをぐるぐる回すと書棚がスライドしてうごく。
この時先生がピックアップした本
オペラ事典
Eのつづき
イミダス，事典類
F：写真集，遠野物語など（アラーキー）多数
新聞切り抜きファイル，アルバム
展覧会パンフレット
A B C D E
寝かせて積む
和書の棚 K
みっしり……
後漢書
荘子
袋とじ本
新聞紙に包まれた江戸の版木
取材と絵 内澤旬子
G：マンガ類，…ゴルゴ13，ドラえもん…別冊宝島
一般書，…安部公房，篠田節子，まついなつき
H：太平記，芭蕉の本，トイレに関する本
I：ファイル，ノート，日本書誌学大系，反町
弘文荘の目録や本，日本書籍総目録
J：和書…史記，荘子，後漢書，易経
K：和書…三體詩，唐詩，漢文大系，版木
L：和漢朗詠集，万葉集，古史伝，萬代大雑書
M：往生要集，佛説阿弥陀経疏鈔合本
イラストは、リンボウ先生のファンクラブ会報
菊籬高志堂四時報 第3号より再録

でしょ。

地下だから水が溜まっちゃうじゃないですか。そのために下一段ぐらいを、水が浸かっても大丈夫にして、重要な本ほど上に置いてあるんです。

和書は、冊数からいったらどれくらいでしょう……。でも三千冊くらいですかね（そう多くもないといった口振り）。同じ題名のものがたくさんあったのはですね、いくつかのアイテムについて、系統的に収集しているからです。タイトルは公にすると古書価が上がるので秘密です（とニヤリ）。で、あと十年、十五年して、もうちょっと時間に余裕ができたら、完璧な図録を出版して、学会にとどめを刺したいと思っているんです。これらの本に関しては日本一のコレクションですよ。こういう研究はやっぱり自分が本を持ってなければだめです。

僕は図書館は利用しません。だって借りてきた本ってのは、返さなきゃならないじゃない。あ、あれは前に読んだアレだな、と思ったときに、手元になかったら、そのアイデアはパーになっちゃう。

書誌学の研究は、学問的野心ですとか、アカデミズム的なものよりも、古書が好きってことから始まるんですね。なんのかんのいっても書庫に入ったときの古本独特の匂い、かび臭いというか、紙臭いというか、和書はとりわけ独特ですよね。あの匂いをかいだときにああ、いい匂いだ……、と思えないとだめですよ。

一度でも使った本、読んだ本は、必要な本として書庫に入れて保存します。高校時代の教科書とかノートも捨てずに取っておいてあるんですよ。昔の『an・an』や『non-no』もあるし、写真集もたくさんあるでしょ。いろいろありすぎるといっても、基本的に自分の目で見て、興味を持って研究しているジャンル以外のものはないです。いつもきちんとした知識を得たいと思っているから。そう、アカデミズムとジャーナリズムの不思議なる混淆《こんこう》なのですよ。この書庫は」

……まさに先生の世界そのもの、の書庫だったのでした。

荻野アンナ　OGINO Anna　作家・フランス文学者

豚と駄洒落が飛ぶラブレーな本棚

一九九九年三月

二人目の本棚を見せて下さる方を見つけた。荻野アンナ氏。ただし自宅はあまりにも混沌としているので研究室でならどうぞ、とのこと。アンナ氏は作家と同時にラブレー研究者でもある。洋書がびっしりの書棚だったらまずい。タイトルすらも読めずにぼうっと立ち尽くす自分を想像して、慶応三田校舎へ向かう足取りはどんどん重くなる。

「そんなことよーしょ（洋書）」

優雅な笑顔からいきなりずっこける駄洒落（？）を飛ばし、アンナ氏はあたたかく迎えて下さった。書架をざっと見回す。和書七、洋書三の割合に、ホッと胸を撫《な》で下ろす。机にはピンクの豚のマスコットがどっさり並ぶ。音に聞こえた豚コレクションだ。

「ラブレーの『ガルガンチュワとパンタグリュエル物語　第四之書』に、空飛ぶ豚がでてくるんです。『目はルビーのように赤くなんなんとして、黒い長いルクルス大理石のような尾っぽをして、爪はダイヤモンドのようで、歯は黄色で、耳が緑で、赤い毛を生やした灰色の豚』が、一瞬出てきてブヒブヒと飛びさってしまうんですけど、逆に印象に残りまして。集め始めたのがこんなになっちゃいました」

なんか今、妙な文句を早口言葉のように唱えられたような。これがラブレー？

「私が中三の頃に、筑摩書房の『世界文学大系』で部分訳のラブレーと出会いました。もちろんそのときは、ルネッサンスのユマニストの作品なんて知らなくて。何か面白いものないかとめくっていたら、やたらに言葉のくどい作家がいて、それがラブレーだったわけです。全訳は高三のときに手に入れました。

そもそもガルガンチュワという巨人が『オギャー』の代わりに『飲みたい、飲みたい』といって生まれた。そして子どもの頃、『飲んだり、眠ったり、食べたり、飲んだり、眠ったり、食べたり、飲んだり、眠ったり、食べたりしてきた』と。一言『食べて、飲んで、眠った』といえばすむことを、三倍にしている。ラブレーとしては三倍くらいはまだかわいいというか、甘い方です。『針小棒大主義』と私はいってますけど、一行ですむことを百行にも千行にもする。美文というのは、極力贅肉を削ったものだと教えられてきましたが、贅肉タブタブの美文もあるんですね」

フランス文学も奥が深いらしい。これを原文で読みたくて、仏文科に進んだという

机の上の豚・豚・・・豚・・・豚
豚に関する本もたくさんあった
ピンクが多いので華やか。
回、ラブレー関係と思われるフランス語の研究書。下段には、ヨーロッパの食物に関する本。「美食のフランス」、「古代ローマの調理ノート」、「ワインと風土」その他、「唯脳論」「ユートピアの精神」中段にはギャグマンガ・・・。
高校3年生の時に手に入れた岩波文庫のラブレーの全訳。渡辺一夫訳。
付箋がびっしり。
セロテープで補強
何度も読み込まれた様子が伝わる。
←このへんにちくま文庫の坂口安吾全集が…。
☆辞書を引く時のスタイル
椅子に腰かけたまま辞書の前にスライド。
楽で
ずる〜り
これが16世紀フランス語の辞書。全七巻かなり重い…

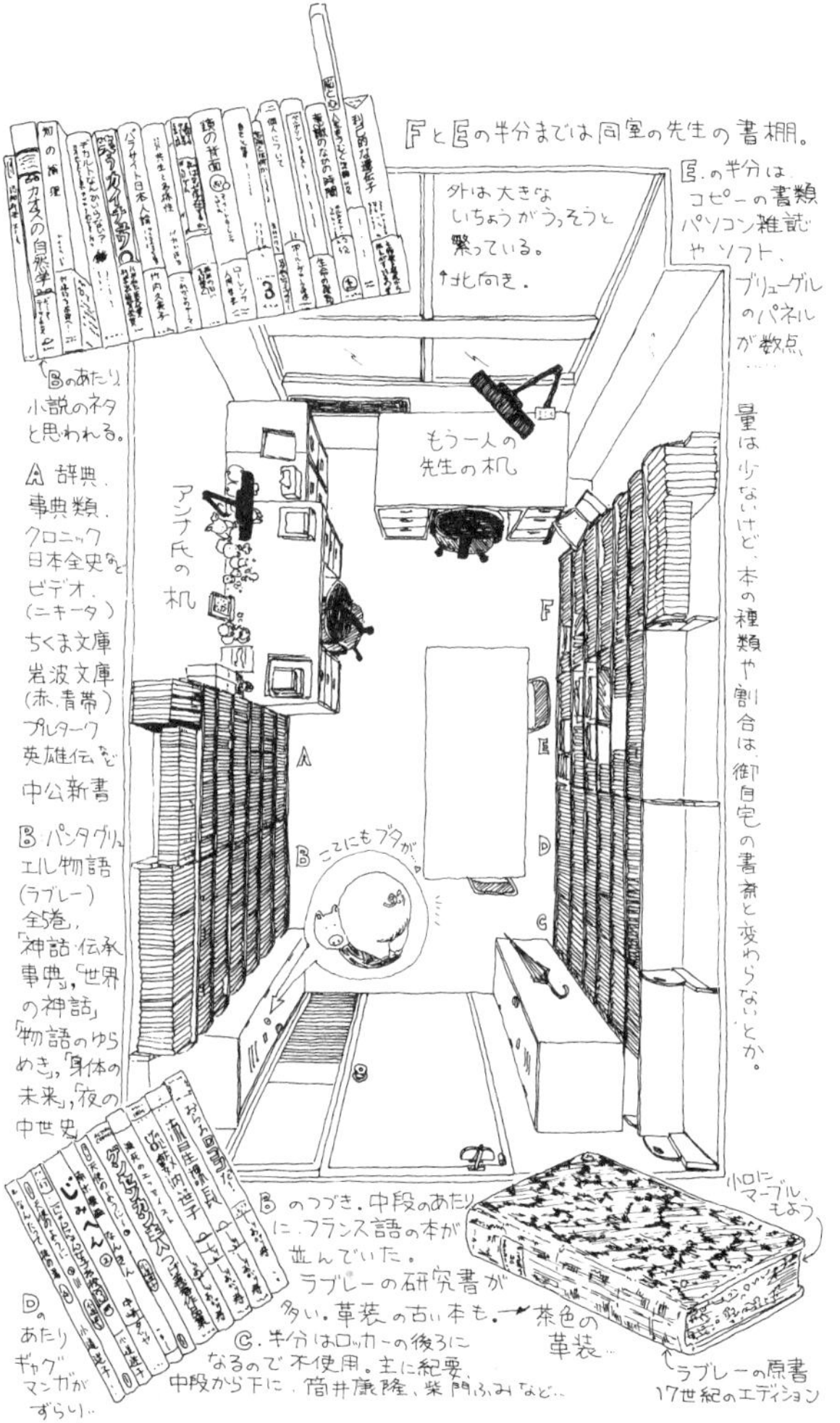
FとEの半分までは同室の先生の書棚。
E.の半分は コピーの書類 パソコン雑誌 やソフト、ブリューゲルのパネルが数点
外は大きないちょうがうっそうと繁っている。
↑北向き。
もう一人の先生の机
アンナ氏の机
量は少ないけど、本の種類や割合は、御自宅の書斎と変わらないとか。
Bのあたり 小説のネタと思われる。
A 辞典、事典類、クロニック日本全史など ビデオ（ニキータ） ちくま文庫 岩波文庫（赤、青帯） プルターク英雄伝など 中公新書
B パンタグリュエル物語（ラブレー）全5巻、「神話・伝承事典」、「世界の神話」「物語のゆらめき」、「身体の未来」、「夜の中世史」
B ここにもブタが…
A
B
C
D
E
F
カオスの自然学
パラサイト日本人論
鏡の背面
利己的な遺伝子
じみへん
B のつづき。中段のあたりに、フランス語の本が並んでいた。ラブレーの研究書が多い。革装の古い本も。
茶色の革装…
C. 半分はロッカーの後ろになるので不使用。主に紀要。中段から下に、筒井康隆、柴門ふみなど…
小口にマーブルもよう
ラブレーの原書 17世紀のエディション
Dのあたり ギャグマンガがずらり…

からすごい。呆然とする私をよそに、講義はどんどんエスカレートしていく。

「ラブレーは個人言語というか、自分で言葉を発明しちゃう人なので、読みにくいといえば読みにくい。一つの単語が一行半くらいの長さになるときもあるし、『聞いてくれかわいいタマキンちゃんや』と相手に呼びかける場面で、その呼びかけがそのままドカンと表になっていたりする。『かわいいタマキン』『評判タマキン』ってずっとタマキン連呼が百何十個。それに対して呼びかけられた相手がまた『タマキンちゃん』と答えを返す。それがまた百五十個くらい。それも『かびはえタマキン』ならわかりますけど、『大豆タマキン』『水銀タマキン』とか……。だからタマキンのミクロコスモスっていってるんですけど」

……最近少しずつ翻訳を始めているというが、想像していたのと全然違うかたちでその大変さが見えてきた。

「こんな具合ですから棚に筒井康隆としりあがり寿とラブレーが並んでいても、私のなかでは必然性があるわけです。

これはラブレーを読むための十六世紀のフランス語の辞書です。日本語と同じで、当時の言語は現代フランス語とは違いますから。七巻あります。それからこれがラブレーの十七世紀のエディション。

この辺は食べ物についてのエッセイを書いたときの本ですね。小説やエッセイに使った本も交ざってるんですよ。研究と小説執筆と、場所をはっきり使い分けているわけではないので。自宅かここか、本がどっちにあるかわからないなんてしょっちゅう。もちろん図書館も利用します。全部買ってたら大変ですよ。今でさえあふれているのに。っとに、もう、家のなか、豚もいるけど、〈豚箱〉状態です。こっちはそうでもないですけど。ここの遺伝子関係の本は『半死半生』（角川書店）を書いたときのなごりですね。こうして見ると書棚ってナントカ紀の化石みたいですね。書いたものがバウムクーヘン状に層を作っている……」

巨大な本のバウムクーヘンのなかで、執筆するアンナ氏が浮かんだ。お供はもちろん、空飛ぶ豚だ。

静嘉堂文庫 SEIKADÔ BUNKO 図書館

九百歳の姫君、宋刊本が眠る森

一九九九年五月

ここ数年でヤングミセスに大人気の土地に変貌した、二子多摩川園駅（現・二子玉川駅）。ここからバスに乗って十分弱で、緑豊かな森にたどり着く。世田谷区だということを忘れてしまいそうになる。この贅沢な森の奥に、齢九百歳のお姫様、宋刊本が眠っている静嘉堂文庫がある。

「恐らくは世界で現存する冊子の形態を持つ本のなかで、最も古いものの一つかもしれません」

司書の増田晴美さんが、表紙を保護するために上下に当てられた板を外すと、紺地の表紙が現れた。重要文化財の宋刊本である。丁寧にページを繰《く》る。除虫香の匂いが薄く漂う。とても九百年前の本とは思えない。キズ、虫食い一つなく、刷り立ても鮮やかに「生き生き」とした文字が並んでいる。

各ページのなかに整然と並ぶ文字は、役人による下書きの字を刻工（板木を彫る職人）が彫り出していったものだという。同じ役人の下書きではどの字も大きさはもとより、止め方、払い方まで寸分の狂いなく一つの法則に貫かれている。なかでも北宋の様式である竜爪体《りゅうそうたい》と呼ばれる文字は、力強い払いや文字間の微妙な詰まり方が、不思議な生気を漲《みなぎ》らせていて、何が書いてあるんだかよくわからない私でさえも、ぐいぐいと引き込まれてしまう。よくグラフィックデザイナーやフォントデザイナーが見学に訪れるという。宋刊本は、美しい書体がいくつも連なる宝箱のようなものなのだ。

　財団法人静嘉堂は、和漢の古典籍二十万冊を収蔵する文庫と、古美術品六千五百点を有する美術館から成っている。一般展示を行っている美術館に比べ、文庫の存在を知る人は少ない。蔵書の保存を第一の目的とし、公開を限定しているためだ。蔵書の持ち出しは厳禁、閲覧にも紹介状を必要としている。

　明治二十五年（一八九二年）、岩崎彌太郎の実弟で、三菱二代目の社長になった岩崎彌之助によって、この文庫は創設された。西洋文化が跋扈《ばっこ》する当時の風潮のなかで、日本の文化財が海外に流出することに危機感を持ち、彌之助は社長を退いてから、和漢の典籍や古美術品の収集を始める。その買いっぷりは相当すさまじかったらしく、ちまちま選らずに、棹ごと一括購入、「巨資を惜しまず」注ぎ込んだらしい。それでも三菱は潰れなかったのであるから、「潰れない程度」には加減していたのだろうか。骨董、典籍マニアならば、一度はやってみたい買い方であり、それだけの逸品が出回

レンガづくりの文庫

大正13年(1924)に建てられた。それまで文庫は
駿河台の岩崎彌之助氏自邸にあった。
現在ではどうがんばっても
作れない美しさ。(内部も)
隣りに美術館(1992年竣工)がある。

創設者：岩崎彌之助氏

宋刊本を含む陸心源の
蔵書を手に入れた翌年の
明治41年(1908)に死去…。

緑青色の
小さなドーム
岩崎家の廟
ここも
美しい

1910年、コンドルの設計

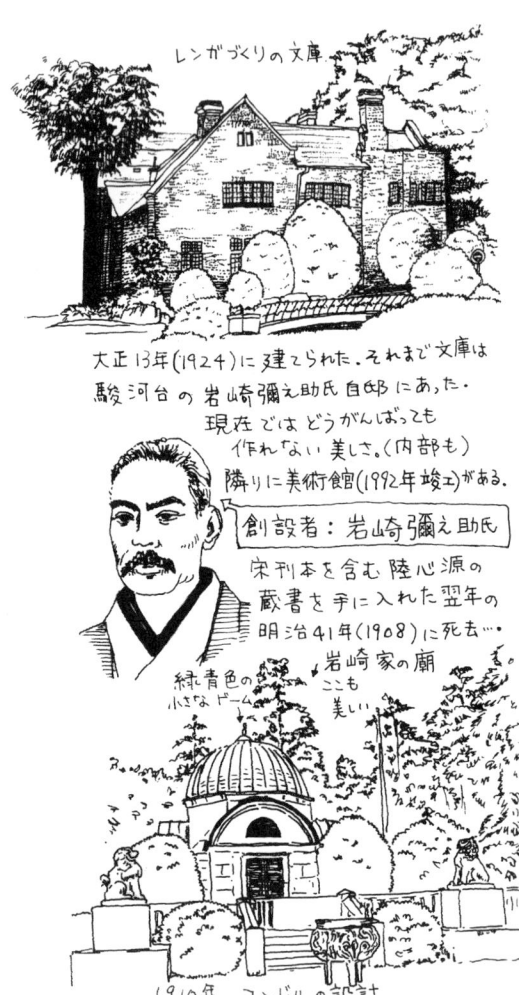

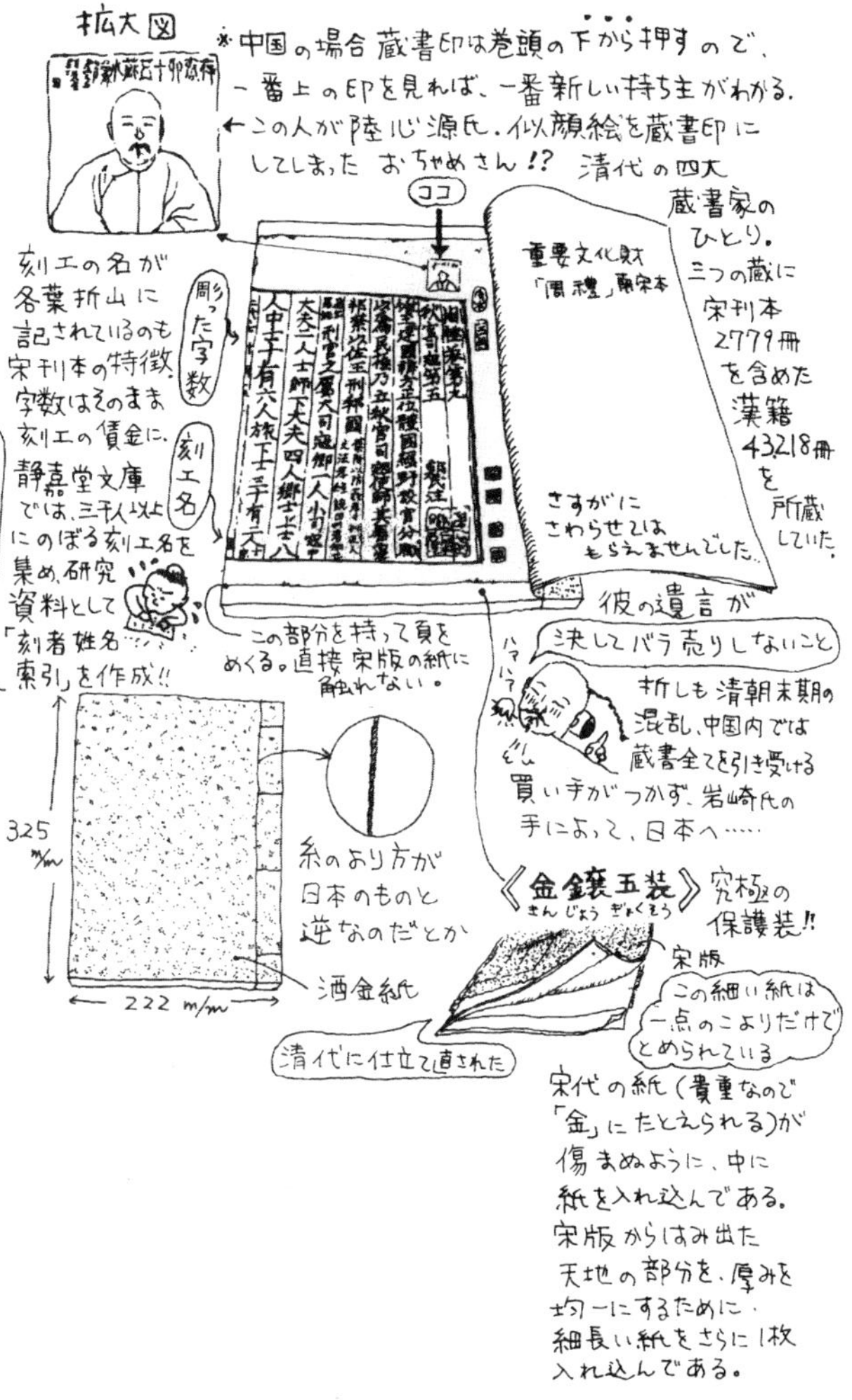

拡大図
※中国の場合蔵書印は巻頭の下から押すので、
一番上の印を見れば、一番新しい持ち主がわかる。
←この人が陸心源氏。似顔絵を蔵書印にしてしまったおちゃめさん!?
清代の四大蔵書家のひとり。三つの蔵に宋刊本2779冊を含めた漢籍43,218冊を所蔵していた。
ココ
重要文化財「周禮」南宋本
さすがにさわらせてはもらえませんでした。
刻工の名が各葉折山に記されているのも宋刊本の特徴。字数はそのまま刻工の賃金に。
彫った字数
刻工名
静嘉堂文庫では、三千人以上にのぼる刻工名を集め、研究資料として「刻者姓名索引」を作成!!
一字いくらだったのか…
この部分を持って頁をめくる。直接宋版の紙に触れない。
彼の遺言が
決してバラ売りしないこと
ハァハァ
どてん
折しも清朝末期の混乱、中国内では蔵書全てを引き受ける買い手がつかず、岩崎氏の手によって、日本へ……
325 m/m
222 m/m
糸のより方が日本のものと逆なのだとか
洒金紙
《金鑲《きんじょう》玉装《ぎょくそう》》究極の保護装!!
宋版
この細い紙は一点のこよりだけでとめられている
清代に仕立て直された
宋代の紙（貴重なので「金」にたとえられる）が傷まぬように、中に紙を入れ込んである。宋版からはみ出た天地の部分を、厚みを均一にするために、細長い紙をさらに1枚入れ込んである。

るうらやましい時代でもあった。

さて、宋刊本に話を戻すと、宋時代の文治政策の下、国家事業として出版されたため、墨色、紙質共に優れ、字も端正で誤刻も少なく、元代、明代からすでに珍重されていたという。生粋の善本だ。

文庫に収蔵してある宋元刊本だけで五千冊。当時刷られた本はその何倍だったか。宋、元の国家ではこれだけの文字を書く役人、刻工や紙漉《す》き工も含め、莫大なエネルギーが出版に費やされていたのだ。ヨーロッパではまだ手写本が主流であった時代だ。必要とする人がいなければ、本は刊行されないし、美しくもならない。改めて中国文化の深さを思い知らされる。

清朝末期、大蔵書家である陸心源がその宋刊本二百部（約三千冊）を所蔵していたと伝えられる。彼の死後、彌之助は、明治四十年（一九〇七年）に宋刊本二百部を含めた陸心源の全蔵書四千部（約四万三千冊）を一括購入したのだ。この大量の蔵書を、どうやって混乱期の清国をくぐり抜け、日本に運んだのだろう。きっと運も大きく左右したに違いない。

陸心源の前の持ち主から数えると、一体、幾人の手（いくつの蔵？）を経てきたのか。その誰もがこの宋刊本の価値を知り尽くし、保存に心を砕いてきたのだろう。「外の騒ぎ」など何一つ感じさせない優雅なたたずまいには、ため息が出てしまう。

ふと神保町のワゴンに平積みされている薄汚れた和本が頭をよぎる。生まれの美《よ》し悪《あ》しもあろうが、本そのものにもそれぞれの運命があるに違いない。争乱期に反故にされてしまった宋刊本もあるという。だとすれば、この宋刊本は高貴な生まれにして玉のように美しく、幾人もの愛書家の手に渡りながらもその美しさを損なわず、大事に大事に守られてきた、類い希なるお姫様だといってもいいだろう。

静嘉堂文庫　東京都世田谷区岡本二―二三―一

南伸坊 MINAMI Shinbô　イラストライター

シンボーズ・オフィス、本棚はドコ？

一九九九年七月

「資料用の本がほとんどなので、見て面白い本棚ではないですよ。それで良ければ……」

と、少々迷い気味のお返事を下さったのは、イラストライターの南伸坊さん。いやいや、愛書家の書棚だけが面白いわけではありません。ビールとミネラルウォーターだけ入った冷蔵庫でも、その人柄や仕事ぶりは十分に見出せるというもの。喜んで伺わせていただきます。

南さんは、イラストの他に多くの著作をモノし、さらに本の装丁も手がけていらっしゃる。それらの仕事にどういう本が必要なのか。想像できそうで、できない。

ドアを開けると、白い壁に黒い革張りのソファだけ、というがらんとした空間が現れた。デザイナーやイラストレーターの仕事場って、壁面びっしり大型本、もしくはポスターというのが相場なのだが……。これまた上になんにも置いてない机の後ろに一つ書棚が見えるだけだ。これだけ？　これで本当に納まっているのか？

私の疑問を見透かしたように南さんは手前のクローゼットを指して、「本はここなんです」

なんと、蓋付きの書棚だったのだ。四〇センチ幅の白い板に、銀色の小さな取手が付いた戸が、壁一面に大きなタイルのように並んでいる。

本の傷みを防ぐために、ガラス戸のついた書棚はよくあるけれど、壁のようにすべて覆い隠した書棚というのははじめて見た。

「僕は本が見えると気が散るんですよ、ごちゃごちゃするんで。ここの本、資料として結構使ってはいますけど、本が表に出ている必要はほとんどないんですね。本の背を眺めてうれしいとか、そういう感覚はあまりないです。自宅の本も引越して段ボールに詰めたまんまで三年以上経ってるかな。置いてあるだけだから、本がない家といってもいい。もっと本の量が少なくて、自宅で開架式の本箱だったときは、『いや、これは違うだろう。この隣にはこの本だ』って並べ替えたりしてましたよ。自分の頭の中身を外に出すみたいに。それが面倒くさくなって蓋をしたのかもしれませんね」

この辺がいちばんよく使う中国関係の資料、と扉を三つほど開けると、なかの本がぼとりと落ちて、中国語のタイトルがぎっしり現れた。

「中国関係は、たまたま自分が好きで、昔から買っていました。今、中国を舞台にし

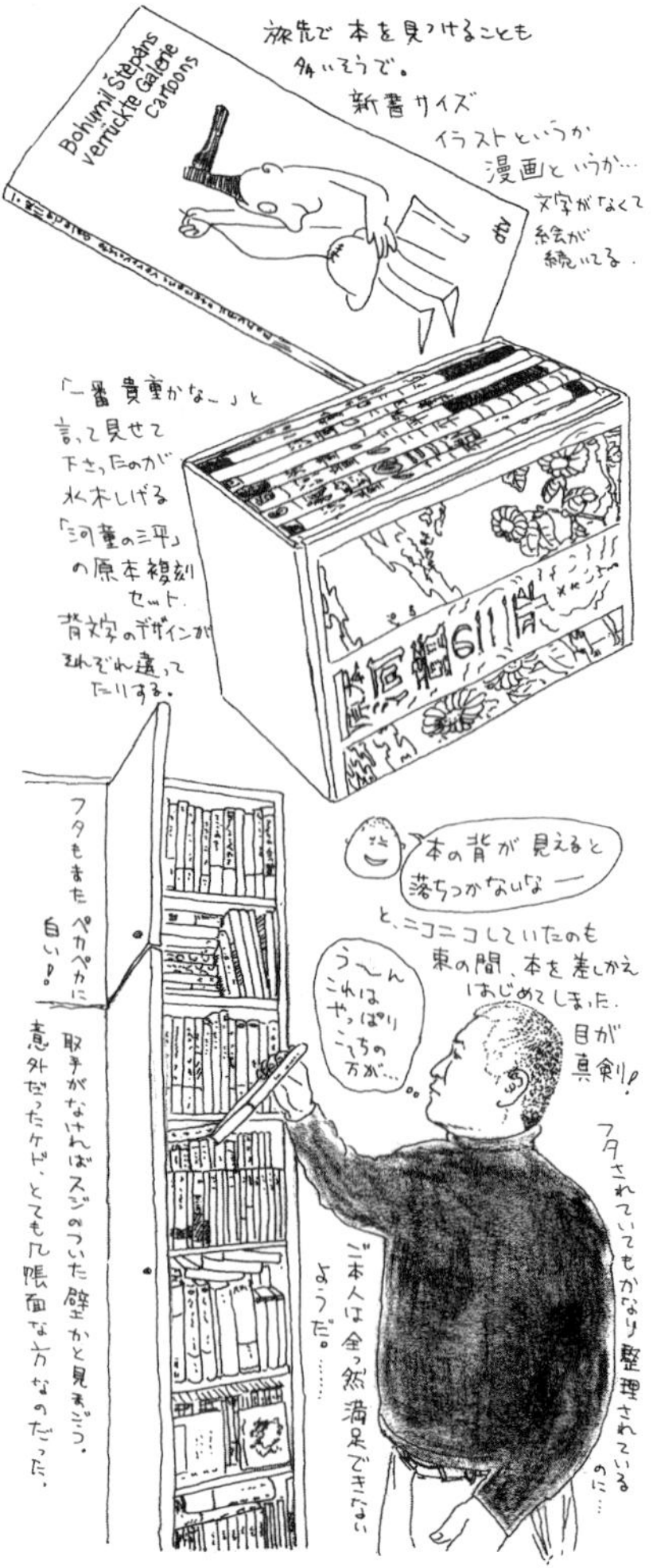

旅先で本を見つけることも
多いそうで。
新書サイズ
イラストというか
漫画というか…
文字がなくて
絵が
続いてる.
Bohumil Štěpán's
Verrückte Galerie
cartoons
「一番貴重かなー」と
言って見せて
下さったのが
水木しげる
「河童の三平」
の原本複刻
セット.
背文字のデザインが
それぞれ違って
たりする。
フタもまたペカペカに白い！
取手がなければスジのついた壁かと見まごう。
意外だったケド、とても几帳面な方なのだった。
本の背が見えると落ちつかないな——
と、ニコニコしていたのも
束の間、本を差しかえ
はじめてしまった.
目が真剣！
うーん これは やっぱり こっちの方が…
ご本人は全っ然満足できないようだ。……
フタされていてもかなり整理されているのに…

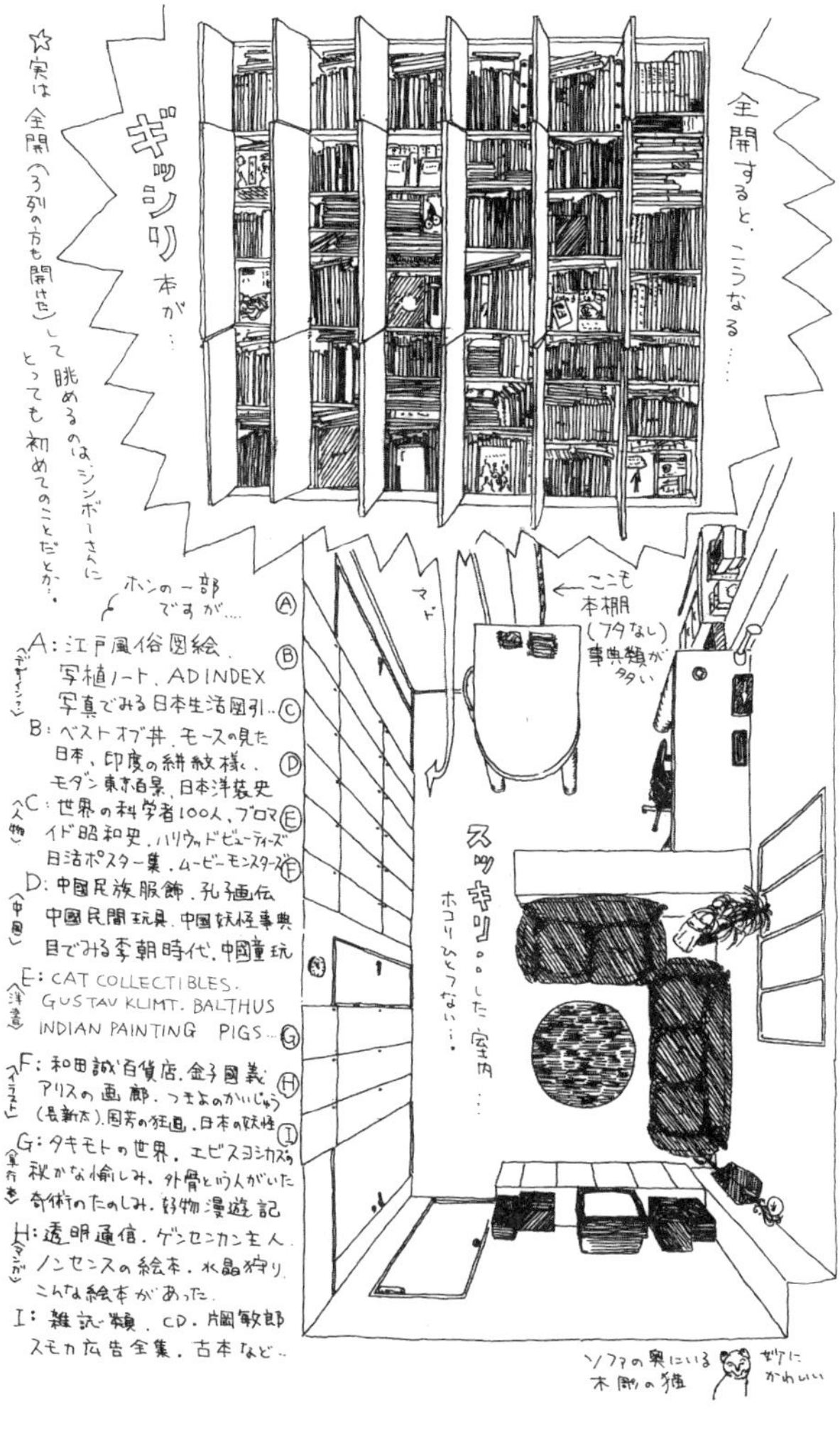

☆実は全開(3列の方も開けた)して眺めるのは、シンボーさんにとっても初めてのことだとか…。
ギッシリ本が…
全開すると、こうなる……
マド
ここも本棚(フタなし)事典類が多い
スッキリ。。した室内…
ホコリひとつない…
ホンの一部ですが….
Ⓐ Ⓑ Ⓒ Ⓓ Ⓔ Ⓕ Ⓖ Ⓗ Ⓘ
〈デザイン〉A：江戸風俗図絵、写植ノート、ADINDEX 写真でみる日本生活図引..
B：ベストオブ丼、モースの見た日本、印度の絣紋様く、モダン東京百景、日本洋装史
〈人物〉C：世界の科学者100人、ブロマイド昭和史、ハリウッドビューティーズ 日活ポスター集、ムービーモンスターズ
〈中国〉D：中国民族服飾、孔子画伝 中國民間玩具、中国妖怪事典 目でみる李朝時代、中國童玩
〈洋書〉E：CAT COLLECTIBLES. GUSTAV KLIMT. BALTHUS INDIAN PAINTING PIGS…
〈イラスト〉F：和田誠百貨店、金子國義 アリスの画廊、つきよのかいじゅう(長新太)、国芳の狂画、日本の妖怪
〈単行本〉G：タキモトの世界、エビスヨシカズの秘かな愉しみ、外骨という人がいた 奇術のたのしみ、好物漫遊記
〈マンガ〉H：透明通信、ゲンセンカン主人、ノンセンスの絵本、水晶狩り こんな絵本があった
I：雑誌類、CD、片岡敏郎 スモカ広告全集、古本など..
ソファの奥にいる本間の猫
妙にかわいい

た昔の小説の挿絵を二つ、酒見(賢一)さんと宮城谷(昌光)さんのをやってるんです。今度、新潮社から『仙人の壺』っていう漫画も出ました（一九九九年）。でも、いつも困ってるんですよ。どの時代のどういう衣装っていうのが、はっきりわからないし。昔の時代小説の挿絵画家は、武者ものを描いてる人なら、甲冑《かっちゅう》を買って、実際に見て描いたわけでしょ。僕の場合は、江戸時代の小説の挿絵を描いてくれといわれてからはじめて、どうすればいいんだろうってやってるから、本当に資料が少ないんです。それでもどんどん増えるからこうやって立てかけて置くでしょ。それが開けるとバタバタと、落っこちちゃう。なんか面倒くさくて。ホント、困ってます」

と南さん。しかし、整理してない、面倒くさい、と何度もおっしゃりながら、絵本や写真集など、量も種類もかなりのモノだし、一、二冊ぽとぽと落ちて来たけど、きちんと棚ごとに系統別に整理されているではないか。私から見れば十分すぎるくらい立派な書棚だ。イラストもご本人のお顔も雰囲気もおおらかに見えるし、実際おおらかかを自称されているけれど、実はすごい几帳面……？

それにしても、心底本棚を見たくないのか、開けっ放しがお嫌いなのか、説明を終えた棚をすぐにぱたんぱたんと閉めてしまう。お願いして全部の扉を開けていただいた。

「ふうん、こうやって全部開けてみるのははじめてかもしれないなあ」

と、ソファに腰掛けて面白そうに眺めたのも束の間、ふらりと立ち上がって本を差し替え始めた。おやおや、ここの本は資料で、きちんと並べるようなもんじゃない、なんていってたのに……。

「あれ？　いや、やっぱり表に出てるとついね……」

愛しさ余って蓋をしてしまったようですが、やっぱり気になるわけなのですね。

辛淑玉　SHIN Sugok　評論家　一九九九年九月

執筆工場に散らばる本の欠片

テレビを見ないので、辛淑玉《シンスゴ》さんという人を、彼女の著書から知った。『韓国・北朝鮮・在日コリアン社会がわかる本』（ベストセラーズ）では、一口に答えるのが難しい質問でも、必ずはじめの一行目に結論を書く。後にデータに基づいた簡潔な説明が続く。おかげで、難しいことから素朴な疑問まで、さくさくと頭に入ってくる。本業は人材育成会社で、インストラクター養成などを行っている。テレビでも歯切れのいい語り口と辛口の批評で、『朝まで生テレビ！』などで評判らしい。どの仕事も膨大な資料を必要とするはずだが、どんなふうに収納していらっしゃるのだろう。

見せて下さったのは、お茶の水にあるワンルームマンション。この部屋で執筆をこなす。銀座にある会社や自宅では執筆をしない。仕事が遅くなると、ここで寝泊まりすることもある。こぢんまりとした部屋の本棚には本と膨らんだ封筒がささっている。

「本を読み終わると、必要な部分だけ取っておいて、あとはびりびりと破いて捨てちゃう。昔からそうです。子どもの頃、学校が嫌いで読み書きが不自由だったから、どこかに復讐心があるのかもしれませんね」

子どものときに学校が嫌いで家で本ばかり読んでいたという話をいろんな人から聞かされるが、そういう人は読み書きができる程度には学校教育になじんでいたのだ。そんなのは辛さんの体験に比べれば全然甘い。

「いちばん読んだのは数学の本かな。ああいうのは日本語が簡単だから、どんどん読みましたね。とにかく学校に行かないから、言語が不自由でした。『倫理社会』『ホームルーム』って何なのかも見当もつかなかったくらい」

朝鮮学校に通っていた期間があるためかと思ったら、当時はハングルも不自由だったという。なんだかヘレン・ケラーの話を聞いているようだ。

「学校に行かないで何をしてたかというと、泥棒したり、畑で遊んだり。不良少女のする基本的なことを（とニヤリ）。

十六、七になって、急に何か読まなくちゃと思って小林多喜二を読んだら結構心が動いて。すると今度はもう、むさぼるように読んでいきました。遠藤周作とかドストエフスキーとか、あの世代で読むものをね。読めない漢字は全部飛ばしていくの」

一度知性に目覚めた少女の暴走は止まらない。

「そうやって読んでいると、わからないことが出てくる。あるとき、第一回主要先進

ちぎられた本は、こんなふうに項目別に封筒の中に入れて、本棚へ。
そのテーマの仕事が終われば、
とっておく(2年)データを残して全て処分!
自宅には何も置かない主義なので、
仕事に出る時の服やカバンもすべてここにある。
家では父親(故人)のステテコとかはいちゃうし…
はきやすいとか…
家には料理とガーデニングの本くらいしかないですよ。服もない…
☆なにより読みたい本をお金を気にせずに買えるようになったことがうれしいそうです

A：コリアン関係
「朝鮮歳時記」「火山島」

「時調」「おはなしハルマンさま」

「在日韓国人青年の生活と
意識」「コリアン世界の旅」

「分断を生きる」

「越境する民」

「韓国・反日小説の
書き方」「安重根」

「『征韓論』の系譜」

「オンドル夜話」

B：女性問題
など…

「OL術」

「もう『女』は
やってられ
ない！」

「アリラン
峠の女」

「季刊青丘」

「ほるもん文化1～8」

「警察官の性暴力」「戸籍解体講座」

C：民族問題など…

「じぱんぐ」「ベトナムもうひとつの旅」

「エスニシティの社会学」「斧の文化史」

「サシとアジアと海世界」「食の
考古学」「学校ごっこ」「大往生」

「渇く大地」「人間の大地」

D：人権問題など…

「児童の権利条約」

「在日外国人の母子保健」

「日本近代化と部落問題」

「安保再定義と沖縄」

「日本国憲法を読む」

「組織犯罪対策法」

ほとんどが日本語の
本だが、資料など
韓国語をあたることもよくあるとか…

システマチックなのだけど、全然冷たい
感じのしないオフィス。辛さんの
人柄が反映してるんだと
思う。

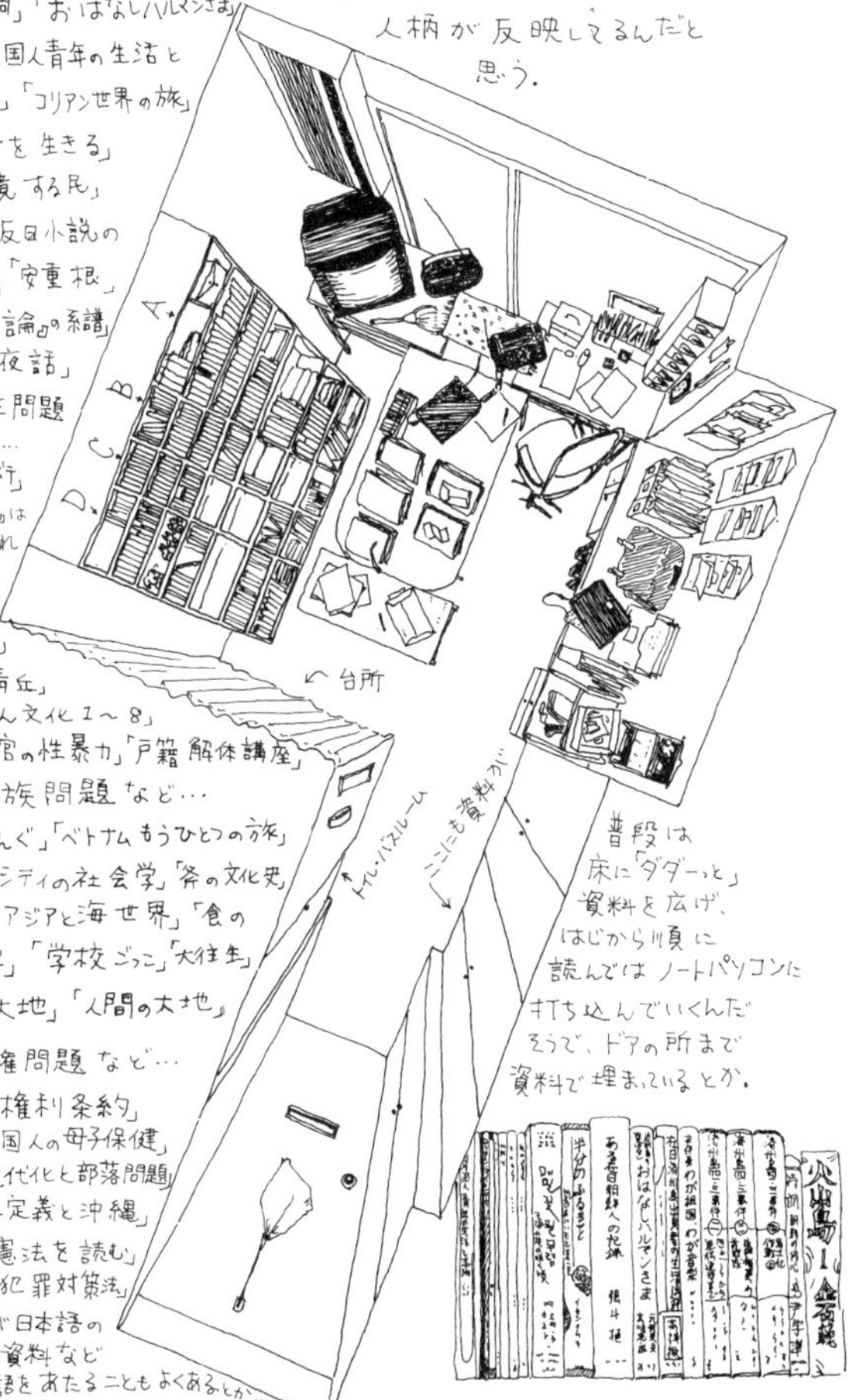

普段は
床に「ダダーっと」
資料を広げ、
はじから順に
読んではノートパソコンに
打ち込んでいくんだ
そうで、ドアの所まで
資料で埋まっているとか。

国首脳会議の『ランブイエ宣言』の記事を読んだけどわからない。行った人に直接聞くのが早いと思って、当時の三木武夫首相に電話したんですよ。そしたら議員会館に呼ばれて……教わりに行きましたよ」

それ以来、あることについて調べるとき、わからないときにはその業界の専門家にまず訊くという。

「社会学なら社会学の先生にアポイントとって、『こういうふうに考えて、こういうこと勉強したいんだけど、私でもわかる本を紹介して下さい』って。専門家はやっぱりいい本を知っています。回り道しなくてもすむの。あとは本屋でダーッと本を買ってきて、ダーッと読んで、だいたいビリビリ破いて、必要なものはファイルして、残りは捨ててます。基本的にこの部屋にあるのは本を書くために必要な資料なんです。一冊終わると総棚卸しして次の資料を入れる。データ関係は二年保管して捨てる。ほとんど工場ですね」

いいたいことがあれば、文章は後からついてくる。韓国関係、女性問題、人権関係……と、これから執筆する予定の本は十五冊ある。本棚はフル稼働中だ。

「自宅には何にもないんですよ。プライベートで読む本も捨ててますから。本以外の荷物もとても少ないですよ。基本的に物は蓄積しない」

システマチックで簡潔な文章が生まれるわけだ。

「でもね、川端康成の本なんか、十代、二十代、三十代と、同じものを何度も読んでる（そのたびに購入する）。読むたびに全然違う内容なのね。いかに自分が人生経験が浅いかがわかる本って本当にたくさんあるのよ」

そういって、とびきりの笑顔を向ける。

辛さんの書庫は、彼女の頭のなかにあったのだ。そこには彼女が破り捨ててきた本が、ずらりと並んでいるのだろう。

書斎とお勝手のミニ書斎

森まゆみ　MORI Mayumi　作家

一九九九年十一月

「あたしは基本的に物持つの嫌いだし、男の人みたいに収集癖もないから、そんなに本はないわよ」

そういいながら、森まゆみさんは書斎に招いて下さった。

一九八四年に創刊した『地域雑誌　谷中・根津・千駄木』（『谷根千』）の発行、編集作業には二人の仲間と一緒に近所に事務所を借りているんだそうだ。ここ、自宅マンションの書斎は単行本や雑誌連載の執筆にあてている。

本好きの人の「そんなにない」というお言葉は、失礼ながらアテにできない。森さんの書斎は案の定、両壁びっしり本で埋め尽くされていた。それでも「ない」とおっしゃるのは、執筆の際に、多くのインタビューを重ねるのはもちろん、ここにある何倍、何十倍もの本を手にし、目を通してきたからなのだろう。

書斎を出て通されたダイニングルームの片隅にも、小さな机と本棚がちょこんとある。書斎の出張所だ。そうそう、自宅で仕事してると、ちょこちょこ台所のことが気になるものなのだ。キッチンと机を忙しげに往復なさる森さんの御姿を勝手に想像してしまう。なんだかとても居心地が良さそう。

「書斎にあるベビーダンスの引き出しに、連載の資料がそれぞれ入ってるの。それを一つ引っこ抜いてはダイニングの机に運んでいって書くわけ。資料は二、三ページならコピーとって捨てちゃうこともある。私は自分が興味があることがわかればいいんであって、本が欲しいわけじゃないからね。連載が終わると谷根千工房に運ぶ。まだ仕事の依頼が来そうなテーマや、調査を続けたいときは廊下のクローゼットに入れて取っておくの。一つのテーマが定着して、私なりにこれ以上付け加えるものはないってかたちで本になった場合には、それに関する資料は捨てます。とにかく東京にいるとスペースとの戦いだからね。

ただ、私の場合、一つのテーマにかかわる時間がどうしても長くなっちゃうのよ。十年くらいはさわってないと、だめ。その間に他の人が（似たようなテーマで）どんどん本を出しちゃうけど、別にいいのよ。すでに公にされている資料だけでパパッとまとめてもしょうがないじゃない。そこに何か新しいものがないとね。

それに十年間このテーマを調べてます、と表明して探し続けていれば、出会うべき資料と、人との出会いが必ずありますから」

D：柳宗悦：
明治奇談：
京の墓碑めぐり：
幕末ものがたり
彰義隊始末：
明治の東京計画：
江戸一寸の虫：
一葉全集：大政奉還

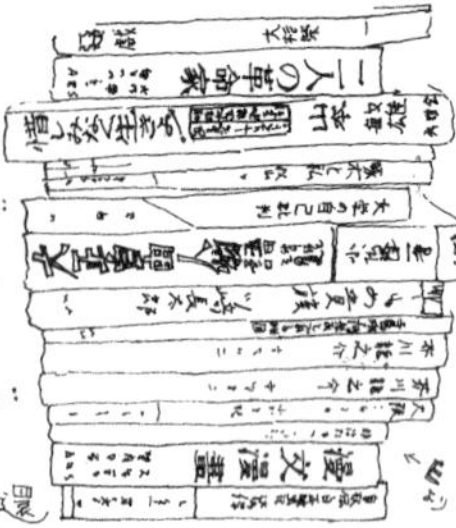

Eより

戊辰戦争：幕末百話：徳川家臣団：大砲松：
啄木全集：空襲下日記：日本春歌考：夢声自伝

E 高見順：アナーキズムと天皇制：反逆の信条：日本ルネッサンスの群像：風来の記
あるアナキズムの系譜：回想の詩人たち：
バクーニン：惜しみなく生きよ！：日本人の自伝：

F ひとすじの道：毒舌文壇史：孤立：日本無政府共産党：私版昭和文壇史：赤羽モンマルトル：近代の漂泊：暗黒日記：木下尚江考：志ん生艶ばなし：シエアルキ帖

現在森さんが手がけている林きむ子の生原稿
生原稿はしょうがないのよ…買ってしまうわね…
すごいきれいな字。

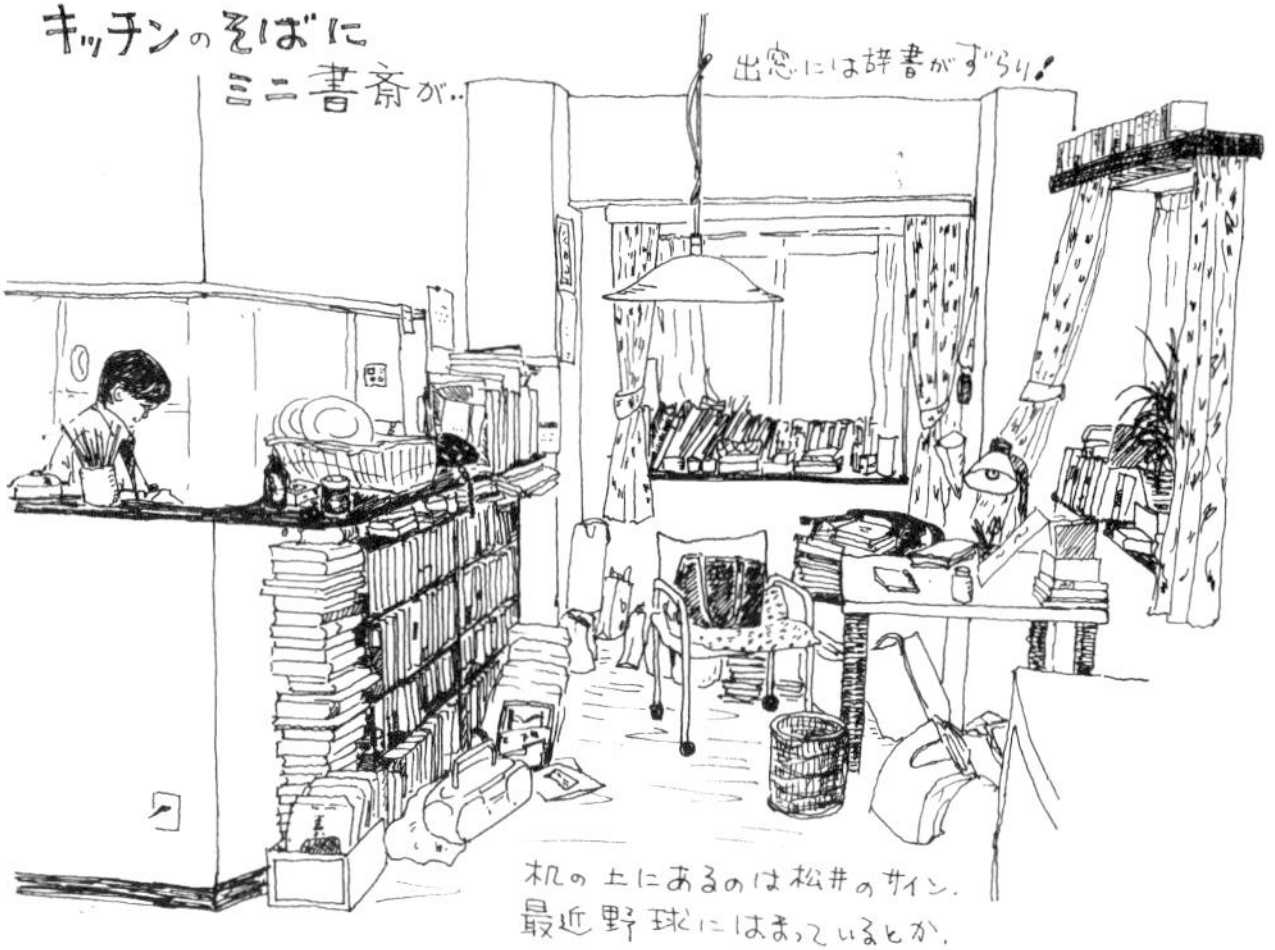
キッチンのそばに
ミニ書斎が‥
出窓には辞書がずらり!
机の上にあるのは松井のサイン.
最近野球にはまっているとか.

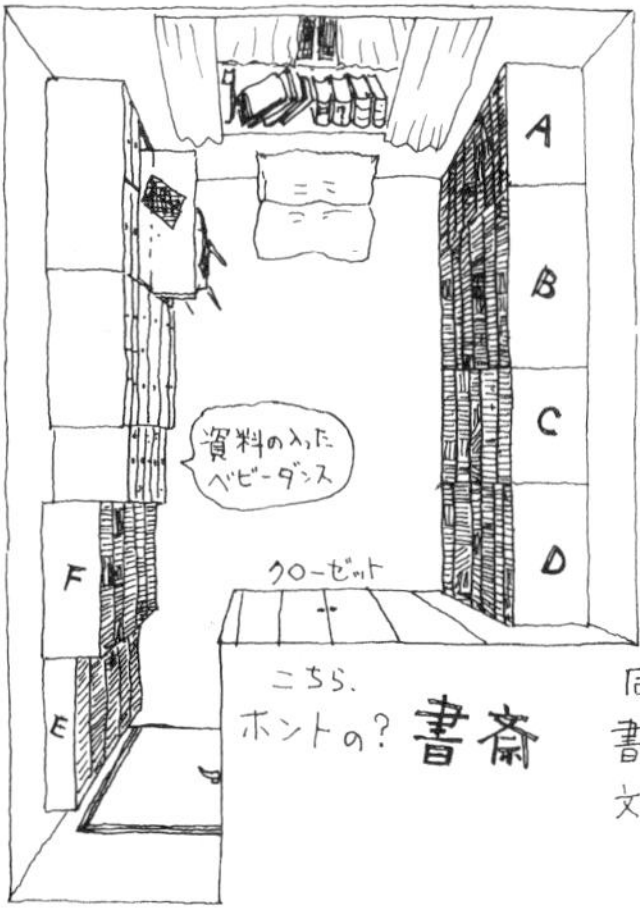
A
B
C
D
E
F
資料の入った
ベビーダンス
クローゼット
こちら.
ホントの? 書斎

A：日用品としての芸術：ジュリア
母性を問う：男流文学論：
女が読む日本近代文学：古典日記
ジョージア・オキーフ：フランス革命の女たち
乱しの女：オトメの身体：主婦論争を
読む：田村俊子作品集：みだれ髪
B 冗談：反転する漱石
エリスのえくぼ：中世を旅する人びと
本の都市リヨン：忠誠と反逆：
パリ燃ゆ：闇の中の石：チボー家の人々
C 夏目漱石全集：森鷗外全集・
同潤会基礎資料：岩本素白全集：
書國畸人傳：露伴と遊び：柴田宵曲
文集：荷風散策：戊辰戦争：勧進帳

そういって目を輝かせる。彰義隊について十五年、森鷗外が十年、林きむ子も十年……。扱っているテーマをぽろぽろとあげていく。たしかに十年抱えるのならば並行していくつも調査していかなければ仕事にならない。ああ、ノンフィクションって大変なんだなあ。それにしても膨大な資料の集め方とつきあい方をどう会得してこられたのか。

「資料集めは大学生の頃から叔母(作家の近藤富枝氏)の手伝いをしてたからね。年季入ってるわよ。もともと本は好きだったし、図書館通いも中学生の頃から。おこづかいは全部本に使ってて、高校のときで五千冊持ってたんじゃないかな。今よりも全然本に対して執着があったなあ。

大学を卒業してからは編集者になったけど、疲れる会社でね。やめて東京大学の新聞研究所に入ったの。ジャーナリストを育てるために作られたところよ。あそこは資料をたくさん持ってて、ただでコピーできるのが良かった。資料買うお金なんかなかったしね。

それと『谷根千』を始めてからは、古本屋さんたち(月の輪書林、なないろ文庫ふしぎ堂)と友達になって。彼らから直接得る知識は面白かったなあ。ある本について質問すると、それは何年に誰が書いて相場はいくらって返ってくるの。みんなで飲むついでに他の古本屋で本の見方を教わったり。本当に楽しかった。今でも古書目録を送ってくれるんで、お金ないときは書名をチェックして国会図書館にコピーしに行くわけ」

古本屋さんたちと遊びながら、レアな資料へのとっかかりをつかんでいく。エリートな履歴からは想像できないしなやかさが、森さんの魅力なのだ。

「でもね。買わない買わないっていいながら必要なときは一万とか二万円とかの本を買ってるわね。子どもに『お母さん僕たちのTシャツ買うときはケチるくせに』っていわれるけど、しょうがない、メシノタネだからさ。あはは」

良く通る高い声で笑うと、森さんはお茶を淹《い》れ直しにキッチンに入っていった。

作家が放浪するとき、本は……

小嵐九八郎　KOARASHI Kuhachirô　作家

二〇〇〇年一月

そもそも、作家とは紙と鉛筆さえあればできる職業、といわれている。ふらふらと居を定めぬまま、温泉宿から編集者に原稿を渡す。かっこいいなあ。でもそういう場合、本は携帯するんだろうか。

小嵐九八郎さんが放浪作家生活を始めたのは一九九五年から。フィクションとして書いたつもりの小説を巡って、かつて革命運動をやっていた仲間から「もう、書くな」と求められて家にいられなくなり、住所不定の放浪生活に突入した。おお、旧ソ連の亡命作家のようだ（思想的には違うけど、ま、イメージってことで）。放浪とはいえ国内なので、月に一回ぐらい奥様や娘さんが様子を見にやって来る。

「いやあ、まあ、いいもんですよ、通い妻ってのは。新鮮で。はっはっは」

と照れくさそうに小嵐さんは冗談めかす。亡命作家などとフザけてしまったが、事情が事情だけにかなりキツい思いをされているはずだ。所は某温泉地のマンション。

一週間以上滞在した場所としては十七カ所目なのだとか。

「書くなっていわれても、ほら、生活費なくなっちゃうから、書く。それで追われて逃げる、そしてまた生活費が必要になって書く。悪循環に陥るわけだね。ここはマンションだけど、友達の家や旅館で書いてたときもあった。自宅を最初に出たときはボストンバッグ二つだけ。中身は辞書、原稿用紙、鉛筆、スケジュール表と簡単な年表、それから下着と洗面用具。それがだんだん増えてきて……」

そう、そうなのだ。このマンション、鍋がある。冷蔵庫がある。そして本棚がある。年表、事典、歌集、聖書、コーラン、風土記……本棚だけに納まらず、テーブルの上も本で埋め尽くされている。

「だんだん送ってもらっていくうちにこんなになった。身一つの頃はよくかみさんにファクスで調べものを頼んでたよ。三年前から時代小説を書くようになって、資料にあたる必要が飛躍的に増えてね」

一九九九年秋に出版した小説『荘子は哭く』（実業之日本社）は、春秋戦国時代の中国を舞台にした哲学小説だ。秩序や権力とは無縁に、かといってしかつめらしくストイックにもならずに飄々と生きる荘子の姿を描く。作中、当時の人々の暮らしぶりがかなり生々しく、匂うように描写されている。最後のページには参考文献がずらり七十九冊、列記されている。主人公が手に取る草一つから調べ、中国学の研究者にチェ

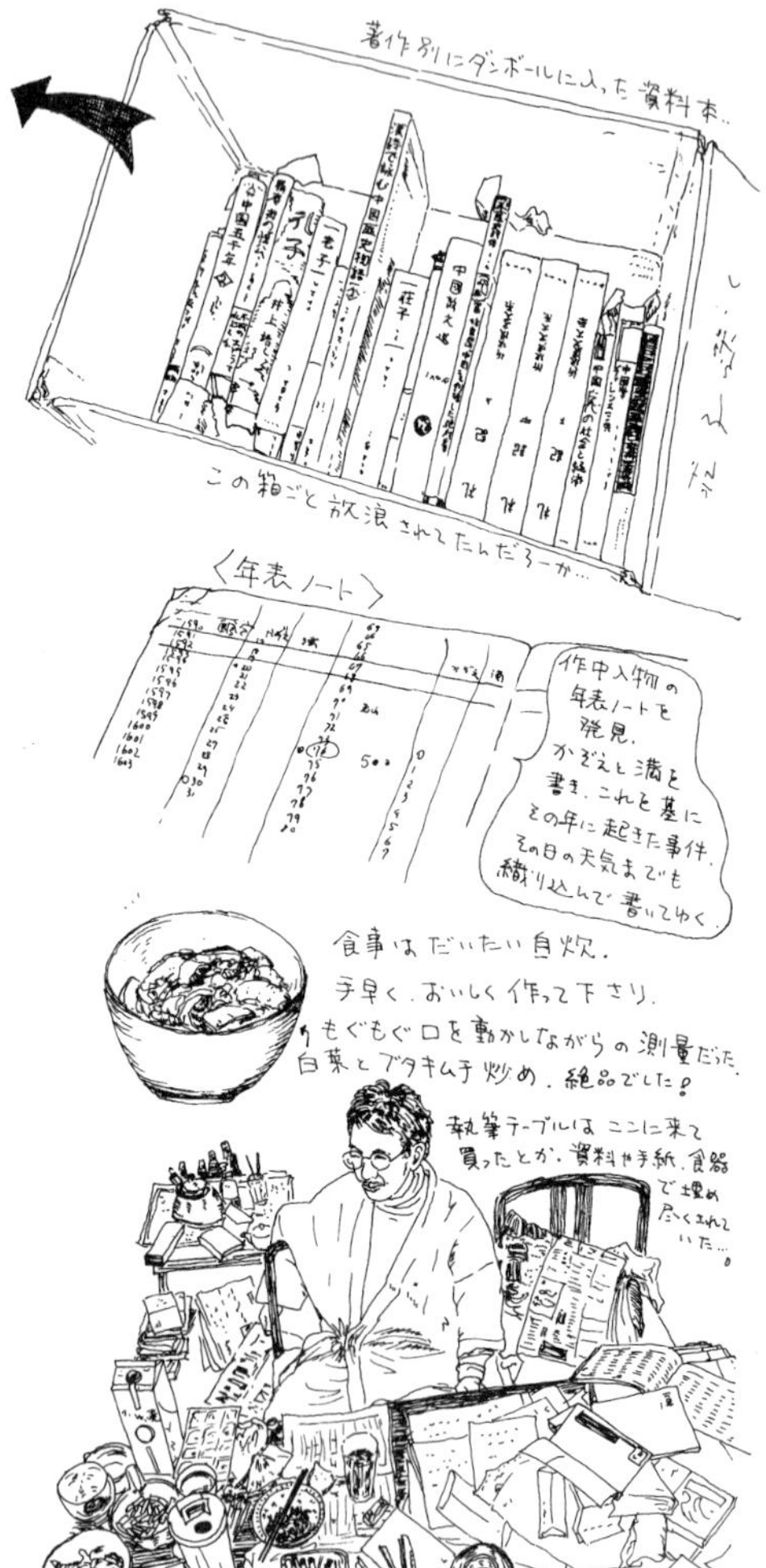

著作別にダンボールに入った資料本…

この箱ごと放浪されてたんだろーか…

〈年表ノート〉

作中人物の年表ノートを発見。かぞえと満を書き、これを基にその年に起きた事件、その日の天気までも織り込んで書いてゆく。

食事はだいたい自炊。

手早く、おいしく作って下さり、
もぐもぐ口を動かしながらの測量だった。

白菜とブタキムチ炒め。絶品でした!

執筆テーブルはここに来て買ったとか。資料や手紙、食器で埋め尽くされていた…。

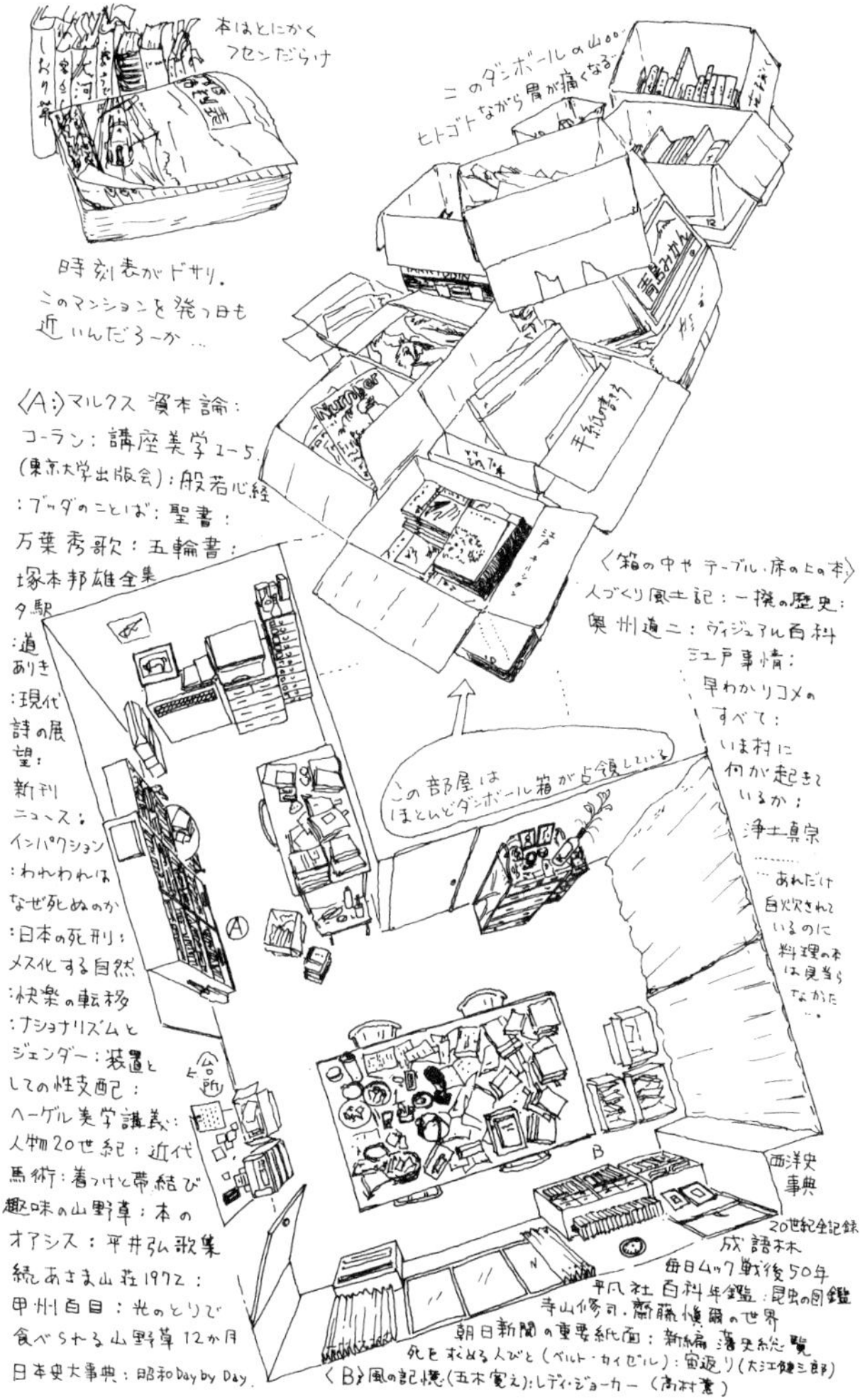
本はとにかく
フセンだらけ
時刻表がドサリ。
このマンションを発つ日も
近いんだろーか…
このダンボールの山。。
ヒトゴトながら胃が痛くなる
この部屋は
ほとんどダンボール箱が占領している
〈A〉マルクス 資本論：コーラン：講座美学1−5（東京大学出版会）：般若心経：ブッダのことば：聖書：万葉秀歌：五輪書：塚本邦雄全集 夕駅：道ありき：現代詩の展望：新刊ニュース：インパクション：われわれはなぜ死ぬのか：日本の死刑：メス化する自然：快楽の転移：ナショナリズムとジェンダー：装置としての性支配：ヘーゲル美学講義：人物20世紀：近代馬術：着つけと帯結び 趣味の山野草：本のオアシス：平井弘歌集 続あさま山荘1972：甲州百目：光のとりで 食べられる山野草12か月 日本史大事典：昭和Day by Day
〈箱の中やテーブル・床の上の本〉
人づくり風土記：一揆の歴史：奥州道中：ヴィジュアル百科 江戸事情：早わかりコメのすべて：いま村に何が起きているか：浄土真宗
……あれだけ自炊されているのに料理の本は見当らなかった…。
西洋史事典
20世紀全記録
成語林
毎日ムック戦後50年
平凡社 百科年鑑：昆虫の図鑑
寺山修司・斎藤慎爾の世界
朝日新聞の重要紙面：新編 落史総覧
死をもとめる人びと（ベルト・カイゼル）：宙返り（大江健三郎）
〈B〉風の記憶（五木寛之）：レディ・ジョーカー（高村薫）

ックしてもらいながら書き進めたのだそうだ。これまでは現代小説を書いていたわけで、中国については本当に一から勉強したのだという。それも放浪しながら、だ。資料本と共に湯河原、熱海、隠岐、と各地を転々としていたというわけだ。

話が前後するが、実はこの小説の巻末の資料本一覧を拝見して、取材を申し込んだのだ。放浪と資料本。物書きの理想と現実の最前線を見てみたかったのだ。しかし書棚にはその七十九冊は見当たらない。

「それはこっちの部屋に……」

と、机の奥のドアを開けるや、段ボール箱がるいるいと六畳間を埋め尽くし、積み上がっている。箱の側面に著作のタイトルがマジック書きされている。『荘子は哭く』以外の著作の資料もある。二カ月後には自宅に送る予定の本の山なのだそうだ。うーん、放浪執筆の最前線には段ボール箱か……。しかも二十箱はある。

これじゃあ放浪というより物理的には引越し……。ああ、やっぱり作家は本の山から逃れられないのか。ひょっとして、と尋ねると、自宅にはここの二十倍の本があるとか。そりゃーこの勢いで送ったらものすごい量の本があることだろう。

最近少し追及の手がゆるんできたという。ならば放浪生活ももうすぐお別れできるのだろうか。ご自宅が（奥様と書斎を含めて）恋しいのではないだろうか。

「ただね、ものを書くってことは本来、小権力を伴うわけです。そのツケは自分の体で払っていくしかない。放浪っていうとちょっと大げさだけど、いつでも逃げられて、いつでも抵抗できる場で（誰にも屈せずに）、書いていく。そういう態度を作家ってのはきちんと持っておくべきじゃないかと思うんだよね。ほら、そういうとかみさんも納得するでしょ」

小嵐さんは、ちらりと見せた作家魂を隠すように呵々《かか》と笑い、お酒をぐびりと傾けた。

柳瀬尚紀 YANASE Naoki 翻訳家

辞書と猫に囲まれて

二〇〇〇年三月

大きな窓から冬枯れの山の斜面。とても都内の集合住宅からとは思えない贅沢な景色だ。そして部屋のなかに目を転じると、みっしりと本が並ぶ。翻訳家の柳瀬尚紀さんの書斎である。本の合間には猫の置物が点々と配置されている。広さはいかほどかと、メジャーで実測してみたら十四畳もあることがわかり、びっくりした。その半分くらいにしか見えない。それだけ本が詰まっているということなのだろうか。

「三列に重ねて入れているからね。貧乏は構わないんだけど、とにかく本を置く場所がないという……。奥に入っちゃうと、もう何があるのかわからない。この奥は……(といちばん手前の本を数冊つかんで抜きながら)『寺田寅彦全集』だね。原稿を書くときに引きずり出して、また奥に戻す。好みの本というよりは、全部仕事で使う本じゃないかな。

やっぱり僕の中核はジェイムズ・ジョイスですから、ジョイスからパレストリーナ

（イタリア・ルネッサンス後期の作曲家）に行って、バッハ、ワーグナーに行くとか。マルセル・デュシャンも、ジョン・ケージだって本居宣長だってジョイス経由ですから」

三段重ねということは表に見えている本の背から壁までの奥行きが約七〇センチあることになる。左右両方の壁がそのようになっているのだから、狭く見えるわけだ。しかし、英文学の巨人を相手にするということは、想像していたよりずっと広大な教養が必要らしい。

そういうわけで、書棚は洋書だけでなく、レコードに和書や芸術家の画集や写真集などもかなりの量を占めている。そしてなぜか、これまでお邪魔した方々の書斎よりも重厚な印象を受ける。しばし眺め回して、はたと気がついた。辞書と全集が多いため、鎮座している本たちのツカが厚いんである。漢語大詞典や、ブリタニカ百科事典などなど、蔵書のツカの平均値を出してみたら、きっと今までに訪れた書斎中、最高値を示すはずだ。厚みでこうも本棚の表情が違ってくるものなのか。片手でつかみ切れないほどの厚さの本もある。版元がなぜ二冊にしなかったのかが不思議なくらいだ。これを引っ張り出して使い、また本棚に戻すのはかなりの大仕事だ。頻繁にやったら腱鞘炎になるんじゃないか。間違えて逆さまに入れてしまって直すのがしんどいためか、あちこちで辞書や事典が逆さまにささったままになっている。

「いや、これはわざとなんです。こういう本は本当に重いからね、こうひっくり返し

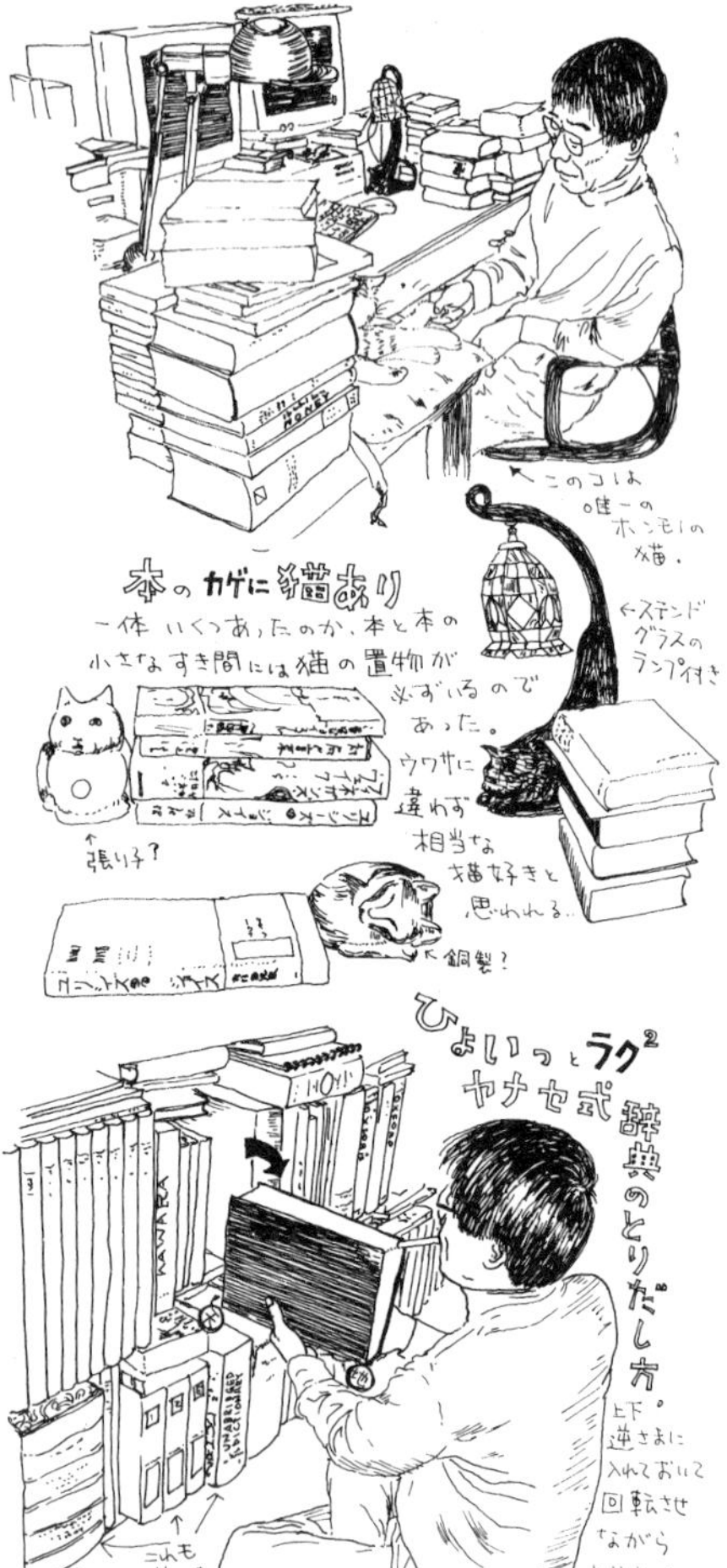

↖このコは唯一のホンモノの猫。
本のカゲに猫あり
一体いくつあったのか、本と本の小さなすき間には猫の置物が必ずいるのであった。
ウワサに違わず相当な猫好きと思われる…
←ステンドグラスのランプ付き
↑張り子?
↖銅製?
ひょいっとラク²
ヤナセ式辞典のとりだし方。
上下逆さまに入れておいて回転させながらとり出す。
これも逆さまに入ってる。
ブ厚い!
UNABRIDGED DICTIONARY

はちみつ色
CAT&CAT
猫酒場? 小物屋さんでホコリをかぶっているのを買ってきたとか。CAT&CATの看板は柳瀬氏のお手製!!
The Poetry of Robert Frost : 吉岡実全詩集 : 女・女(山本容子) : The Irish-Comic Tradition : WOIWODE : The Oxford Book of Essays : MOORES WORKS : ULYSSES : 羽生の頭脳 : The Journal of Thomas Moore : KAWARA - WHOLE AND PARTS : UNABRIDGED DICTIONARY
ジョイスの絵。
猫の出入口用にくり抜いてある
字通 : 沖縄古語大辞典 : 大辞林 大漢語林 : 廣漢和辞典 : CHAGALL BY CHAGALL : ALEX KATZ : LEGER : Isamu Noguchi : FRANCIS BACON Heidegger :
このあたりレコード・CD・美術系の本が多い… ただしきっちりとは分類してないようだ。
このあたり下段は事典・辞典類が多い… 上段は全集など
とはいえ辞典類は各棚にまんべんなく散らばっていたのであった…
洋書は何の本なのかわからないものが多くて情けなかったなあ
NABOKOV : JOHN BARTH : MODERN IRISH-SHORT STORIES : AN EXPERIMENT-WITH TIME : ユークリッド原論 : BAD BOY OF MUSIC : THE CUBICAL-CITY : ANNE SEXTON CHINESE ENGLISH-DICTIONARY : 本居宣長全集 : Xerxes : ENCYCLOPEDIA-BRITANICA : HENRY JAMES : ENGLISH LANGUAGE Dictionary of Mythology Folklore and Symbols : 露伴全集 BOOK OF KELLS…
ULYSSES
Bach
おもしろい猫の置きものと本の山に囲まれて… ちょっとうらやましいような…
玉座は窓際にもある。本の山で図では沈没しちゃいましたが…

て見るわけ」

柳瀬式辞書閲覧法は、まず本の上部の角（上下逆に入っているので中身にとっては地にあたる）に手を掛け、半分ほど前に引き出し、ぐいっと手前に倒す。下部を支点に辞書をクルリと回転させると、あら不思議、ちゃんと読めるように両手に納まってしまった。上下正しく並んだ辞書の背を手で引き出して、小口を手前に向かせるように持ち直すときに手首や腕にかかる負荷と比べると、比べものにならないくらい楽だ。さすがへビーユーザー。

ともあれ、これらの辞書たちのなかに埋蔵されているコトバの群れから『ユリシーズ』や『フィネガンズ・ウェイク』の邦訳が編み出されてきたのだ。

「執筆のときはいつもこの応接用の机いっぱいに何冊も本を広げてます。だあっとね」

たった一つの、はめ込むのに適した言葉を探すのに、あっちの辞書からこっちの事典に全集と、飛び回る柳瀬氏を想像してみた。読むは易けれど、訳すは……ホントーに大変そうだ。

「ただ、パソコン使うようになって、随分楽になりましたよ。このなかに三つの辞書が入っている。三省堂の『ハードディスクで使う大辞林第二版』はすごくいいですね。しおりが付いていて、言葉を引いたところにメモを入れられるんです。ところがそれが百個までしかできない。おそらく機械的にはいくらでも増やせると思うので……」

予想通り、パソコン用の辞書もヘビーユーザーであったか。こういう方がいて、辞書も改良されてゆくのだなあ。机の上にはデスクトップが二台、ノートブック一台、そしてその脇にはクッションが……。愛猫の指定席である。

「今は一匹だけになっちゃったんだけど」と茶色い毛並みを撫でる柳瀬氏、これまでのしかめ面から一気に破顔《はがん》。執筆の疲れは猫のひと撫でで解消、とろけるような笑顔が語っていた。

標本と図鑑にあふれた書斎

養老孟司　YÔRÔ Takeshi　解剖学者

二〇〇〇年五月

鎌倉のこんもりした山間。先ほどから養老孟司先生は早足で奥の書斎から大きな本を抱えてきては応接間に積み上げてゆく。解剖学の古典籍だ。ルネッサンス期の銅版画入り革装本あり、江戸期の絵巻物（複製）あり、骨や筋肉が詳細に描写され、各部分に記号が振り当てられ、説明が記述されている。

「要するに解剖学というのは記載学なんですね。今の科学を想像している方にはわかりにくいと思うんですけど。二十世紀に入ってからの科学は、抽象的に生物を扱っている。ガラスのなかに研究対象の細胞だけ移して飼ってるでしょ。そういうのは、実際に細胞が生きてる状態じゃないわけ。それをあえて、ガラスのケースのなかに入れて、周辺の条件をコントロールして、どうなるかっていう世界になってる。だけども、本来の解剖、古典的な解剖っていうのは、実際に死んでる人をばらしてたわけだから。基本的には博物学なんです」

死体を解剖して人体を構成する部品の一つ一つを写し取り、名前を付けていく。そういう名前たちの表記が世界で統一されたのは十九世紀の終わりからなんだとか。付いた名前はおよそ四千。肉眼で見える範囲でである。

「いちばん知られていないのは、人体解剖の教科書を使ってネズミの解剖もできること。名前は基本的には間に合うんだ。ほとんど同じなの。むしろ、そういうふうにして名前が選ばれてきたわけ」

養老先生は、東西の解剖学の古典籍から実にいろいろなことを探り出す。付いている名前の語源をたどればアレキサンダー大王の時代までさかのぼってみたり、種本を確定したり、版元を見ることで、時代背景や知識の流入経路を探る。同じ人体の部品を詳述したのにもかかわらず、ときには作者の個性や感性まで見えてくることだってある。

ワルエルダの解剖書は、ルネッサンスの天才解剖学者アンドレアス・ヴェサリウスのそれを真似ているのだが、ただ真似ずに独自性をプラス。ギリシャ彫刻のポーズをとった人体が登場して、剝がされた自分の皮を手に持っていたりする。

当時の人の感性はわからないが、かなりユーモラス。もちろん絵はとてつもなく精密に正確に描かれている。ページが進むごとに筋肉がはずれ、内臓がはずれ、最後には白骨だけになる。しかもポーズはずっと同じままだ。科学の教科書がこの絵だった

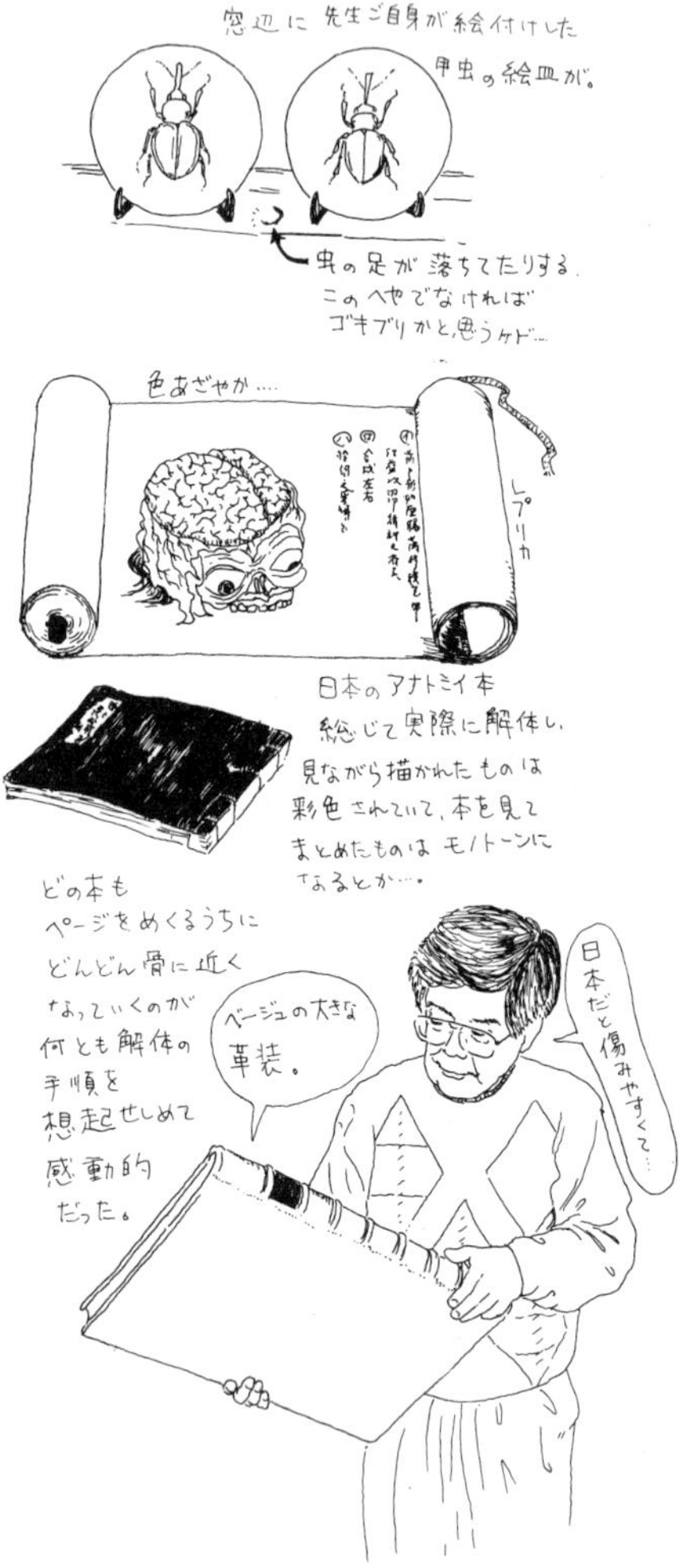
窓辺に 先生ご自身が絵付けした
甲虫の絵皿が。
虫の足が 落ちてたりする。
このへやでなければ
ゴキブリかと思うケド…
色あざやか…
レプリカ
日本のアナトミイ本
総じて実際に解体し、
見ながら描かれたものは
彩色されていて、本を見て
まとめたものは モノトーンに
なるとか…。
どの本も
ページをめくるうちに
どんどん骨に近く
なっていくのが
何とも解体の
手順を
想起せしめて
感動的
だった。
ベージュの大きな
革装。
日本だと傷みやすくて…

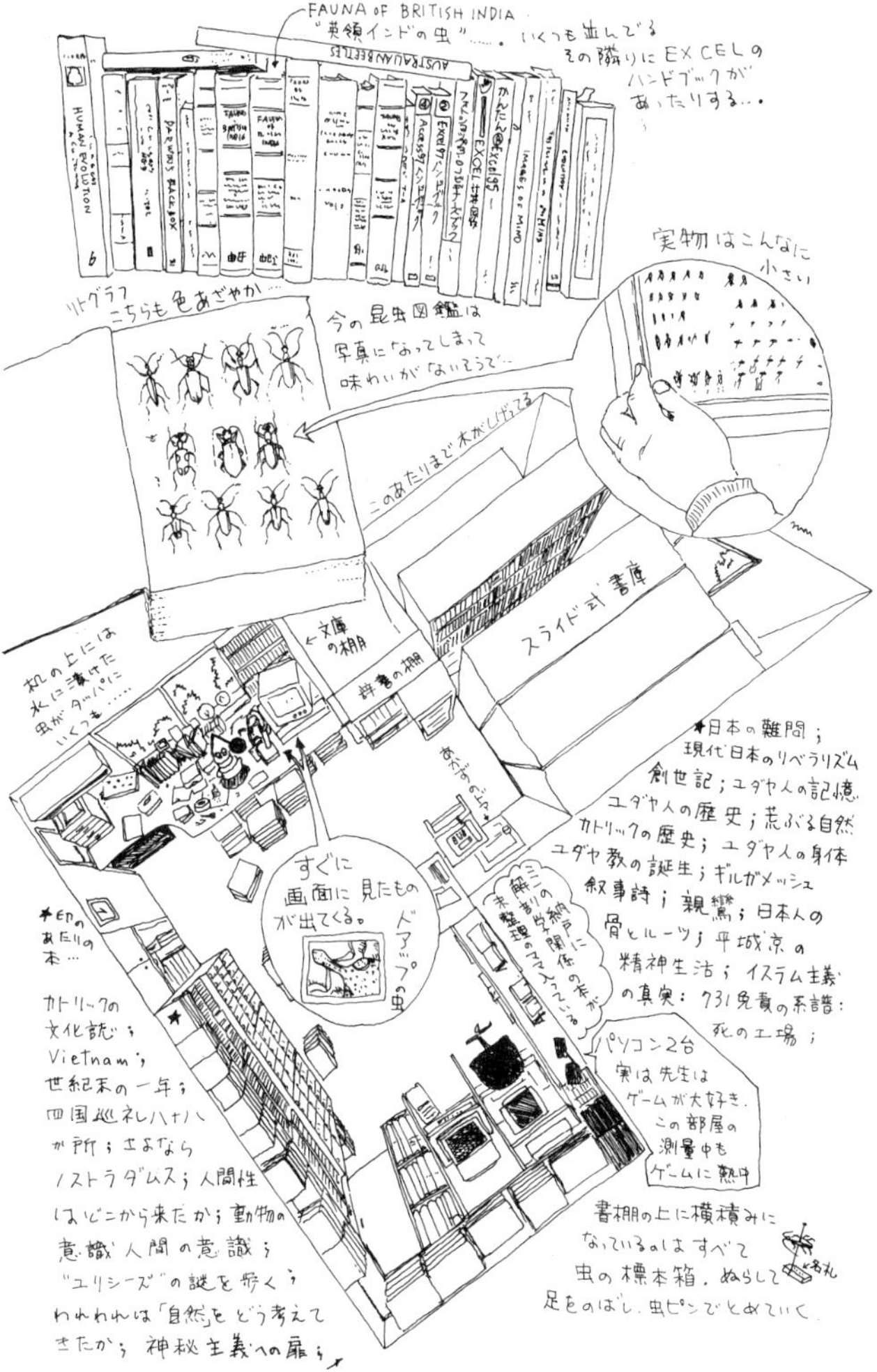
FAUNA OF BRITISH INDIA
"英領インドの虫"……。いくつも並んでる
その隣りにEXCELの
ハンドブックが
あったりする…。
AUSTRALIAN BEETLES
HUMAN EVOLUTION
DARWIN'S BLACK BOX
Access97ハンドブック
EXCEL97ハンドブック
IMAGES OF MIND
実物はこんなに
小さい
リトグラフ
こちらも色あざやか…
今の昆虫図鑑は
写真になってしまって
味わいがないそうで…
このあたりまで本がしげってる
スライド式書庫
文庫の棚
辞書の棚
机の上には
水に漬けた
虫がタッパに
いくつも……
あかずのドア
すぐに
画面に見たもの
が出てくる。
ドアップの虫
ここの納戸に
解剖学関係の本が
未整理のまま入っている。
★日本の難問；
現代日本のリベラリズム
創世記；ユダヤ人の記憶
ユダヤ人の歴史；荒ぶる自然
カトリックの歴史；ユダヤ人の身体
ユダヤ教の誕生；ギルガメッシュ
叙事詩；親鸞；日本人の
骨とルーツ；平城京の
精神生活；イスラム主義
の真実：731免責の系譜：
死の工場；
★印の
あたりの
本…
カトリックの
文化誌；
Vietnam；
世紀末の一年；
四国巡礼八十八
か所；さよなら
ノストラダムス；人間性
はどこから来たか；動物の
意識 人間の意識；
"ユリシーズ"の謎を歩く；
われわれは「自然」をどう考えて
きたか；神秘主義への扉；
パソコン2台
実は先生は
ゲームが大好き。
この部屋の
測量中も
ゲームに熱中
書棚の上に横積みに
なっているのはすべて
虫の標本箱。ぬらして
足をのばし、虫ピンでとめていく。
名札

らどんなに授業が楽しかろう。

「面白いのは二十世紀に入ると実際に解剖して言葉にしていったものを引き写した教科書になる。そうするとわかりやすいんだけど、実体とは微妙なずれがでてくる。人間の頭に入りやすいように書き換えてあるんですね」

解剖学の古典籍をあれこれ開いて見せて下さりながら、話はいつのまにか書物を書く脳のしくみに。しかし、これだけの貴重書、複製も交じっているとはいえ複製だってかなりの値段のはず。一体いくらするものなのか。

「さあ、売りに来たのをまとめて買ったりするから（どれがいくらかは）わかんない」

書斎に移動すると、書棚は人文、歴史、ミステリー、自然科学、あらゆる種類の書籍にあふれている。解剖学にとどまらず各界識者との対談、社会時評に文明批評も手がけておられる多忙さがそのまま書棚に表れている。

そんななかでもひときわ目立つのが昆虫図鑑。そして奥の机には電子顕微鏡と小指の爪よりも小さな甲虫がどっさり……。無類の虫好きだとは伺っていたが、こんなに小さい虫を採集なさってたのか。日本にとどまらず、海外各地で採集してきた虫たちを同定し、虫ピンに刺して並べた木箱が棚にズラリ。そこからこぼれたのか、窓ぎわには甲虫っぽい足が一本だけ転がっていてドキリ。そんなわけで、書斎の約三分の一は虫関係のもので埋まっている。

「実物を見て文字にするのは昆虫も解剖学と同じ。この『昆虫の図譜』は僕の生まれる一年前に出版されたものです。イラストが綺麗でしょ。最近の図鑑は写真になっちゃって……。こうやって集め出すときりがない」

うーん、昆虫図鑑のコレクターでもあったのか……。ためしに積み上がった標本箱のなかから瑠璃色に光る甲虫を一つ指してお尋ねすると、すかさず書棚に並んだ昆虫図鑑のなかから一冊を取り出しぱっと開いて「それはこれだね」と指し示して下さった。……お見事。

逢坂剛　ÔSAKA Gô　作家

古書店直結、神保町オフィス

二〇〇〇年七月

逢坂剛さんの事務所は神田神保町のど真んなかにある。神保町には、和洋中他の古本、新刊、バーゲン本、稀覯本、あらゆる本が集結している。本好きにはたまらない町だ。事務所のドアを開けると逢坂さんはちょうど壁とにらめっこしている。

「今ねえ、ここにスライド式本棚を入れようと注文してきたところなんだ。三省堂でフェアやってるでしょ。なにしろ本が増えてしまって……家にも書斎があるんですけどね。それがたちまちいっぱいになり、こっちに引越して楽になったと思ったらまたいっぱい。どこからそんなに本が増えてくるのかね」とつぶやきながら視線は壁に戻る。

古本好きで、数々の買い付け武勇伝を雑誌の対談やエッセイで拝読してきたので、そりゃもう古本に埋もれた、すさまじい事務所を想像してやって来たのであるが、これがとにかく綺麗。本はぴしっと本棚にささり、床に積み上がったりしていない。こ本人も、古本屋の頑固店主のような風貌かと思いきや、さわやかな笑顔にデニムパンツを颯爽とはきこなしていらっしゃるではないか。「古本好き」に対する偏見、改めさせていただきます。失礼しました。

「本を床に積み上げるの、嫌いなんですよ。本棚に二重に置くのも。後ろのがわからなくなるからね。この事務所にあるのは現在進行中の仕事で使うものです。新聞、週刊誌の連載とか。二年前から取りかかっている仕事が、ヨーロッパ現代史の、昭和十八年（一九四三年）を舞台とした小説〔二〇〇五年に『暗い国境線』として講談社より上梓された〕。まだ何年もかかりそうでね……」

そんなわけで棚の本は圧倒的に洋書が多い。スペイン語のもの、英語のもの……。

「別に英語がすらすら読めるからということじゃなくて、日本語の資料がないから、こうなっちゃうんですよ」

アメリカの外交文書、ドイツの外交文書、ニュルンベルク裁判記録……。ううむ、難解そうな……。

「まるごと読んだ本なんて、ほとんどないだろうな。全部、拾い読み。向こうの本はどんなチンケな本でもちゃんと索引が付いてるから、必要なキーワードさえあれば、見当をつけることができる。日本の本は索引が付いてなくて困る」

本に目を通すときに、付箋を細かく付ける。驚くべきことに、本によっては小口側

びっしり フセン がついてる…
黄色
DOCUMENTS ON GERMAN FOREIGN POLICY
1918-1945
Series D Volume XI
THE WAR YEARS
ピンク・青・水色
3色
使い分け
しかし親指の爪ほどもない大きさのフセンによくびっしりと小さい文字をきれいに書いていらっしゃる…。
アンダーラインや書き込みを沢山するので、マーカーを2本逆さまに貼りあわせた自作ペンを使う時も
2色の使いわけに便利♡
黄緑
2色合体の蛍光マーカーってありそうでないんだとか…。
黄
2194 DAYS OF WAR
R.G. Grant
ポロロンと奏でると、スペイン気分!! かっこいー。

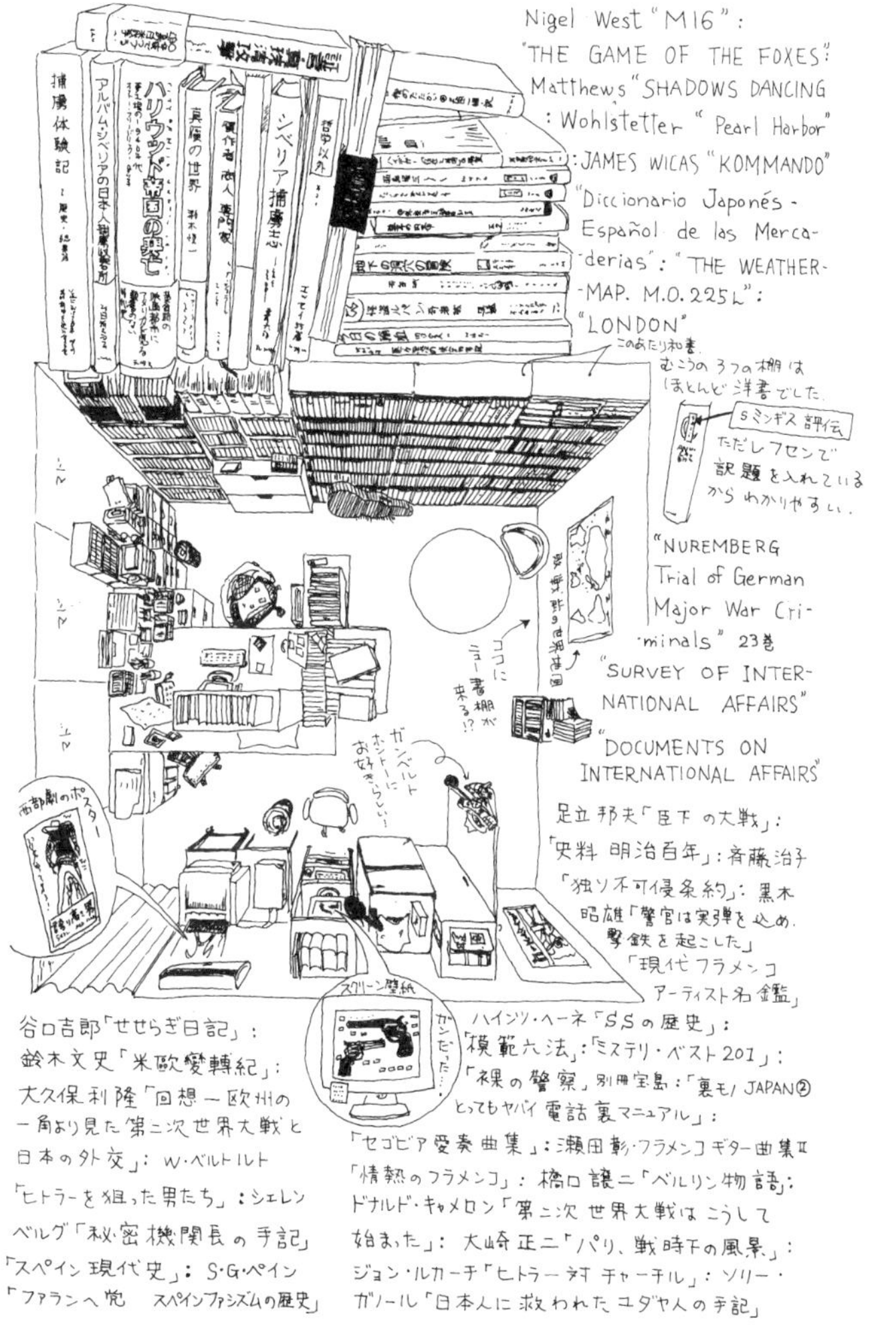
Nigel West "M16":
"THE GAME OF THE FOXES":
Matthews "SHADOWS DANCING
: Wohlstetter "Pearl Harbor"
: JAMES WICAS "KOMMANDO"
"Diccionario Japonés-Español de las Mercaderias": "THE WEATHER-MAP. M.O. 225L":
"LONDON"
捕虜体験記
アルバム・シベリアの日本人捕虜収容所
ハリウッド帝国の興亡
真贋の世界
贋作者 商人 専門家
シベリア捕虜志
このあたり和書。
むこうの3つの棚はほとんど洋書でした。
Sミンギス評伝
ただしフセンで訳題を入れているからわかりやすい。
"NUREMBERG Trial of German Major War Criminals" 23巻
"SURVEY OF INTERNATIONAL AFFAIRS"
"DOCUMENTS ON INTERNATIONAL AFFAIRS"
ココにニュー書棚が来る!?
ガンベルトホントーにお好きらしい!
西部劇のポスター
スクリーン壁紙
ガンだった…
足立邦夫「臣下の大戦」:
「史料 明治百年」: 斉藤治子
「独ソ不可侵条約」: 黒木昭雄「警官は実弾を込め、撃鉄を起こした」
「現代フラメンコアーティスト名鑑」
谷口吉郎「せせらぎ日記」:
鈴木文史「米欧變轉紀」:
大久保利隆「回想—欧州の一角より見た第二次世界大戦と日本の外交」: W・ベルトルト
「ヒトラーを狙った男たち」: シェレンベルグ「秘密機関長の手記」
「スペイン現代史」: S・G・ペイン
「ファランへ党 スペインファシズムの歴史」
ハインツ・ヘーネ「SSの歴史」:
「模範六法」:「ミステリ・ベスト201」:
「裸の警察」別冊宝島:「裏モノJAPAN②
とってもヤバイ電話裏マニュアル」:
「セゴビア愛奏曲集」: 瀬田彰・フラメンコギター曲集Ⅱ
「情熱のフラメンコ」: 橋口譲二「ベルリン物語」:
ドナルド・キャメロン「第二次世界大戦はこうして始まった」: 大崎正二「パリ、戦時下の風景」:
ジョン・ルカーチ「ヒトラー対チャーチル」: ソリー・ガノール「日本人に救われたユダヤ人の手記」

と天と両方向に時系列、キーワードなど、テーマを変えてびっしり貼ってある。本に縁飾りが付いたようだ。付箋には概略をびっしりと小さな文字で書くことも。書く文字もキーワードだけ色を変えてあったり、付箋の色も大事なところだけ変えたりと、とにかく芸が細かい。母国語以外の文字は、なかなかパッと頭に入りづらいものだ。これならばもう一度探す手間が省け、必要なときにすぐに出てきそうだ。

「まあ、索引の索引みたいなものですね」

付箋のページを開くと本文の一部に蛍光マーカーで線が引いてあり、ページの余白に訳が書いてある。

「線引くだけだと、なんで引いたのかわからなくなって、また辞書引くもんだから二度手間になるでしょ」

一見すごい手間のように見えるが、恐ろしく合理的だ。一度なるほどと思ったことは絶対逃すまい、という作家魂を感じる。書き込みがすごいと、古書店の買い取り価格は低くなるだろうけど、逢坂さんは資料として買った本はまず手放さないそうなので関係ないか。

「細かい部分のリアリティをおろそかにすると、全体の大きな嘘が、いかにも嘘っぽくなっちゃうんですよね。小説っていうのは、もともと嘘ですからね。歴史的背景を、すべてきっちり、現実のものとして押さえる。少なくとも私の書くものはそうしないとだめなんだ。また、そういうふうに調べるのが、好きなわけですね。

親父の影響もあります。親父もそういう、時代考証を問われるチャンバラ専門の挿絵画家（中一弥氏）でしたからね。出版社からきた小説読んで描こうとしてわからないことが出てくるでしょ。そうすると、筆がパタッと止まっちゃって、神保町へそそくさと資料を買いに行く。その資料が原稿料より高かったりする。子ども心に『馬鹿なことしてるなぁ』と。ところが大人になったら、私も同じことやってましたね」と、ニッコリ。

西部劇に時代劇と、あたためているジャンルはまだまだある。事務所が二フロアになる日も近いかもしれない。

ファイルと箱の情報整理術

米原万里 YONEHARA Mari　作家・同時通訳者

二〇〇〇年九月

米原万里さんのお宅は築四十年。しっかりした木の床の風合いも古めかしく、かっこいい。ただし、もうすぐ新居に引越されるのだとか〔二〇〇〇年に鎌倉に移住された〕。ロシア語通訳をなさる関係上、書棚の本は資料的なものが多いのだろうか。

「通訳のときの資料は圧倒的に借りたものが多いです。主催者側や図書館からとか。全部買ってとっておいたらこの家が本で埋まってるでしょう。全盛期は毎日違う分野に当たっていましたから。むしろ辞書とか事典、これが溜まるんですね。一回限りじゃなくて、ずっと使うから」

毎日違う分野の知識を仕入れて通訳に臨む。素早く仕込むにはどんな本を読むのだろう。

「まず百科事典の項目と、新書か入門書を読みます。日本語の本がなければロシア語で。私が教養を求める単なる学習者であるならば、大多数の入門書は読んでもくそ面白くなかったと思うんです。でも、まさに短期間で、絶体絶命でやらねばと集中すると、つまらない文章でも面白くなるんですね。人間がやることって、最終的にはなんでも面白いんですよ、たぶん。私、ものすごく片寄った文学少女でしたから、通訳やり出すまでは、理科系、技術系、金融系の本など読んだこともなかったんですけどね」

書斎の書棚には辞書とファイルがびっしり。小説やエッセイ、ドキュメンタリーなどの単行本は隣の部屋だ。仕事の合間にゴロリと横になって読書できるようにベッドがある。ちょうど日が差し込んで心地良さそうだ。この他に六畳の和室をまるごと書庫にあてている。

「ファイルの資料は通訳をやっていた頃のもの。これは、カバンの整理と同じで、細かく分けては絶対にだめなんです。どこに入れたのか思い出すのにかえって時間をくってしまう。大ざっぱに分けてファイルするんです。それでその分野の資料が増えてきたら細かく分ける。たとえば、はじめ『エネルギー』って分けておいて、原子力以外のエネルギー、『電気』とか『風力』の資料が増えていくに従ってファイルを細かく分けていくという具合。この書棚はこれらのファイルを入れるように設計してもらったんです。

最近は原稿依頼が増えて、これまでのファイル分類では納まらなくなってきました。本を書く場合の資料の量は、一冊につき段ボール箱一つ分くらいなんですね。だから、

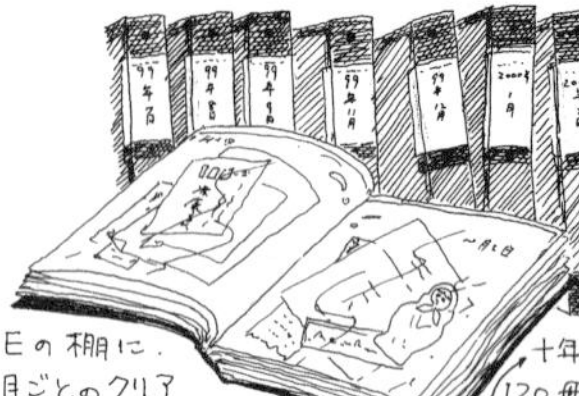
Eの棚に、
月ごとのクリア
ファイルが10冊前後ささっている。ヨネハラ式日記!? 一日につき
一頁で、その日のFAXやチケットの
半券、レシートまで入れてしまう。
たしかにすごく便利そうだけど、
十年経つと
120冊になる…
古いものは押し入れ
にしまっているん
だとか。ナルホド。
….

そっくりな猫がもう一匹いる。
ひと仕事したあとの至福のとき。。
何よんでいるの?
米原さんの雰囲気とすごく似ている

D：ことばのハンドブック；日本語の世界；西洋人の日本語発見；侵略する英語 反撃する日本語；ことばと国家；文章の書き方；日本語の個性；言葉の国のアリス；新日本語論

この棚もファイルが中心：
C
E
ノートパソコン
入口
A
B
両面本棚になっている。A側は主に仕事のファイルと、百科辞典。B側には好きで読む小説、ノンフィクション etc.
ひとやすみするベッド
テラス
D

C：ロシア ソビエト ハンドブック；スタンダード和仏辞典；和露大辞典；ロシア；アメリカを知る事典；アフリカを知る事典；南アジアを知る事典；ロシア・ソ連を知る事典；経済学辞典；医学大辞典；哲学辞典

B：КАТАПУЛЬТА；СПАРТАК；РИХАРД ЗОРГЕ；БАЛЕРИНЫ（ロシア語なので、タイトルでなく著者名の可能性もあり。すみません）ミハイル・バフチンの時空；ロシヤ小説論；ロシア・リアリズム文学；ソビエト現代劇集；カッサンドラの烙印；人生のとびら；暗い並木道；イルカ入門；狂牛病パニック；CAT TALK；ニュースになったネコ；アニマル・セラピーとは何か；ネコの住所録；黄昏の猫たち；ピアニストという蛮族がいる；男はみんなギックリ腰；ブスのくせに！；不倫；逃亡；プラハの春；死体は語る；ハンニバル戦記；ユリウス・カエサル 勝者の混迷；破滅のマヤコフスキー 亡命ロシア料理；タルコフスキー；スタニスラフスキー伝；ロシア貴族；ボルガいのちの旅；ブブノワさんというひと；ユーゴスラヴィア…

新しい家の書斎は段ボール箱くらいの引き出しがたくさん納まる棚を作るようにお願いしてるんです」

　整理術はそれだけにとどまらない。クリアファイルを使って、郵便物やファクス、電話の記録、チケットの半券や出張時の機内食メニューなどを一日一ページずつファイルしている。後で見ると、その日何が起きたのかすぐにわかる。日記よりそのときの気分が甦るという。

「本の収集癖とか、並べてうれしいとか、それは全然ないです。結局、私にとって本はモノではない。文字で書かれた内容というものは、本来、かたちがないものだから、これは仮の姿という感じで……」

　と、さらり。気持ちが良いくらい、かたちにとらわれず、機能的に情報を管理している。当然パソコンもかなり初期から使っている。最近は電子辞書も重宝なさっているとか。ならば書棚から事典類が消える日も近いのでは……。

「ただね、ＣＤ－ＲＯＭやインターネットだけだとやっぱり視野が狭くなるんですよ。自分の選んだ項目しか出てこないでしょ、電子メディアは。ところが紙の媒体だと、全然読むつもりのないものがついでにパッと目に入ってくる。目的に向かいつつ、途中でまだ私が把握していない魅力的な世界に遭遇できる。だから、両方必要なんですね」

そういえば百科事典を開くと、他の項目が面白くてなかなか本題にたどり着けなかったりする。要領が悪くて嫌だなと思っていたけど、大事なことだったんだなあ。

「この書斎は北向きなんです。これまでは仕事から帰って夜机に向かうことが多かったから。今度の書斎は日当たりの良いところにしました。専用の外階段を付けて犬が庭から来られるようにしたんですよ」

居心地の良さも情報管理も、ご自身を熟知されているからこそ、的確なかたちになるのだろう。そろそろ書斎の採寸をさせていただこうと、巻き尺を取り出すと「設計図、ありますけど？」とおもむろに棚のファイルをがさがさ。

な、なんと十一年前の改装時の設計図を即座に取り出して下さった。恐るべし、ヨネハラ式情報整理術。

翻訳者の本棚・愛読者の本棚

深町眞理子 FUKAMACHI Mariko 翻訳家

二〇〇〇年十一月

翻訳家の深町眞理子さんの書斎にお邪魔したのは七月だった。ちょうど今年（二〇〇〇年）中に出版するスティーヴン・キングの長編小説〔『ザ・スタンド』上下、文藝春秋〕を翻訳している真っ最中であった。

「今翻訳しているのは、信心深い黒人のおばあさんが登場するところです。一言一言が全部聖書の記述に関わりがある。それで、その下調べに手間取ってるんです。彼女がギターを弾いて歌う場面では、讃美歌とか聖歌とかも出てきます。何か定訳があればそれを使いたいと思うんですが、宗派などによって全部違うんです。こんなふうに躓《つまず》くと、なかなか予定通りにはいきません」

そんな細かいところまで気にしなければならないのか、と改めて感動。専門分野のはっきりした学術書と違って、こういう小説はどこで何が出てきてもおかしくないから大変だ。机の脇の本棚には聖書の文語訳、口語訳にビデオガイド、讃美歌集、スラング辞典などが並ぶ。場面や作品が変わるごとに資料をきちんと入れ替えているのだそうだ。

原作のペーパーバックには、付箋がいくつも付いている。これから出版社を通して不明の部分をキング氏に問い合わせる部分だ。

もともとこの作品は、一九七八年に、七年後の八五年くらいを時代背景として書かれた近未来小説。ただし当時は出版社の都合で大幅に割愛して刊行された（それでも八百ページある）。それを九〇年に割愛部分を復元し、同時にすでに過去となった時代背景を現在（九〇年）のものとして書き直して再刊行されたという複雑な経緯を持つ。

しかも時代背景は直しているのに、日付と曜日の関係は機械的にそのまま。九〇年ならば明らかに土曜日なのに、銀行が営業していたりといった矛盾があるのだそうだ。なんともアメリカ的というか……。

「向こうの編集者がチェックしてないんですね。それでこうして九〇年のカレンダーに書き込みしています。それに地名も、十年前の話ですから、当時の地図を見て確かめる。赤線引いてね。ここまで調べないと安心できない」

さらにジェームスとジェイムスなど、出版社によって外来語の表記が異なるので、各出版社用に五十音別の表記ノートも作成して、表記の統一をはかる。緻密だ。緻密すぎる。これでは時間がいくらあっても足りないのでは……。

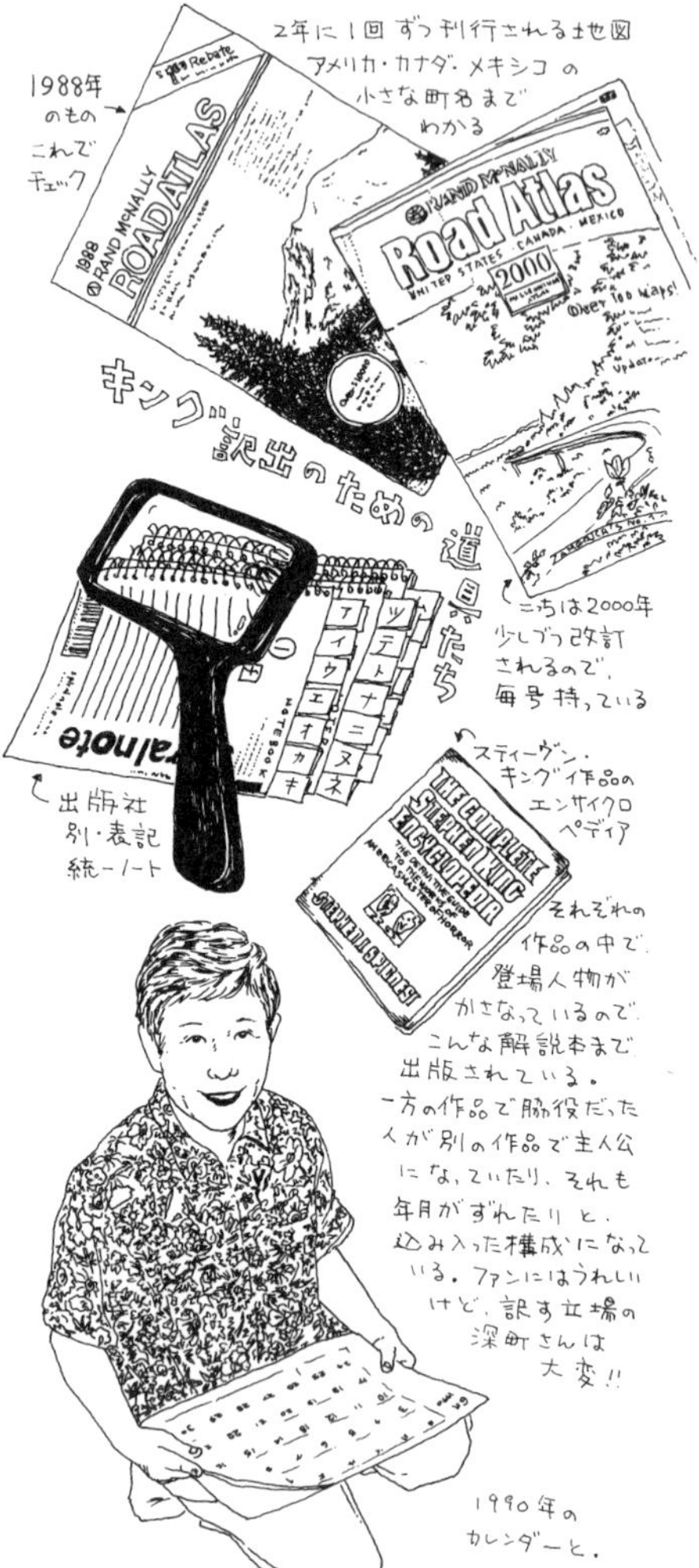
2年に1回ずつ刊行される地図
アメリカ・カナダ・メキシコの
小さな町名まで
わかる
1988年
のもの
これで
チェック
1988 RAND McNALLY ROAD ATLAS
RAND McNALLY Road Atlas
UNITED STATES · CANADA · MEXICO
2000
Over 100 Maps!
キング訳出のための道具たち
こちらは2000年
少しずつ改訂
されるので、
毎号持っている
出版社
別・表記
統一ノート
スティーヴン・
キング作品の
エンサイクロ
ペディア
THE COMPLETE STEPHEN KING ENCYCLOPEDIA
それぞれの
作品の中で、
登場人物が
かさなっているので、
こんな解説本まで
出版されている。
一方の作品で脇役だった
人が別の作品で主人公
になっていたり、それも
年月がずれたりと、
込み入った構成になって
いる。ファンにはうれしい
けど、訳す立場の
深町さんは
大変!!
1990年の
カレンダーと。

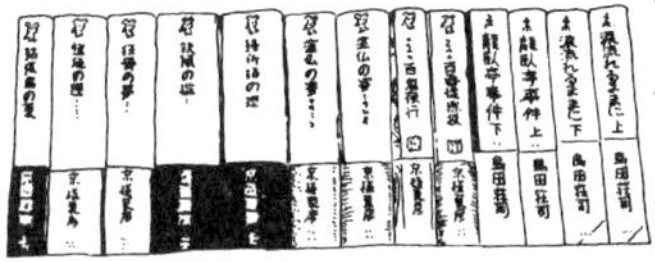

Eより：ビデオ：ハムレット．めまい．ヘンリィ五世
アンネ・フランクの世界．レベッカ．将軍月に消ゆ
文庫本・中井英夫全集．日本探偵小説全集
夢野久作傑作選．Fより．小栗虫太郎
傑作選．永遠の都（加賀乙彦1〜7）
足利尊氏（村上元三．上下）三国志（北方謙三1〜13）

Lより：アメリカ文化事典．DICTIONARY OF QUOTATIONS．英語擬音語辞典．最新アメリカ学生スラング辞典．時事英語情報辞典．アメリカ俗語辞典．聖歌 聖書．讃美歌21．マザー・グース事典

Kより：電子本：広辞苑 大辞林．マイペディア 聖書 新共同訳．EB 西洋文芸人名録．25万語医学用語大辞典

Dより：シェイクスピア全集 ジョン・ダン全詩集．神曲 Me キャサリン・ヘプバーン自伝 ニューヨーク・アートガイド スティーヴン・キングの邦訳本 いろいろ…

Bより．マザーグース イギリスの大聖堂．パズルランドのアリス レイモンド・チャンドラー読本．シャーロック・ホームズ全集．エッダ アイルランド幻想紀行 ケルト神話の世界

A：ビデオ・文庫
B：資料の本
C：ビデオ
D：趣味の本 ノンフィクション 評論
E：趣味の本
F：趣味の本 日本の小説
G：翻訳作品 単行本
H：翻訳作品 文庫本 下段に辞典・事典
I：翻訳作品
J：翻訳作品 下段に趣味の本．文庫本

5インチフロッピーのワープロを愛用．電子本リーダーを併せて使用．

GとHより：（翻訳作品：あまりの多さに圧倒される）
ABC殺人事件．モダンホラーとUSA．SF入門 宇宙士官候補生．ラブ・ゲーム．人生のルール アンネの日記．くじ．探偵小説十戒．アンネとヨーピー．犬たちの隠された生活．猫と話しませんか？ トナカイ月．光の王．アガサ・クリスティーの生涯．聖堂の殺人．13のダイヤモンド．城館の殺人．九マイルは遠すぎる．メカニストリア．カードの館．ママに捧げる犯罪．アトランの女王．ティーターン．コナン・ドイル ディナーで殺人を．ヴァンパイアの塔．子供の消えた惑星

「仕事は夕食までで、食後はとにかく好きな物を読むんです。寝てから読む本っていうのはまた別にありましてね。腕が疲れるから雑誌や文庫を読むんです。ただ、今みたいに忙しくなると、夕食後も仕事をするので、本は溜まっていく一方で……」

と、少し寂しそう。資料以外の、ご自身の楽しみ用の本棚を見せていただくと、日本のミステリーやサスペンスが著者別にずらりと並ぶ。

「とにかくこの頃は読んだ本は捨てることにしてるんです。捨てる本を入れる場所も決まってますよ。本棚の余地は全然ないんで、新しい本が来ると、それを棚に納めるまでに三時間くらいかかるの。入れたり出したり。これから読むつもりの本とか、資料の本とか、もうすでにいっぱいのところを、こうしたら入るんじゃないかと」

どんな本棚でも、棚から発する匂いがあって、持ち主の思いのようなものが透けて見えるのだけど、深町さんの本棚からは、幸せそうな香気が漂う。楽しみに楽しみに読む本なのだろう。棚に扉を付けているせいか、どの本も新刊同様ピカピカ。列から飛び出しているのがまだ読んでいないものなのだとか。

「本は新聞広告や出版社のPR誌から目星をつけて、クロネコヤマトのブック急便で取り寄せます。送料の関係で、十冊溜まるのを待って。全然外出しないので、店頭で手に取って買うということができないんです。だから、あ、はずれだっていうの、結構ありますよ。特にエンターテインメント系のものは。

それに本が届かないうちにあちこちの書評で絶賛されると、なんとなく腰が引けちゃって、後回しにしてしばらく読まないときもあります。

とにかく『お話』が好きなんですよ。今好きなのは京極夏彦。長いから、お話にどっぷり浸かりきっちゃって、その間はたいへん至福のときを過ごせるんです。今はなかなかゆっくりと読めないんですけど、幸か不幸か『京極堂』シリーズ〔の最新作〕は今のところ〔取材時〕出てないですからね」

津野海太郎 TSUNO Kaitarô 編集者

好奇心のために、考えるために

二〇〇一年一月

「本が全部棚に並んでいるのを見るのは、大学生のとき以来じゃないかな。家を建てようと思ったのはこの数年のことだからね」

津野海太郎さんの書斎はこの秋にできたばかり。長かった独身生活に数年前終止符を打って結婚し、新居を建てた。書斎を眺めながら、少しばかり照れ臭そうだ。

編集者として晶文社で幾多の本を作り、「黒テント」では多くの作品を演出するなど、四十年の間に手がけてきた仕事はとても幅広い。現在は『季刊・本とコンピュータ』〔二〇〇五年六月に終刊〕の編集長であり、和光大学の教授でもある〔二〇〇九年まで〕。

書斎は細長く、壁の両脇がずうっと本棚になっている。すでに本は棚いっぱいだ。

「でもねえ、僕たちくらいの年（六十二歳）なら、本持ってる人は、だいたいこれの五倍くらいあるよ。大学教授なら研究室にぎしぎしになってるとかね。ここにあるのはせいぜい古くて二十年くらい前からのじゃないかな。晶文社の本は会社にあると思うから持って来てないし。少ないもんですよ。

　十二畳のワンルームマンションに暮らしていた時期はこの半分くらいにしてた。四十代後半くらいの頃。必要ないものはどんどん古本屋に引き取ってもらって。それでも本棚に入らない分は押し入れに詰め込んでた。気持ちのなかでこれだけは捨てられないって本はないと思うね。食器とか鍋とかも同じ。中華鍋に土鍋が一つずつ、コップや茶碗なんかも二人分にして極端に切り詰めてたな。

　この数年はどうせ広い本棚ができると思っていたから整理しないでおいたからね、空間に合わせてふにゃふにゃと増えてきた。ほうっておけば一年半くらいで棚二つくらいは増えるよ。でももうこれ以上は増やさない」

　きっぱりした口調に、聞いている方も身軽な心地がする。

「こうして書棚に並べてみると、段ボールに入れてた昔の本が出てきて、びっくりしてるよ。やろうと思っていたのにやってないことってのが見えてきちゃうね。忘れちゃったものがざわざわと甦ってくる。

　いつも興味のわくテーマがだいたい十個くらいある。たとえば岡倉天心は自分で服をデザインして作ってたんだけど、どんな服をどんな方法で作っていたのか。『岡倉天心全集』に服飾事典、服の作り方と、本を買ったり図書館を回ったりして三、四十冊さらうとなんとなく〈アタリ〉が見えてくる。こうして調べていけばいいなと。だ

ユダヤ人の兄弟
やぎと少年
お話を運んだ馬
短かい金曜日
まぬけなワルシャワ旅行
カフカ
カフカの父親
フランツ・カフカ
カフカとの対話
ラビとの対話
タルムードの世界
ユダヤ人
ノーベル賞作家シンガー兄弟伝
A Friend of Kafka
ぶ厚い本は
ちぎって持ち歩く
たまに 1ページ
紛失する
ことも…
逍遥
選集
百科辞典は
インターネット上のを
利用.
CD-ROMはあまり使わないとか.
できたて
ピカピカの
書斎で
ちょっと
照れ臭そう

A 逍遙選集…十二巻+別冊五巻
明治文学史、越しかた九十年(坪内士行)内田魯庵傳、田中正造伝、日本の近代、丘浅次郎集、日本近代文学の起源、近代国家の成立、二葉亭四迷の明治四十一年、近代日本ユウモア叢書2、長谷川如是閑集、如是閑研究序説、文体

B 電子図書館、文献世界の構造、図書館の第三の時代、第三閲覧室、書庫のキャレル、アレクサンドリア、辞書の発明、辞書の世界史、テクストのぶどう畑で、プラトン、記憶術と書物、わかりやすい日本語の表記、対談 日本語を考える、日本語の歴史、メディア論、電脳世界、アマゾン・ドット・コム、本とコンピュータを結ぶ、文化としての技術、電脳暮し、ビーイング・デジタル、ハッカーズ、人を賢くする道具

C ただいま故障中、安楽に死にたい、右の座席、江戸 老いの文化、おばあさんになるなんて、往生考、老化はなぜ起こるか、町望、老い、もうひとつの手話、老いはこうしてつくられる、老いの近代、ウィトゲンシュタイン1.2、ヘーゲル、大人のなり方、わたしの哲学入門、反哲学史、哲学の余白、哲学以外

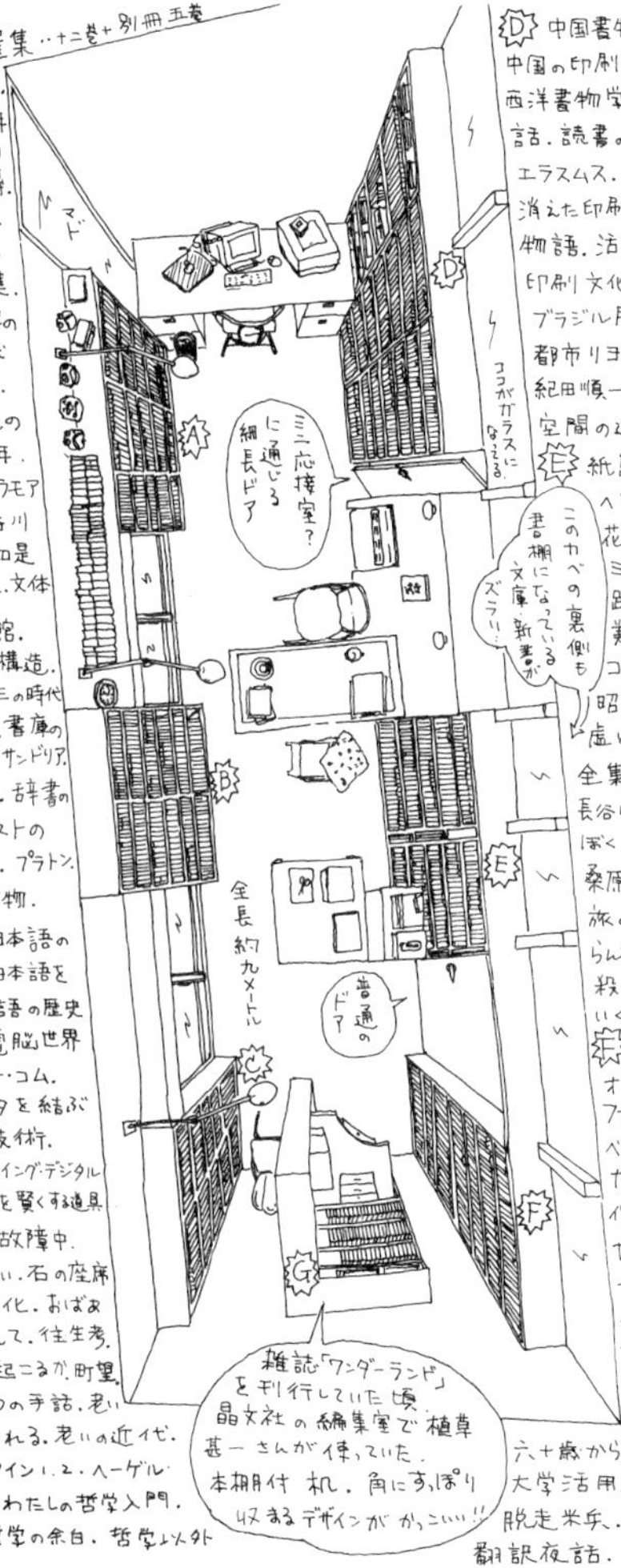

マド
ミニ応接室?に通じる細長ドア
ココがガラスになってる
このカベの裏側も書棚になっている 文庫・新書がズラリ…
全長約九メートル
普通のドア
雑誌「ワンダーランド」を刊行していた頃 晶文社の編集室で植草甚一さんが使っていた本棚付 机。角にすっぽり収まるデザインがかっこいい!!

D 中国書物物語、少年印刷工、中国の印刷術、本の歴史、フランクリン、西洋書物学事始め、美しい書物の話、読書の文化史、書物の出現、エラスムス、グーテンベルクの謎、消えた印刷職人、印刷発明物語、活字文化の誕生、西洋印刷文化史、ゴランツ書店、ブラジル民衆本の世界、本の都市リヨン、ラブレー周遊記、紀田順一郎著作集、読書空間の近代、読むことの歴史

E 紙魚の退屈、碧眼の人、へそ曲り名言集、花田清輝全集、ミシェル城館の人、路上の人、美しきもの見し人は、ゴヤ、成城だより、昭和末、文学における虚と実、金子光晴全集、加藤周一著作集、長谷川四郎全集、ぼくのシベリアの伯父さん、桑原武夫全集、一月一話、旅の話、時代を読む、らんだむ・りぃだあ、殺されたもののゆくえ、いくつもの鏡。

F 水牛通信、オーウェル著作集、ファウスト、ロルカ、ベンヤミン、アドルノ、カフカ全集、ブレヒト作業日誌、ブレヒトの世界、BRECHT & CO.、亡命とユダヤ人、イスラエルに生きる人々、マラーノの系譜、ヴェニスのゲットーにて、

G JAM JAM日記、六十歳からの快適ダイエット、大学活用法、ベ平連と脱走米兵、モロッコ流謫、翻訳夜話、国定忠治。

いたい半年くらいかな。そこでふと興味が途切れる。こういうのは別に本を書くために調べるわけではないから。もちろん芝居や編集活動のなかに見えないかたちで還元していくんだけど。

それとは別に今自分のやっていることを進めるために考えなければいけないことってのがある。たとえば、どうして劇場が好きなのに自分が芝居を打つ場所としてはどうしてもテントがいいのか。なぜコンピュータが嫌いだったのに使うようになったのか。こういうことは三年くらい本を買ってじっくり考えて、本を書くことで整理する。

この辺のコンピュータに関する本は、『本とコンピュータ』を始める前あたりから集め出した。この手の本がたくさん出版されるようになったのはごく最近だけどね。隣は話し言葉や文字が生まれてくるあたりのこと、それからアレキサンドリア図書館について……」

書棚を眺めていくと、いろいろなテーマがぼんやりと見えてくる。好奇心のための本と、考えるための本。四十年という歳月の間に、津野さんのなかをものすごい勢いで本が通り過ぎていっているようだ。

「今、坪内逍遙の伝記〔『滑稽な巨人』平凡社〕を書いてるんだけど、書斎が広いと、資料を見つけやすいから、楽になったかな。だけどそんなに活用してないよ。僕の場合はプロフェッショナルな物書きや研究者じゃないし、第一忙しくて書斎にずっといる暇がない。

原稿は仕事場で書くんだよ。芝居とか、編集部とか、ざわざわしたなかで生きてきたから瞬間的な集中力があるんだ。誰もいないところで仕事してるのもいいんだけれども、飽きてきちゃうのね。電車のなかとか、喫茶店とか、多少ザワザワがあったほうがいいときがある。キミだってそうじゃないかな」

まったく仰せの通り。この原稿、喫茶店で書いております。

プーさんがどこかで見てる書斎

石井桃子 ISHII Momoko　児童文学者

二〇〇一年三月

荻窪駅から歩いて十分くらい、閑静な住宅地のなかに「かつら文庫」はある。子どもの本に興味がある人ならば、石井桃子さんとかつら文庫には、特別な思い入れがあるのではないだろうか。石井さんは子どもの本の創作や翻訳の合間に、自宅を開放して子どものための図書室・かつら文庫を作った。一九五八年のことだ。七年後に文庫での試みや子どもたちの成長について書いた『子どもの図書館』（岩波新書）が刊行され、それを引き金に、子どもが自由に本を手に取って読む場所を作る動きが全国で活発になっていった。六〇年代後半に生まれた私が子どもになる頃には、あちこちに「ブンコ」があって、図書館には子どものための本がどっさりあるのがあたりまえのことになっていたけれど。

「あの当時はお互いに関係なしにポツンポツンと、文庫を自分の意志で始めていたんですね。まあ、全国で何百、というところじゃないでしょうか。今はどうでしょう。

くわしい数はわかりませんが相当増えたでしょう。

今、全国で協力しようという動きもあります。私たちは四つの文庫でまとまって『東京子ども図書館』という小さな財団を作りました。ここはその分館というかたちになっています。本に書いた頃の日本家屋の文庫から鉄筋に建て替えて、二十年ほどになります。六畳間ほどしかなかったところから、倍ぐらいに広くなり、本棚も増やしました。私がだんだん年をとるものですから、十年ばかり前から、財団の若い人たちに来てもらってここを水曜日と土曜日に開けています〔現在は土曜日のみ〕」

文庫のなかに入ると、あるある、子どもの頃に読んだ本、聞かされた本がずらり。『くまのプーさん』『トム・ソーヤーの冒険』『ピーター・パンとウェンディ』『１００まんびきのねこ』『リンゴ畑のマーティン・ピピン』……石井さんが訳出した本ばかりだ。ノンちゃんシリーズなど、創作の仕事は知っていたけれど、こんなにたくさん翻訳も手がけてらしたんだ……。今では親子二代で読みつがれている本だってある。もし石井さんが子どもの本の世界に関わらなかったら、この本ともあの本とも、出会えなかったかもしれないと思うと、そら恐ろしくなってしまう。

「とにかく、文庫を始めたときに、子どもに読ませようという本が少なかったんですよ。それで子どもたちに外国の絵本を訳しながら読み聞かせて、それを原稿にして出版していったんですね」

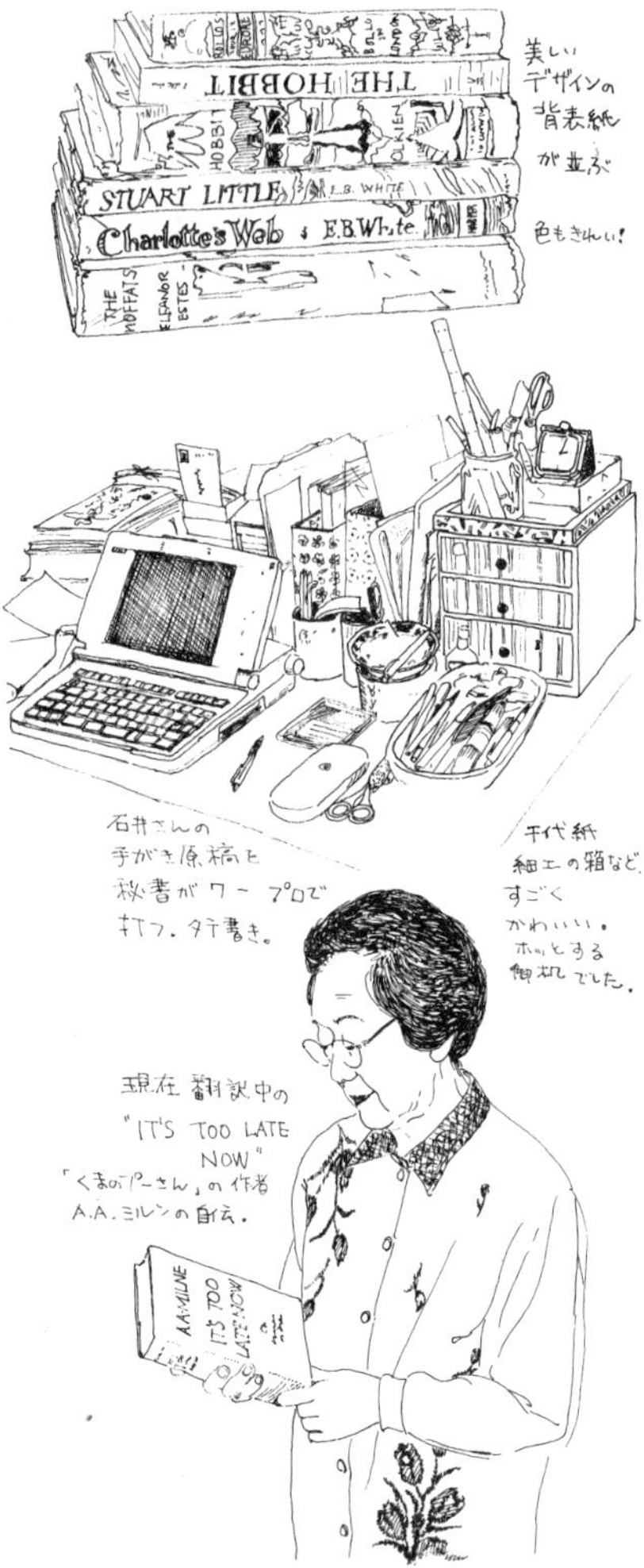

THE HOBBIT
TOLKIEN
STUART LITTLE
E.B. WHITE
Charlotte's Web
E.B.White
THE MOFFATS
ELEANOR ESTES
美しい
デザインの
背表紙
が並ぶ
色もきれい！
石井さんの
手がき原稿を
秘書がワープロで
打つ。タテ書き。
千代紙
細工の箱など。
すごく
かわいい。
ホッとする
御机でした。
現在翻訳中の
"IT'S TOO LATE NOW"
「くまのプーさん」の作者
A.A.ミルンの自伝。
A.A.MILNE
IT'S TOO LATE NOW

A 中山道分間延絵図；巡歴中山道；イギリスの表情；イギリスの家具；A CHILD'S HISTORY of the WORLD；WAKE UP AND LIVE；BOSTON BOOK；イギリスの生活誌－道具と暮らし；那須の植物；自然図鑑；実用の薬草；SHAKESPER-E'S FLOWERS；マクベス（以下、新樹社刊坪内逍遥訳、シェークスピアほぼ全冊!?）魔法のベッド過去の国へ；むかしある時；お姫さまの本；小ねずみスチュアート；台所のマリアさま；銀色のしぎ；反乱のきっかけ；農園の夏；

B 翻訳の原書や著書、重版時の訂正本など The World of Pooh；DREAM DAYS；THE TALE OF THE PIE AND THE PATTY PAN；リンゴ畑のマーティン・ピピン；ムギと王さま；小さい牛追い；夜中出あるくものたち；ガラスのくつ

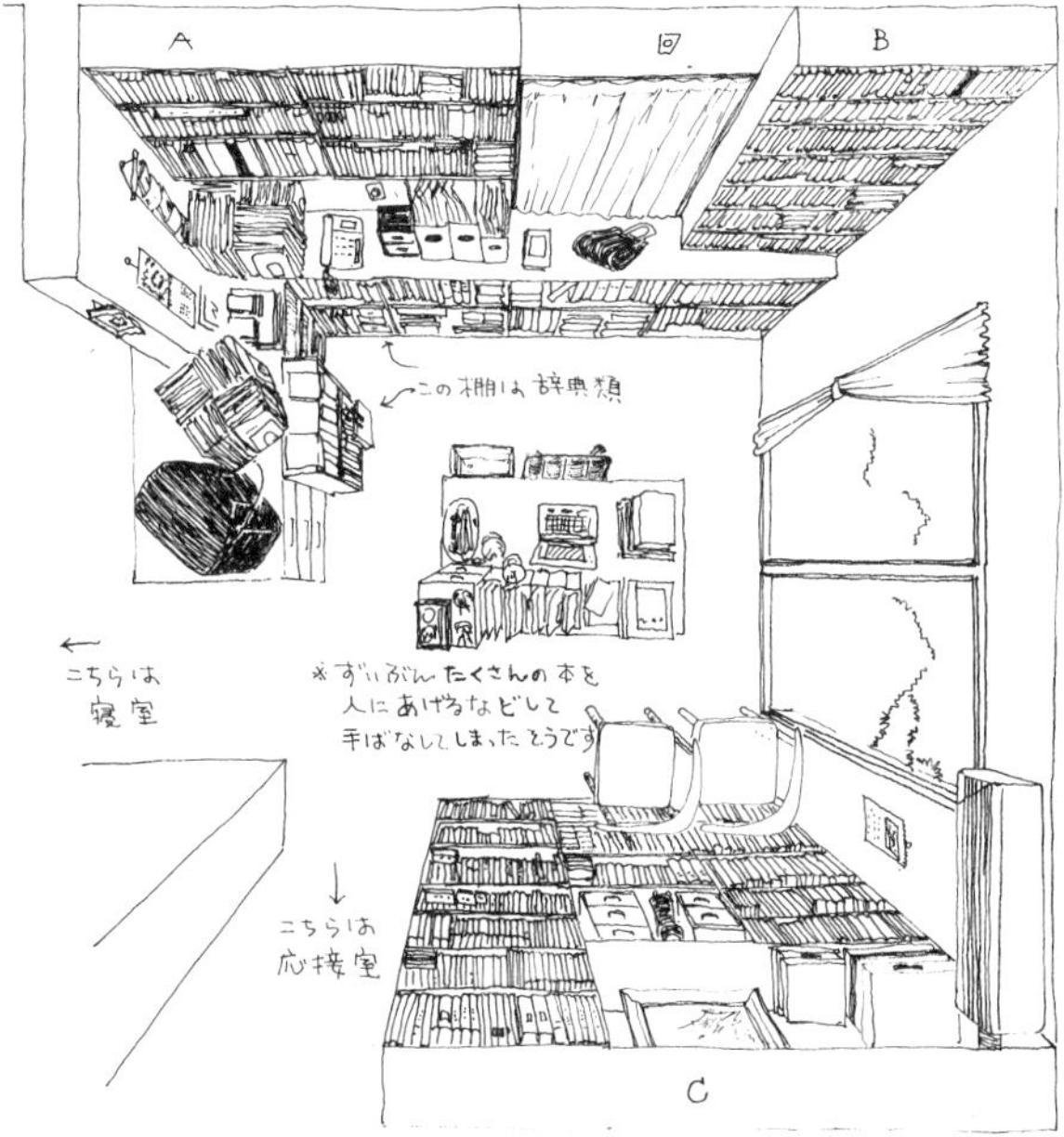

C. ENGLISH FAIRY TALES；W.B. Yeats and Irish Folklore；The Osborne Collection of Early Children's Books；Horn Book Reflections on Children's Books and Reading；英米児童文学史；絵本の魅力；昔話と文学；センダックの絵本論；全国方言辞典；明治のお伽噺；昔話覚書；百年前の絵本 幼い子の文学；現代児童文学辞典；絵本を語る；わたしの出会った作家と作品；ピーター・パンの世界；妖精の世界；妖精の国の住民；絵本／物語るイラストレーション；ストーリーテラーへの道；日本の児童図書賞；ケティ物語；おいしいおかゆ；初版グリム童話集；…

そうしてできていったのが『100まんびきのねこ』（ワンダ・ガアグ文・絵、福音館書店）だ。

「英語で書かれているにもかかわらず、欧米の絵本はとても人気がありました。何度も読んでほしいといわれて。あれは何なのだろうと。

当時、日本では、何が子どもの本なのかというのがはっきりわかっていなかったんですね。一方、欧米ではすでに子どものための文学が確立していて、五十年も六十年も子どもたちに読みつがれている本がたくさんあったのです」

現在、石井さんは文庫の二階にある書庫で、プーさんの著者A・A・ミルン（一八八二〜一九五六年）の自伝の翻訳に取りかかっている〔二〇〇三年、『今からでは遅すぎるミルン自伝』として岩波書店から刊行された〕。

石井さんが子どもの本に興味を持つことになったもともとのきっかけが、『くまのプーさん』だった。当時、文藝春秋の編集者だった石井さんは、作家の犬養健の家でプーさんの原書と出会う。一九四〇年、まさに戦争のさなかに、『プー』のはじめての翻訳出版にこぎつけたとき、石井さんはまだ三十三歳だった。それから五十余年が経った。

「ミルンについて知りたいと思ったんですが、この自伝は読んでもわからないんです。関係代名詞が抜けていたりとか、自分流の英語で書いているんですね。『プー』のときは内容がスッと入ってきて、夢中で訳してしまったんですけれど。

それで、詩人のアーサー・ビナードさんと、彼のお友達のアラン・ストークさんという方に教えていただいているんです。私が声に出して読み、わからないところを質問すると、『これはスタンダードの英語じゃない。普通に書くとこうなる』って教えて下さいます」

児童書の偉大なる伝道者は、楽しい宿題を与えられた、生真面目な女生徒のように微笑んでいた。

出撃基地は紙片のカオス

佐高信 SATAKA Makoto 評論家

二〇〇一年五月

佐高信さんといえば、政治家や官僚、大企業に容赦なき批判をつきつける、眼光鋭きお顔を思い浮かべてしまう。私は政治経済にうといのでちょっとびびりながら神田の事務所に向かったのだった。事務所の入っているビルは古めかしく、ガラス戸に手書きの看板文字が入っている。まるで昔の映画に出てくるようなかっこよさ。

「よく探偵事務所みたいだっていわれるんですよ。バブルの開発に取り残されたんですね。一九八二年からだから十八年目、フリーになってまもなく借りたんです。その前に経済誌の記者をやっていたときにも神田にオフィスがあってね。神田は本屋にも近いし、私の取材現場である丸の内のオフィス街にも近い。だからまあ、出撃基地みたいなものです」

佐高さんはにこやかに語りだした。テレビで見る厳しいお顔とはまるで別人、やさしくてあたたかな人柄が伝わってくる。社会の悪を鋭い舌鋒で追及するのにやさしい表情もできないのだろうけれど、あまりのイメージの違いにびっくりした。

びっくりといえばレトロでかっこいいはずの部屋、壁も床もほとんど見えない。机もテーブルも何もかもが本に新聞、未開封の郵便物などでできたランダムな紙の山にうずもれていて、なんとなく高いところ、ぐらいにしか認識できない。これは、はじめての事態である。鳥瞰図を描いても遠近感がでるだろうかなどと考えてしまう。どうぞといわれた椅子に腰掛けると、書類の山で埋もれて見えないけれども、もとは二人掛けの椅子であることが発覚。

「整理能力ゼロなんですよ。捨てられない。理屈では、自分は捨てられる側に立つんだということだけど、まあ、それはかっこつけであって、要は能力の問題でしょう。四、五年前にかみさんが夏休みに来て三日ぐらいかけて掃除してくれたんだけど、あのときは本当に床が見えなかったの。七年前の新聞が出てきたって、怒られました。この部屋の隣も借りているんで、あんまり散らかると、隣にごそっと移してお客さんの座る場所を作ったりしてます。

資料的に貴重な本は自宅に置いてます。壁面に三段スライド式の書棚を入れてある。それから自宅の庭の隅に小屋……整理がなってないから書庫とは呼べないんだけど……があってそこにも本を置いてる。あっちはかみさんの手が入っているから、まあ、ここのようなことにはなっていないです。

久野収集 I
久野収集 II
久野収集 III
久野収集 IV
久野収集 V
隣の部屋も借りているため、最近入手した本は隣室本棚に収まっている。
(隣は本棚の他はダンボール箱がるいるいと…)
笑うとすごくやさしい顔になる。のですが…
テレビ番組でももっと笑顔を映してほしい！女性ファンが増えると思う…
何か紙を踏まないと前進できない状態。
しかし、ホコリは少ないし、食べ物などのゴミがないため？「キタナイ」という感じがしない。
本当に紙だけがるいるいと…
パソコン・ワープロの類は使わず、すべて原稿は手書き。100円のボールペンを愛用。

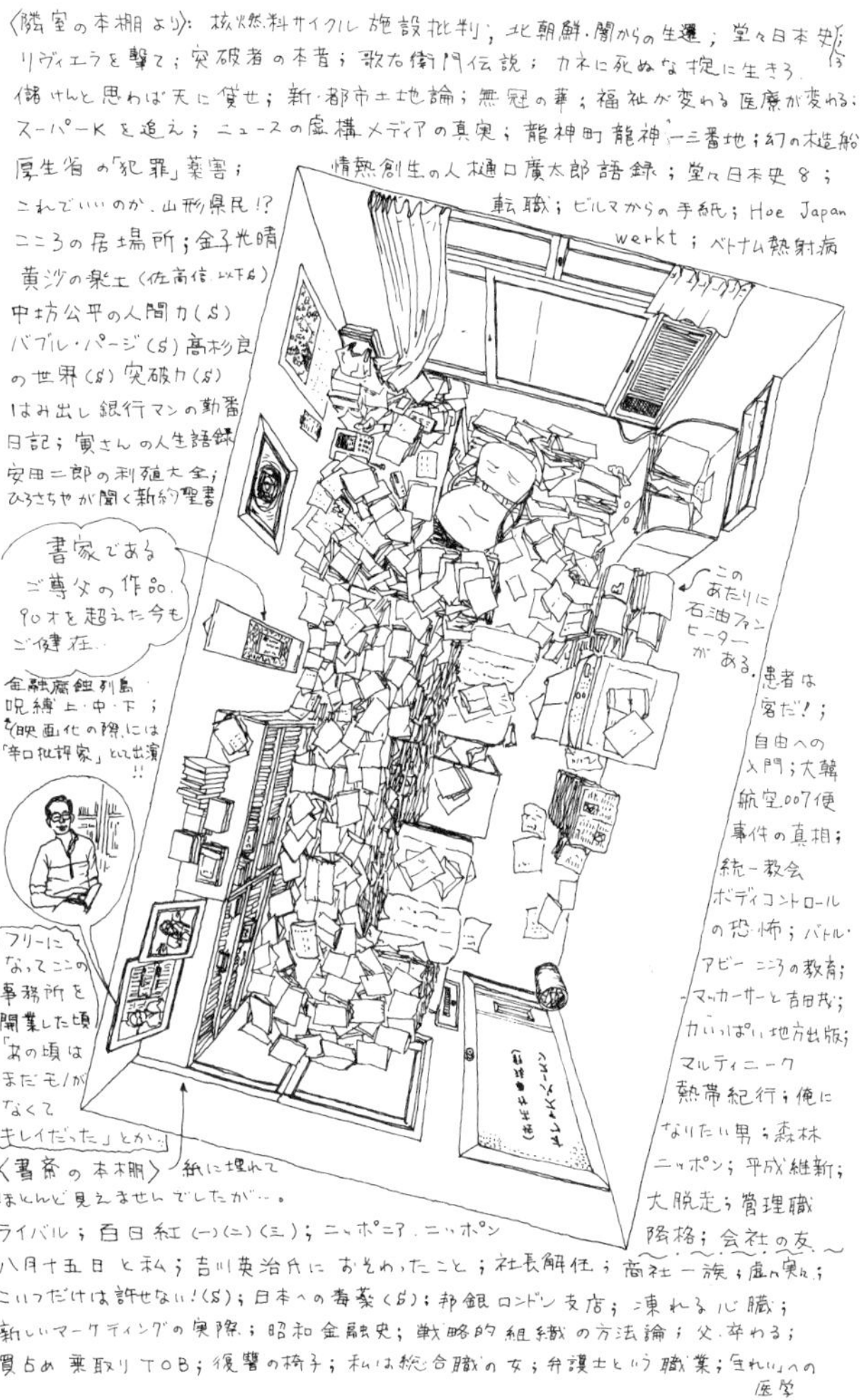
〈隣室の本棚より〉：核燃料サイクル施設批判；北朝鮮・闇からの生還；堂々日本史15；
リヴィエラを撃て；突破者の本音；歌右衛門伝説；カネに死ぬな掟に生きろ
儲けんと思わば天に貸せ；新・都市土地論；無冠の華；福祉が変わる医療が変わる；
スーパーKを追え；ニュースの虚構メディアの真実；龍神町龍神ー三番地；幻の木造船
厚生省の「犯罪」薬害；
情熱創生の人樋口廣太郎語録；堂々日本史8；
これでいいのか、山形県民!?
転職；ビルマからの手紙；Hoe Japan werkt；ベトナム熱射病
こころの居場所；金子光晴
黄沙の楽土（佐高信 以下S）
中坊公平の人間力（S）
バブル・パージ（S）高杉良の世界（S）突破力（S）
はみ出し銀行マンの勤番日記；寅さんの人生語録
安田二郎の利殖大全；
ひろさちやが聞く新約聖書
書家である
ご尊父の作品。
90才を超えた今も
ご健在…
金融腐蝕列島
呪縛上・中・下；
（映画化の際には
「辛口批評家」として出演!!
このあたりに
石油ファンヒーターがある。
患者は客だ!；
自由への入門；大韓航空007便事件の真相；
統一教会ボディコントロールの恐怖；バトル・アビー こころの教育；
マッカーサーと吉田茂；
がいっぱい地方出版；
マルティニーク熱帯紀行；俺になりたい男；森林ニッポン；平成維新；
大脱走；管理職降格；会社の友
フリーになってここの事務所を開業した頃
「あの頃はまだモノがなくてキレイだった」とか…
〈書斎の本棚〉紙に埋れてほとんど見えませんでしたが…。
ライバル；百日紅（一）（二）（三）；ニッポニア・ニッポン
八月十五日と私；吉川英治氏におそわったこと；社長解任；商社一族；虚々実々；
こいつだけは許せない!（S）；日本への毒薬（S）；邦銀ロンドン支店；凍れる心臓；
新しいマーケティングの実際；昭和金融史；戦略的組織の方法論；父・砕ける；
買占め乗取りTOB；復讐の椅子；私は総合職の女；弁護士という職業；「きれい」への医学

ここは自分の本を一応置いておいて、資料的にもう一度読み返したりとかしています。

日本の企業って同じことの繰り返しなんですよ。十年間経済誌の編集者をやって、構造的な知識を身に付けているから、昔と今の話とがパッと結びつくんですね。たとえば雪印牛乳の食中毒事件があったでしょ。以前には森永のヒ素ミルク事件（一九五五年）が起こっていた。懲りないで同じことをやっているわけですよ。だから何か起きたとき、そういうの前にどこかで書いたな、どこに書いたっけ……って探すんです。インターネットをやるとすぐわかるよと勧められたけど、いまだに原稿も手書きだから。今、手書きのもの書きは一割切ってるらしいけど、私は書家の息子だからね。パイロットプチの百円ボールペンをずっと使っています。これがいちばん書きやすい」

佐高さんは大学時代の読書記録を『青春読書ノート』（講談社文庫）として上梓している。四百七十冊という量もすごいけれど、社会科学、思想系以外に、岡本かの子から森村桂までの文学作品をも丹念に読破していることに驚く。

「もてないやつは勉強するんです。寮にいたせいもありますよね。荘内館という、山形県庄内地方出身者のための寮なんです。やっぱりある種の見栄で一生懸命並べたりするわけ。お互いに『なんだ、あれも読んでないのか』とかね。筑摩の文学全集とか

『戦後日本思想大系』だとか、岩波の『三木清全集』だとか、ドッサリ持って田舎に帰った。今でも田舎の二階にダーッとありますよ。三省堂新書もかなりある。あれは良い本がたくさんありましたね。あの頃から読書量は減ってません。むしろ増えた。結局それしか趣味もないしねえ」

と、にこにこ。何を話しても終始微笑みを絶やさない。辛口批評の根本に流れる、あたたかさに触れたような気がした。

コトバのメロディを聞き書きするひと

金田一春彦　KINDAICHI Haruhiko　国語学者

二〇〇一年七月

「書庫といっても、ここにはもうほとんど本はないんですよ。全部山梨に送ってしまったので……」

金田一春彦先生の書斎に伺うと、先生は開口一番、すまなそうにおっしゃった。

「山梨県の八ヶ岳大泉図書館〔取材当時の名称〕に寄贈したんですよ。二万冊あったといってましたね。寄贈する前は、この書斎と二階の書庫に置いておりました。明治頃に出ました三省堂の『日本百科大辞典』など、父〔国語学者・金田一京助氏〕の代から集めた本もあって、そういう本は子どものときから親しくしておりますのでお譲りするのに忍びませんでして、阿佐ヶ谷の長男夫婦のところにあります。

大泉村の山田進村長から、話があったときは本当にうれしかったです。私はどこか自分の勤めている大学で保存してくれるだろうと思っていたんですね。ところが今、大学は、先輩の先生方からたくさん譲り受けていて、いらないというんです。めったにないような珍しい本だけを受け取れるのなら受け取りたいと。すると入手の可能な本は、がらくた同然の扱いとなって残ってしまうわけです」

　なるほど。そういえばある図書館の書庫で、某（教授の名前と思われる）文庫と称して、どんとひとかたまり、書庫の一角を占めているのを見たことがある。整理されているようにも見えなかった。言葉は悪いけれどもほぼ死蔵。これでは本も浮かばれまい。大泉図書館のパンフレットを見せていただくと、特別室の本棚はガラス戸に入っていて、どんな本があるのか誰でもわかるようだ。

「やはり書庫っていうのは本がたくさん並んでいるところを自由に入って行けるようでなければ役に立ちません。閉架式で、カードを見て本を出してもらうというのではちょっと……。（大泉図書館では）誰でも本を手に取って借りることができるようになっています」

　蔵書を大泉図書館に寄贈したのが一九九七年。向こうに送り終わった直後、ここの書斎もガランとしていたそうだ。が、ないないとおっしゃるわりに本棚には本が並んでいるではないか。寄付したと知らなければ、これが書斎ですといわれても別に違和感はない。まさか送ったあとの二年間に購入した本で、本棚が埋まってしまったのか。

「実は送ってしまった後も、やはりちょこちょこと原稿を書いたりしますので、必要なものを図書館から送ってもらっているんです」とうれしそうに微笑む。

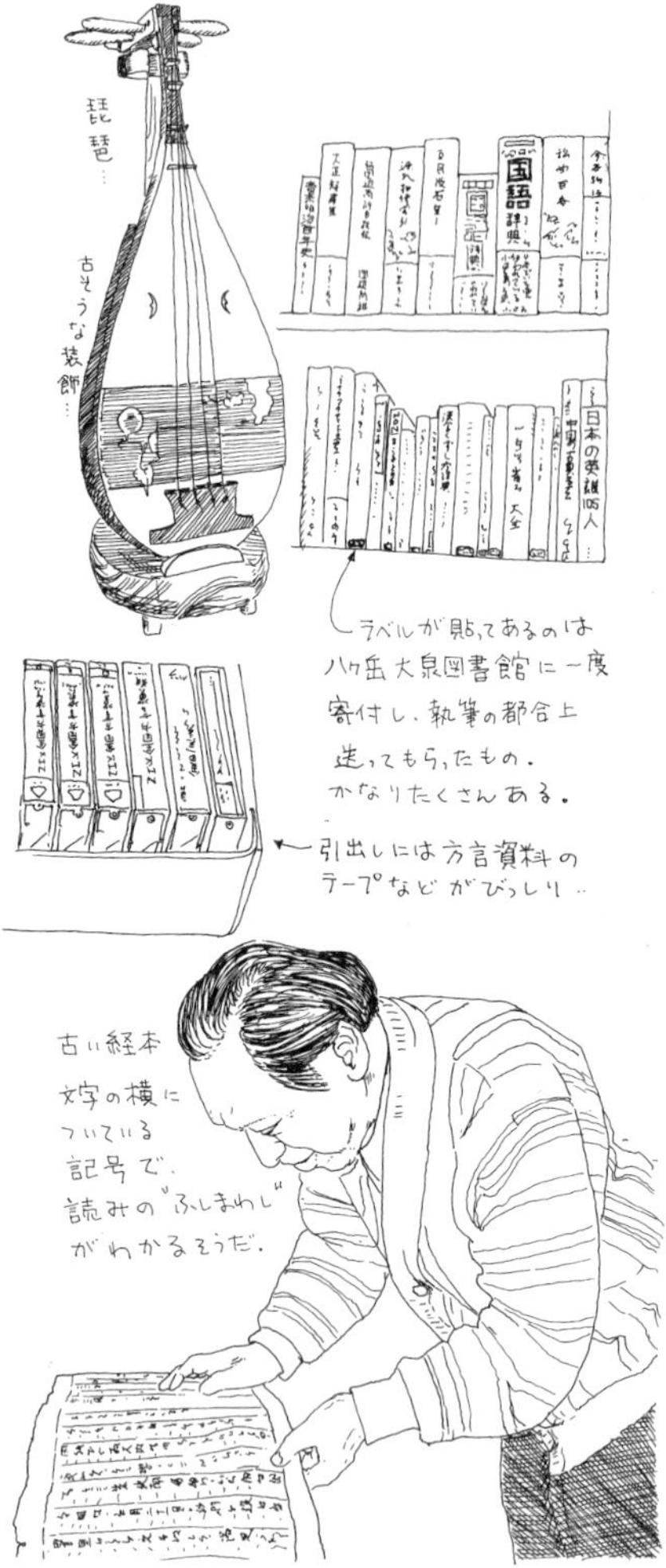
琵琶…
古そうな装飾…
国語辞典
日本の英雄105人
ラベルが貼ってあるのは
八ヶ岳大泉図書館に一度
寄付し、執筆の都合上
送ってもらったもの。
かなりたくさんある。
引出しには方言資料の
テープなどがびっしり…
古い経本
文字の横に
ついている
記号で、
読みの"ふしまわし"
がわかるそうだ。

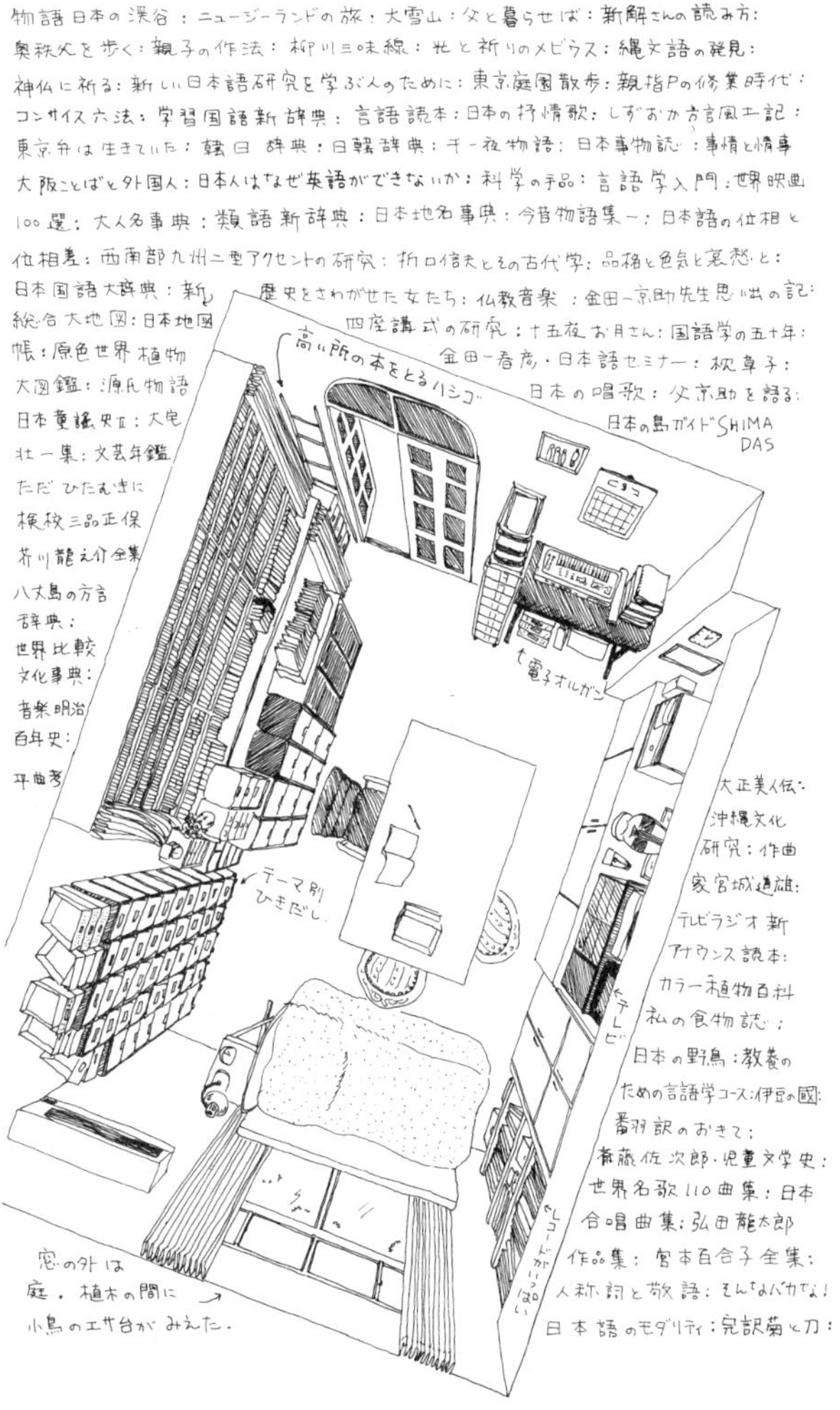

物語日本の渓谷：ニュージーランドの旅：大雪山：父と暮らせば：新解さんの読み方：
奥秩父を歩く：親子の作法：柳川三味線：光と祈りのメビウス：縄文語の発見：
神仏に祈る：新しい日本語研究を学ぶ人のために：東京庭園散歩：親指Pの修業時代：
コンサイス六法：学習国語新辞典：言語読本：日本の抒情歌：しずおか方言風土記：
東京弁は生きていた：韓日辞典：日韓辞典：千一夜物語：日本事物誌：事情と情事
大阪ことばと外国人：日本人はなぜ英語ができないか：科学の手品：言語学入門：世界映画
100選：大人名事典：類語新辞典：日本地名事典：今昔物語集一：日本語の位相と
位相差：西南部九州二型アクセントの研究：折口信夫とその古代学：品格と色気と哀愁と：
日本国語大辞典：新
総合大地図：日本地図
帳：原色世界植物
大図鑑：源氏物語
日本童謡史Ⅱ：大宅
壮一集：文芸年鑑
ただひたむきに
検校三品正保
芥川龍之介全集
八丈島の方言
辞典：
世界比較
文化事典：
音楽明治
百年史：
平曲考
歴史をさわがせた女たち：仏教音楽：金田一京助先生思い出の記：
四座講式の研究：十五夜お月さん：国語学の五十年：
金田一春彦・日本語セミナー：枕草子：
日本の唱歌：父京助を語る：
日本の島ガイドSHIMA DAS
高い所の本をとるハシゴ
電子オルガン
テーマ別ひきだし
テレビ
レコードがいっぱい
大正美人伝：
沖縄文化
研究：作曲
家宮城道雄：
テレビラジオ新
アナウンス読本：
カラー植物百科
私の食物誌：
日本の野鳥：教養の
ための言語学コース：伊豆の國：
番羽訳のおきて：
斎藤佐次郎・児童文学史：
世界名歌110曲集：日本
合唱曲集：弘田龍太郎
作品集：宮本百合子全集：
人称詞と敬語：そんなバカな！
日本語のモダリティ：完訳菊と刀：
窓の外は
庭。植木の間に
小鳥のエサ台がみえた。

金田一先生の研究テーマは日本語のアクセント。九七年に平家琵琶の譜本の読み方や奏法、歴史について書いた『平曲考』(三省堂)を出版し、さらに今年〔二〇〇一年〕は吉川弘文館から、学生時代から八十歳ぐらいまでに書かれた研究論文を『日本語音韻音調史の研究』としてまとめた(先生は今年八十八歳だ)。ページをめくると○や●や一など、活字の合間になじみのないアクセント記号がたくさん付いている。……難しそうだ。

「いえいえ、日本語のアクセントというのは非常に簡単なものでして、日本中どこを歩いても二段より複雑なものはないんです。低い方に白丸を付け、高い方に黒丸を付けて、さらに助詞の高低を示す記号を付け足せば、それで再現できるんです。しかも、『あめ』や『くも』など、二拍の名詞ならほとんどアクセントの位置が一致しますんで、何万と調べなくともいいので非常にやりいいです。このような紙(ガリ版でいくつかの単語が印刷してある)を持って全国各地に行って、子どもを集めて『ちょっといってごらん』といわせるわけです。それでこの紙に印を付ける。そのようにして集めました。全国を旅しましたから、今でもときどき『私は子どものときに、先生の前で単語を発音させられました』などという人に会います」

ガリ版刷りの藁半紙には、上に採集地名が書いてあり、単語の上に鉛筆で記号が書き込んである。テープでも記録されたそうだけど、大量のデータをさばくには、このような記号と紙は欠かせない。試しに記号を読んで発音してみようとした。……やっぱりできない。コツなどがあるのでしょうか？

「子どものときから唱歌が得意でした。どんな歌でもドレミでいい換えられるということに気がついて、学校で習った以外の歌でもドレミで節をつけて歌っていたんです」

三つ子の魂百までも。振り返ると、書斎には琵琶のほかにキーボードもある。アクセント研究には音楽の才能も不可欠なのであった。

八ヶ岳大泉図書館

YATSUGATAKE ÔIZUMI TOSHOKAN　図書館

二〇〇一年九月

ある蔵書の幸せな行方

金田一春彦先生の書斎にお邪魔したら、「ここにあるのはほんの一部で」と、残念そうにおっしゃった。ほとんどの蔵書を山梨県の八ヶ岳大泉図書館（二〇〇四年に「北杜市金田一春彦記念図書館」と改称）に寄贈されてしまったそうだ。なんでも二万冊の蔵書があるらしい。そこで今回は先生の蔵書を追いかけて、八ヶ岳の大泉まで出かけた。

山梨県北巨摩郡大泉村（現・北杜市大泉町）は、八ヶ岳の南麓に位置する。八ヶ岳大泉図書館は一九九八年、プールや児童館と共に「いずみフレンドパーク」としてできた。小淵沢駅から車で約十分ほどのところにある。周りには畑が広がり、その向こうには八ヶ岳。思わず深呼吸したくなるような場所だ。

入ってみて驚いたのは、図書館おなじみの貸し出し返却カウンターがないこと。いや、カウンターはあるのだけれど、相談窓口といった感じである。貸し出し返却は、なんと無人の機械がやるのだ。図書管理用カードを機械に差し込み、本のバーコードをピッと通すと、返却日が書かれたレシートが出てくるという仕組みだ。この図書館はそれで、夜七時に閉館して図書館員がいなくなった後も、一般書とビデオに限り、夜十時まで借りることができる。そして新設図書館ではあたりまえのことらしいが、インターネットができるパソコンが六台。常時つなぎっぱなしになっている。

私が利用する文京区の某図書館は、歴史もあり、蔵書数も多くて良いんだけれど、インターネットが使えるパソコンなんて一台もないし（二〇〇一年当時）、無人貸し出しに切り替える予算もなさそうである。図書館員は貸し出し業務に追われていつも忙しそうだ。申し訳なくて、資料についての質問なぞできない。公共図書館とはそういうものだとばかり思っていた。

最近の図書館はそんなことになっているのか……と、しばし呆然。う、うらやましい。けれど、大泉村には今まで図書館がなく、三〇キロ離れた別の図書館に行くか、六キロ先の小さな書店で本を買うしかなかったそうなのだ。

心配に反してお年寄りや子どもたちも無人機械にすぐに適応し、夜間の盗難や破損などのトラブルも今のところまったくないという。良い村だなあ。夜間貸し出しは二十四時間対応もできるようになっているそうだが、今のところそういう要望はないという。むしろ新聞や雑誌など、夜間貸し出しできる本の種類を増やしてほしいという声が多いそうだ。

もちろん
大泉村の
方言も
ばっちり。

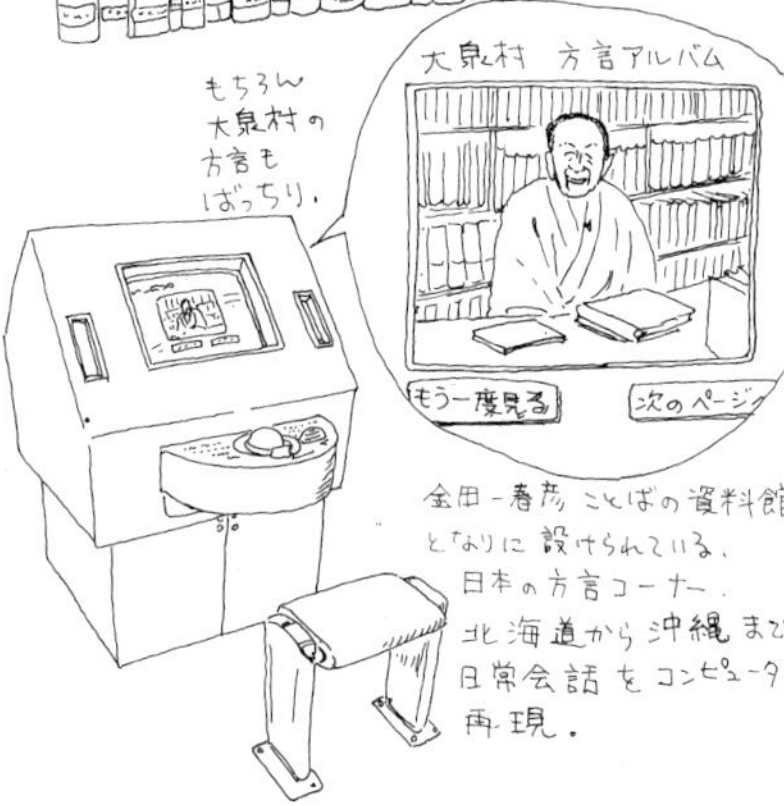

金田一春彦ことばの資料館の
となりに設けられている、
日本の方言コーナー。
北海道から沖縄までの
日常会話をコンピュータで
再現。

緑にかこまれた図書館

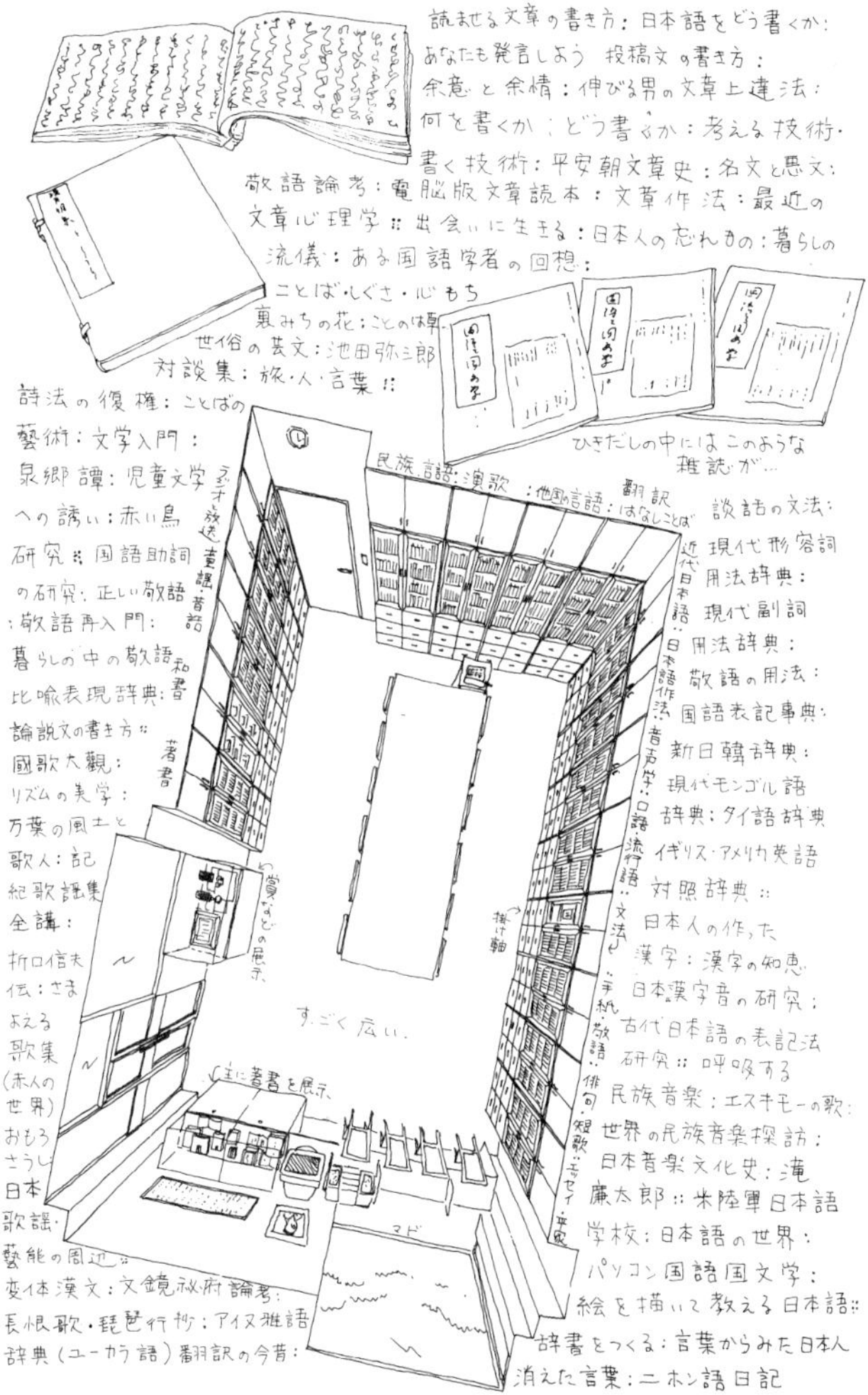
読ませる文章の書き方：日本語をどう書くか：
あなたも発言しよう 投稿文の書き方：
余意と余情：伸びる男の文章上達法：
何を書くか：どう書くか：考える技術・
書く技術：平安朝文章史：名文と悪文：
敬語論考：電脳版文章読本：文章作法：最近の
文章心理学：出会いに生きる：日本人の忘れもの：暮らしの
流儀：ある国語学者の回想：
ことば・しぐさ・心もち
東みちの花：ことの葉
世俗の芸文：池田弥三郎
対談集：旅・人・言葉
ひきだしの中にはこのような雑誌が…
詩法の復権：ことばの
藝術：文学入門：
泉郷譚：児童文学
への誘い：赤い鳥
研究：国語助詞
の研究：正しい敬語
：敬語再入門：
暮らしの中の敬語
比喩表現辞典：
論説文の書き方：
國歌大観：
リズムの美学：
万葉の風土と
歌人：記
紀歌謡集
全講：
折口信夫
伝：さま
よえる
歌集
(赤人の
世界)
おもろ
さうし
日本
歌謡・
藝能の周辺：
変体漢文：文鏡秘府論考：
長恨歌・琵琶行抄：アイヌ雅語
辞典（ユーカラ語）翻訳の今昔：
民族語：演歌
他国言語
翻訳
はなしことば
ラジオ放送
童謡
昔話
和書
著書
近代日本語
日本語作法
音声学
口語
流行語
文法
手紙
敬語
俳句
短歌
エッセイ
賞などの展示
掛け軸
すごく広い。
主に著書を展示
マド
談話の文法：
現代形容詞
用法辞典：
現代副詞
用法辞典：
敬語の用法：
国語表記事典：
新日韓辞典：
現代モンゴル語
辞典：タイ語辞典
イギリス・アメリカ英語
対照辞典：
日本人の作った
漢字：漢字の知恵
日本漢字音の研究：
古代日本語の表記法
研究：呼吸する
民族音楽：エスキモーの歌：
世界の民族音楽探訪：
日本音楽文化史：滝
廉太郎：米陸軍日本語
学校：日本語の世界：
パソコン国語国文学：
絵を描いて教える日本語：
辞書をつくる：言葉からみた日本人
消えた言葉：ニホン語日記

さて肝心の金田一先生の蔵書は、「金田一春彦ことばの資料館」という部屋にあった。壁びっしりの書棚はすべてガラス戸付き。こうして眺めることができる開架資料がおよそ八千冊。ガラスケースには文化功労者の賞状まで置いてある。鍵はかかっているけれど、館員に尋ねれば、誰でも本を閲覧することができるし、貸し出しもすべてOKとのこと。また、「金田一春彦ことばの資料館」の隣の、全集や辞書、事典が並ぶ棚にも先生の蔵書が交ざっている。背に特別なラベルが付いているのですぐにわかる。閉架は童謡などのレコードや昭和二十年代からの言語学に関する雑誌などだという。

棚には、言語学の専門的な本ばかり並んでいるものと思っていたら、実用書やエッセイなど、実に多彩に、言葉に関する本が並んでいて、眺めていて飽きない。先生がいかに言葉を愛しているのかが伝わってくる。

先生と大泉村とのつきあいは、一九六七年に別荘をお建てになったことから始まった。家紋が武田菱であったのと、山が好きであることから、大泉村の祭りには必ず顔を出されていたそうだ。

「金田一先生、こちらに来ると落ち着かれるようですね。突然いらっしゃることもありますよ。杖をつきながら、書棚の前で、本の背をずうっと眺めていらっしゃったり。愛着があるのでしょう、子どもを見るような目で本を見てらっしゃるんです」

と、館長の新藤恵さんはいう。心あたたまる情景だ。先生から要望があれば、資料館から東京の自宅に本を送る。大量の蔵書なのに、タイトルや著者名を間違えずに指定されるのにはいつも驚かされるそうだ。

「貴重な資料をお預かりしているんだ、本当に大事にしなくちゃと、いつも思うんですよ」

北杜市金田一春彦記念図書館　山梨県北杜市大泉町谷戸三〇〇〇

本棚に並ぶ先輩たちに見守られて

小沢信男 OZAWA Nobuo　作家

二〇〇一年十一月

「ここにあるのは、どんどん手放してわずかに残っているものなんですよ。本が来ちゃこう流れ、また来ちゃこう流れっていういわば〈本の流れ〉のなかで生きているわけで」

小沢信男さんは一九二七年、東京は新橋生まれ。小説、ルポルタージュ、評論、戯曲、詩、俳句など、多彩な執筆活動を続けていらっしゃる。昨年〔二〇〇〇年〕発表した『裸の大将一代記——山下清の見た夢』（筑摩書房）では桑原武夫学芸賞を受賞した。

お住まいは谷中のお寺が林立する路地の一角。谷中らしい、小ぶりの一軒家だ。引越してまだ十二年足らずだそうだ。『あの人と歩く東京』（筑摩書房）などの東京モノの作品が多い上、タウン誌『うえの』の編集も長年手がけていらっしゃるので、昔から谷中に住んでいるのかと思っていた。家のなかも、入居時に改築したそうだが、廊下や鴨居の上の小さな本棚や板張りの床など、はじめから設計したようにしっくりと落ち着いている。

書斎には天井までの書棚が壁一面にしつらえてある。長くつきあっている編集者の話によると、棚の本はわずかずつではあるけれど、実にこまめに差し替えられているという。ひんぱんに移動しているのは中段あたり。今はちょうど山下清の画集や著書『裸の大将放浪記』全四巻などがずらりと並んでいる。

「ま、しばらくちょっと眺めてから……」と、ニッコリ。丹念に読み込んだ資料なので愛着がある様子。年に二回くらい古本屋さんに来てもらうそうだが、書斎の棚からすぐに処分するわけではなく、二階や廊下の書棚に段階的に移動させ、少しずつ玉突き状に動かしつつ処分するそうだ。つまり書斎の書棚はそれだけ厳選された本が並んでいることになる。

「上の方はほとんど不動で、神棚みたいなものなんだよね。丸山薫、長谷川四郎、花田清輝、佐多稲子、富士正晴……僕が文章や詩を書きだすきっかけになったり、具体的に教えて下さったりした先輩たち。上から見守ってもらっている感じだね。下段に『新日本文学』の縮刷版があるでしょう。僕は花田清輝が編集長になったとき、この雑誌にひっぱり込まれて文章を書くようになった。このなかには、青年期から中年期にかけての僕の歴史も入っているわけだ。一九五〇年代から六〇年代っていうのは、

階段の上部を利用して作った本棚
廊下には鴨居のへりを利用した本棚もある。
すごくいい…
本棚にちょこっと置いてある小物がかわいい…
ファウスト
ファウスト
180円かあ…当時でも高かったよコレは
超貴重本
ヰタ・マキニカリス
稲垣足穂
1948年刊
書肆ユリイカ
限定版
最初期の出版物がこの本!!

超レアな本たち。
同時代に買ってらした…。

A:(上段より) 久生十蘭全集;
筒井敬介童話全集;今和次郎集;
中野重治全集;宮武外骨著作集;
森銑三著作集;時と人と私のこと;
月の宴;夏の栞(佐多稲子)
鶴見俊輔集;深沢七郎集;紅茶を
受皿で;多田道太郎著作集;
(中段)ホトトギス雑詠句評会抄
ホトトギス巻頭句集;昭和天皇の
和歌;新編綴方教室;
(下段)半七捕物帳;裸の大将放浪記;日本ぶらりぶらり;特異児童;東京いま・むかし;下町残照;昭和二十年東京地図;中央区三十年史;東京文学地名辞典;
B:(上段)本多秋五全集;大正文学史;日本文壇史;丸山薫全集;人間人形時代;日本のルネッサンス人;花田清輝全集;長谷川四郎全集;山猫の遺言;デルス・ウザーラ;(中段)乱歩と東京;荷風と東京;人町;小さな雑誌で町づくり;「オンライン読書」の挑戦;東京私生活;下谷生れ;うえの春秋;幕末小史;(下段)人間臨終図巻;
郷愁論;秘本を求めて;現代日本人物事典 近代日本総合年表
C:(上段)ふらんす物語;雁;在りし日の歌;まひる野;めぐりあひ;病める薔薇;檸檬;若菜集 (中段)日本の名随筆 昭和/下町/色街/散歩/;四月の雪 私だけの東京散歩;隣人記;元禄文学研究;わが愛憎の画家たち;あの人の眠る場所;私たちの全仕事;虚人列伝 書中の天地;古くさいぞ私は;古本屋月の輪書林;歩くひとりものうらんだむ・りいだあ;(下段)アサヒグラフに見る昭和50年史;毎日ムック戦後50年 若沖;木村荘八展

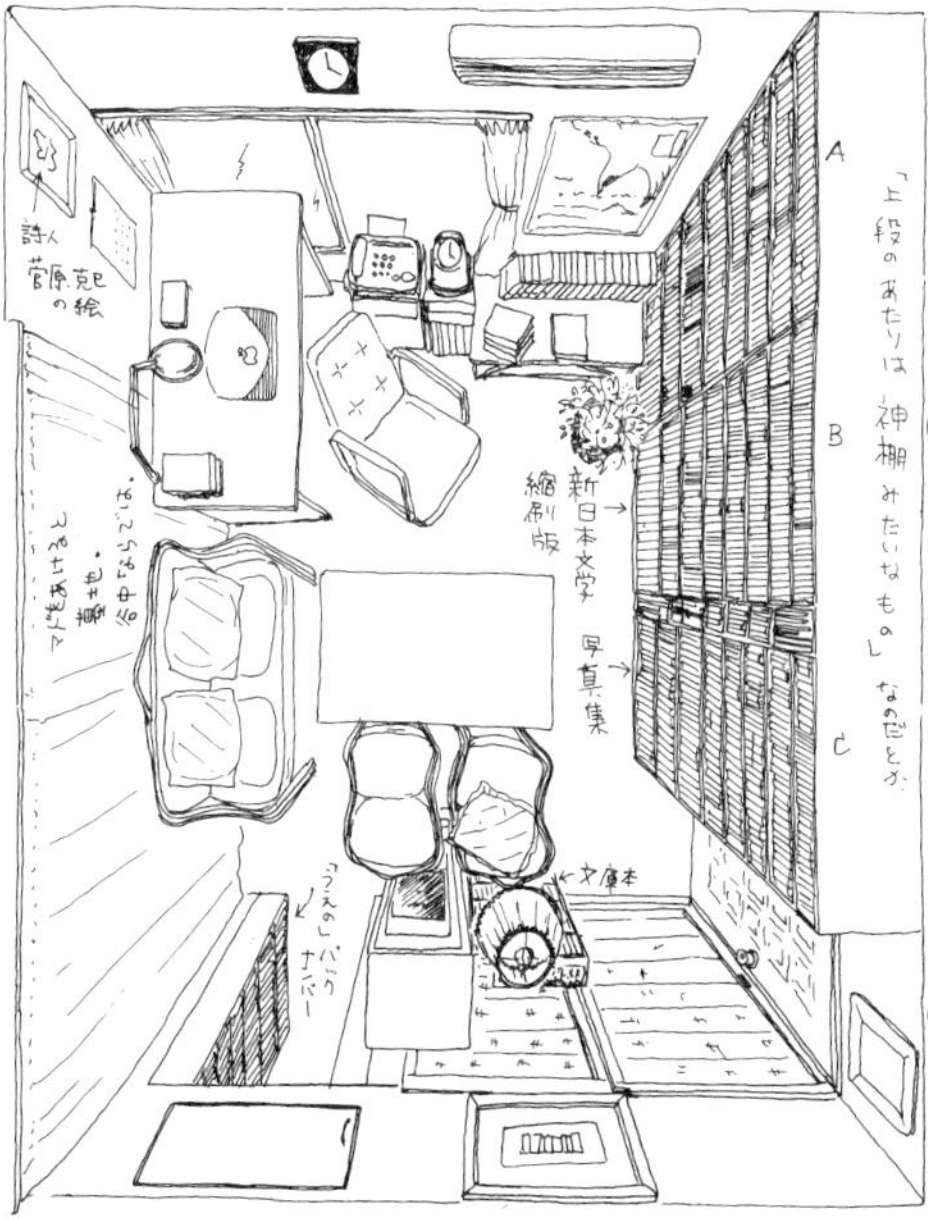

新日本文学会にいちばん若くて才能ある人が集まって火花散らした時期だね。日本近代文学全集がずらっと並んでるような顔ぶれだったよ……だけどまあ、それも終わって。おおかた死んだし。あとは戦争前後に買っていた本かな、複刻も交ざっているけど」

と、上の段のなかでも紙が日に灼けてタイトルがよく読めない本がかたまっている部分から何冊か抜いて見せて下さった。室生犀星、宮澤賢治、中野重治、稲垣足穂……古本屋でもガラスケースに納まっていて気楽に手に取れないような貴重本ばかり。

「同時代に買ったり、遺品分けでもらったり。戦争中の古本屋で買ったのも結構あるね。あの頃、いいのが出たんだよ。しかも当時僕には中学生なのに収入があったんだ。勤労動員で工場に行って、月給が五十円なんだよ。それで全部渡すと良くないからって半額支給されたの。残りの貯金も郵便貯金だから、戦争が終わってから渡してくれたんだよ。あの頃の古本の値段は定価とそんなに変わりはない。（手元の本をめくって）敗戦の一年後は六円か。でも三年後には百八十円。ぎゅーんと高くなってくんだよ。どんどん変わる時期だからね。めちゃくちゃだよ」

まるで日本戦後史五十余年の流れが凝縮されてこの書棚に詰まっているようだ。しかし、若い頃のほとんどの本を手放してしまったと聞くと、惜しいような気持ちになるのだが……。

「手放して、惜しいことをしたなーって思う本ってのはほとんどないものですよ。必要になって同じモノを買うときはありますけど。それに棚に二重に本を入れていると、後ろの本なぞあることを忘れちゃうんですよ。忘れてしまうのならば、なくなっても同じことかなあなんて……はっはっはっ」

と、呵々大笑、見上げると書棚の本たちも一緒に笑っていた。

映画ビデオに囲まれた書斎

品田雄吉 SHINADA Yûkichi　映画評論家

二〇〇二年一月

映画評論家、品田雄吉さんの新居にお邪魔した。六本木のど真んなかにひょっこりと残る静かな住宅街から、さらに小さな路地の奥へ入ったところにその一軒家はある。「よく番地の後（部屋番号）はないんですかと聞かれるんですよ。住所が住所ですから、マンションだと思うんでしょうね。引越してくる前は、外苑前のマンションに二十年くらい住んでいました。本とビデオがいっぱいになっちゃって、惜しいけどかなり捨てたんです。でも捨てるのも限界にきて、どこか新しいところを探すかということになりました。新聞の折り込み広告に出ていたマンションを見に行ったら、仲介屋さんにこういうものもありますよって、この家へ連れてこられた。それまでマンションがいろいろ便利でいいのかなと思っていたんですが、一戸建ても悪くないかなと。ここは三階建てです。知人に話したら、年をとると階段の上り下りつらいよっていうのと、いや、運動になって良いっていうのと二通りの反応がありました。面白いもんですね」

　と静かに笑う。案内していただいたのは一階の書斎兼応接室。白を基調にしていて、品田さんの雰囲気と同じくモダンで落ち着いた雰囲気の部屋だ。書斎と応接室の間にはドアも仕切りのカーテンもなく、一続きになっているのに、応接室のテーブルに座るまでの間、書斎はまったく視界に入らない。書棚が仕切り代わりになっているからだ。普通は横からちらっと見えたりするものなのに。とても不思議な空間だ。

「実は引越してから、ここも含めて二階も三階も本がぐちゃぐちゃになり、途方に暮れたんです。それで知り合いを介して建築事務所を紹介してもらいました。うちに来て見てもらったら、自信満々にきれいにできますという。要するに広く使わないで小割にする設計が好きな人なんですね。この見えそうで見えない仕切りが自慢らしいです。よくここに通って来てくれましたよ。私が作った資料がたくさんあるけれどもどう収納するか話し合って、キャスター付きのボックスを作ってもらったりね。

　彼にやってもらっていちばん良かったのは、前から持っていた本箱などは基本的には捨てずに活用し、足りないものを入れるというかたちでやってくれたことですね」

　よく見ると白いカラーボックスや、ごく普通の通販でも手に入るＣＤラックを使っている。テーブルもカラーボックスに白い天板を置いてあるだけなのだが、間に滑り止めと高さ調整を兼ねた黒いゴムの直方体が置いてある。この黒ゴムがアクセントに

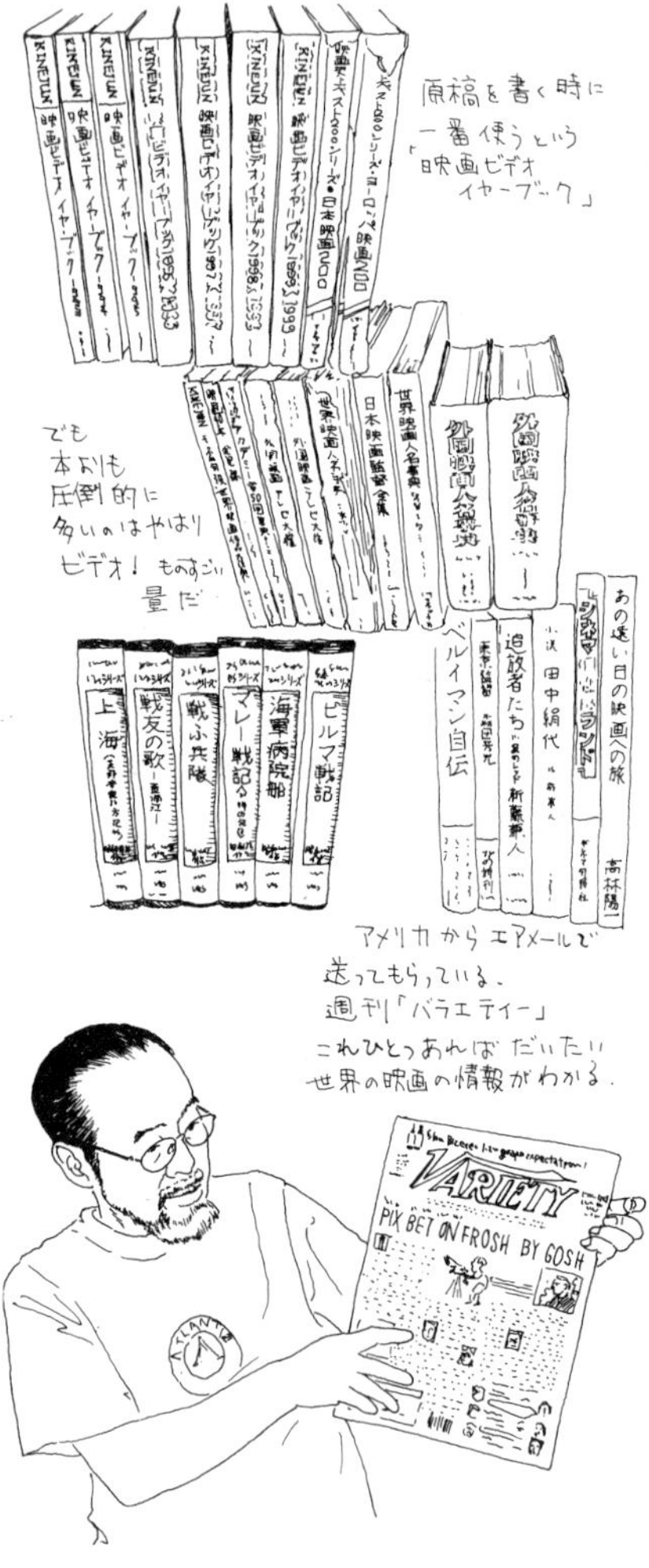
原稿を書く時に
一番使うという
「映画ビデオ
イヤーブック」
でも
本よりも
圧倒的に
多いのはやはり
ビデオ! ものすごい
量だ
日本映画監督全集
ベルイマン自伝
田中絹代
あの遠い日の映画への旅
高林陽一
上海
戦友の歌
戦ふ兵隊
マレー戦記
海軍病院船
ビルマ戦記
アメリカからエアメールで
送ってもらっている。
週刊「バラエティー」
これひとつあれば だいたい
世界の映画の情報がわかる。
VARIETY
PIX BET ON FROSH BY GOSH

〈本〉外国映画25年みてある記；日本映画批判；ぼくの採点表 全六巻；スクリーン；グロリア・スワンソン自伝；ブラックシープ映画監督 中平康伝；人は大切なことも忘れてしまうから；幻のキネマ満映；The Film Encyclopedia；芝居歳時記；水俣映画遍歴；ハリウッドの日本人；映画が夢を語れたとき；最後のサヨナラ サヨナラ サヨナラ；エリザベス・テイラー；ディートリッヒ自伝；映画のおしゃべり箱；淀川長治が遺してくれたこと；

〈ビデオ〉アッスンタ・スピーナ；CENERE；La Corona di Ferro；山猫；I BAMBINI CI GUARDANO；ヒット・パレード；裏窓；夕なぎ；気まぐれ天使；犯人は誰だ；突貫勘太；アクトレス；殿方ご免遊ばせ；ダニー・ケイの新兵さん；モロッコ連続殺人；ナポレオン PART II；小さな居；カトマンズの恋人；河；狩人の夜；遠い太鼓；バグダッド・カフェ

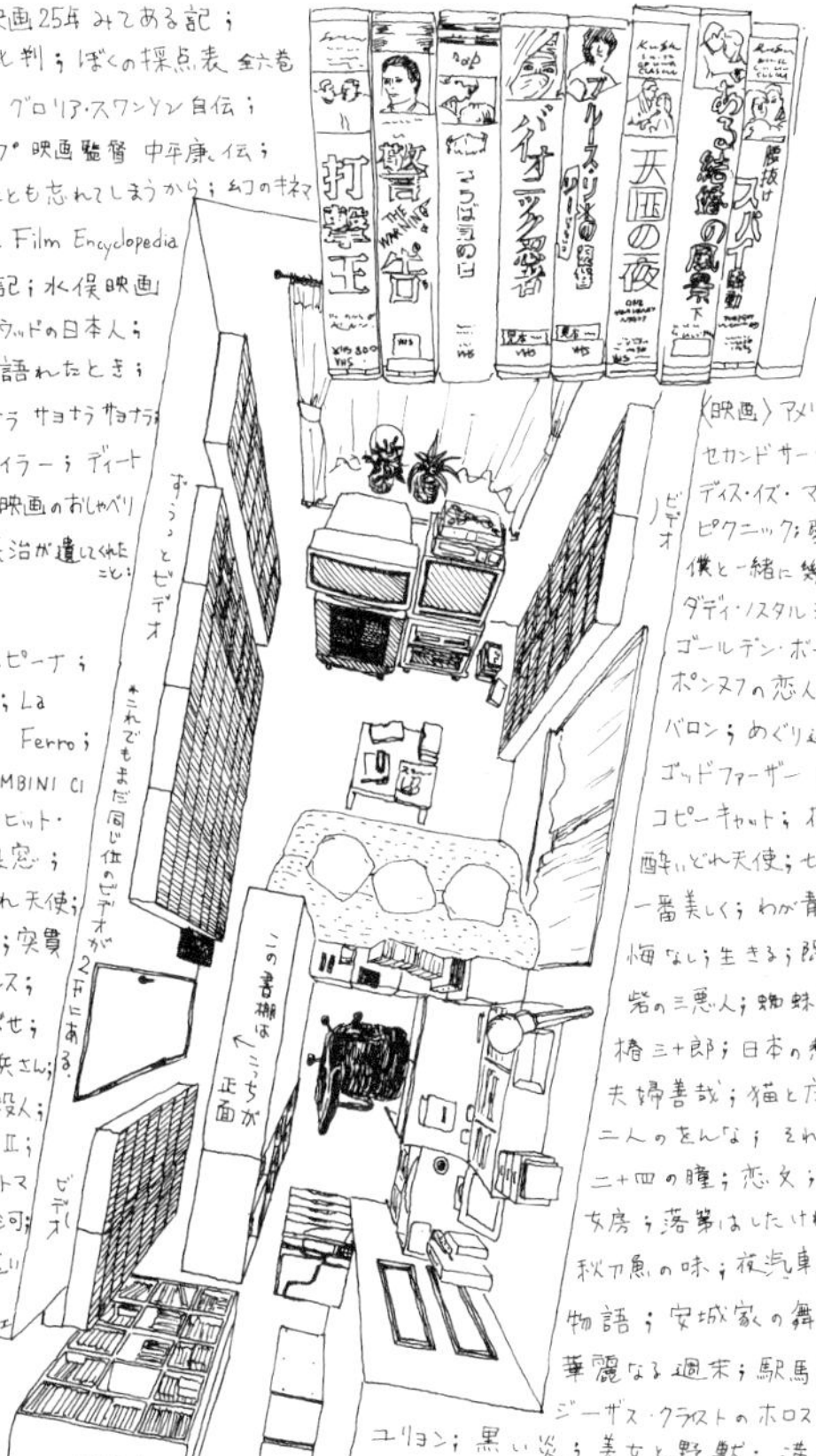

〈映画〉アメリカの影；セカンド・サークル；ふたり；ディス・イズ・マイライフ；ピクニック；愛と殺意；僕と一緒に幾日か；ダディ・ノスタルジー；ゴールデン・ボーイズ；ポンヌフの恋人；レッドバロン；めぐり逢えたら；ゴッドファーザー PART III；コピーキャット；花影；酔いどれ天使；七人の侍；一番美しく；わが青春に悔なし；生きる；隠し砦の三悪人；蜘蛛巣城；椿三十郎；日本の悲劇；夫婦善哉；猫と庄造と二人のをんな；それから；二十四の瞳；恋文；マダムと女房；落第はしたけれど；秋刀魚の味；夜汽車；次郎物語；安城家の舞踏會；華麗なる週末；駅馬車；ジーザス・クライストのホロスコープ；ユリョン；黒い炎；美女と野獣；満月のくちづけ；女優ナナ；メトロポリタン；虹を掴む男；セントルイス；カイロの紫のバラ；ベルベット・ゴールドマイン；BLUE；わらの男；見憶えのある他人；愛と哀しみの旅路；ローマの休日；孤独の絆；至上の恋；ラストゲーム；インディアナポリスの夏；ドライ・クリーニング；ああ離婚；駅馬車 デッドマン・ウォーキング；リチャード三世；レオン；結婚記念日；裸足のトンカ；戦争と平和；スリング・ブレイド；絶体×絶命

なってぐっとオシャレに見えるという寸法だ。しかも椅子だけは黒い革張りの高価なものを入れて、メリハリを利かせている。他の棚が安い分、高い椅子を入れても予算にひびかないという算段なのだ。この絶妙なバランスには品田さんもすっかり満足している様子。

「ただ、彼は本とビデオの分量を甘く見ていた。全然納まりきらないで、ベータマックスのビデオはここに収納したのと同じくらいの量を二階に置いてますし、本は三階にも置いてあります」

ああ、本って意外に量を見積もりしにくいのだ。ちょっぴり設計家の方に同情する。

書棚を抜けて机の向こうには壁一面のビデオ棚にびっしりとビデオが並び、大きなテレビとビデオデッキ数台を取り囲んでいる。ビデオの背は手書きとパッケージが半々くらいだろうか。

「ここでどれくらいありますかね、千五百本くらいかな。ビデオの導入はベータマックスからです。ベータの機械もまだ使えますよ。デッキはＶＨＳとベータとレーザーディスクと、世界中の規格が全部入ってるものです」

ビデオに比べれば、並んでいる本は多くはない。

「本はそろえたというよりは自然発生的に溜まったものです。原稿を書くのは、映画を観て……（映画の）イヤーブックをいちばんよく使います。あとは頭のなかで。

映画は週に四、五本くらい観ます。昔は一日二本くらい平気で観てました。週刊誌の仕事が多いんで、観てすぐに書くことが多いんです。ありがたいことにすぐ書くからメモを取らなくてもいい。書いたことがノート代わりに残り、メモをとっておく場所が省ける」

そ、それはたしかに理想の整理法です。マネしたくてもできないけれど……。

いるだけで本が買いたくなる書斎

千野栄一
CHINO Eiichi　スラブ語学者

二〇〇二年三月

チェコ文学者の千野栄一先生は、『プラハの古本屋』（大修館書店）、『ビールと古本のプラハ』（白水社）なるエッセイ集をモノされるほどの古本通。一体どれほどの本をお持ちなのだろうか。京王線沿線のお宅を訪ねた。

「僕はね、ハンガリー文学者の徳永康元先生の弟子なんです。徳永先生のシステムは、何か書く前に、資料をすべて手元にそろえるっていう発想なのね。だから、ここの箱一つ一つに今書いているのに必要な資料が入っています。たとえばこれはドイツの少数民族、ソルブ民族の民話『クラバート』について書かれた本を訳すための、関連資料。こっちはヤン・フィリップという人のケルト研究の本。チェコではケルト研究が盛んなんです。非常に有名な本で、すでに数カ国語に翻訳されています。それからこの箱は一九三〇年代に日本にやって来たチェコ人建築家について書こうと思って集めた資料です」

仕事部屋として通された部屋には大きめの紙箱がいくつかと本が数冊、積み上がっている。体調を崩されてつい最近まで入院されていたので、二階の書斎の行き来を省くために一階で仕事をしているとのこと。本来の書斎である二階には辞書事典類がそろっている。それも各国語の他に、チェコの百科事典に関しては初版から最新版までずらりとそろう、などなど、半端ではない量だ。

しかし、いきなりいろんなジャンルの話が出てきて面食らってしまった。先生はチェコ語とカレル・チャペックなどのチェコ文学についての研究者ではなかったのかしら。

「ふっふ。僕の専攻はね、スラブ語学、古代スラブ語学、言語学。他は余技でチェコ語、チェコ文学、チェコ文化、チェコ・アヴァンギャルド、カフカース語学、グルジア語、アルメニア語、それから今はラテン語ね。

本そのものは、別の場所にあるんです。後でご覧にいれますが、文学、主にチェコ文学の本を入れてあります。第二サティアンって呼んでるんです。もう少し先に第一サティアンもあるんですけど、それはちょっと遠いし、今、全然足の踏み場がない状態なので、お見せすることはできません。言語学とスラブ語学はそっちにあります。それからさらに実は最近、第三サティアンを買ったの。そこにはまだ本が入ってない。東京外国語大学を退官して何年も経つんだけど、実はまだ大学から引き取ってない本

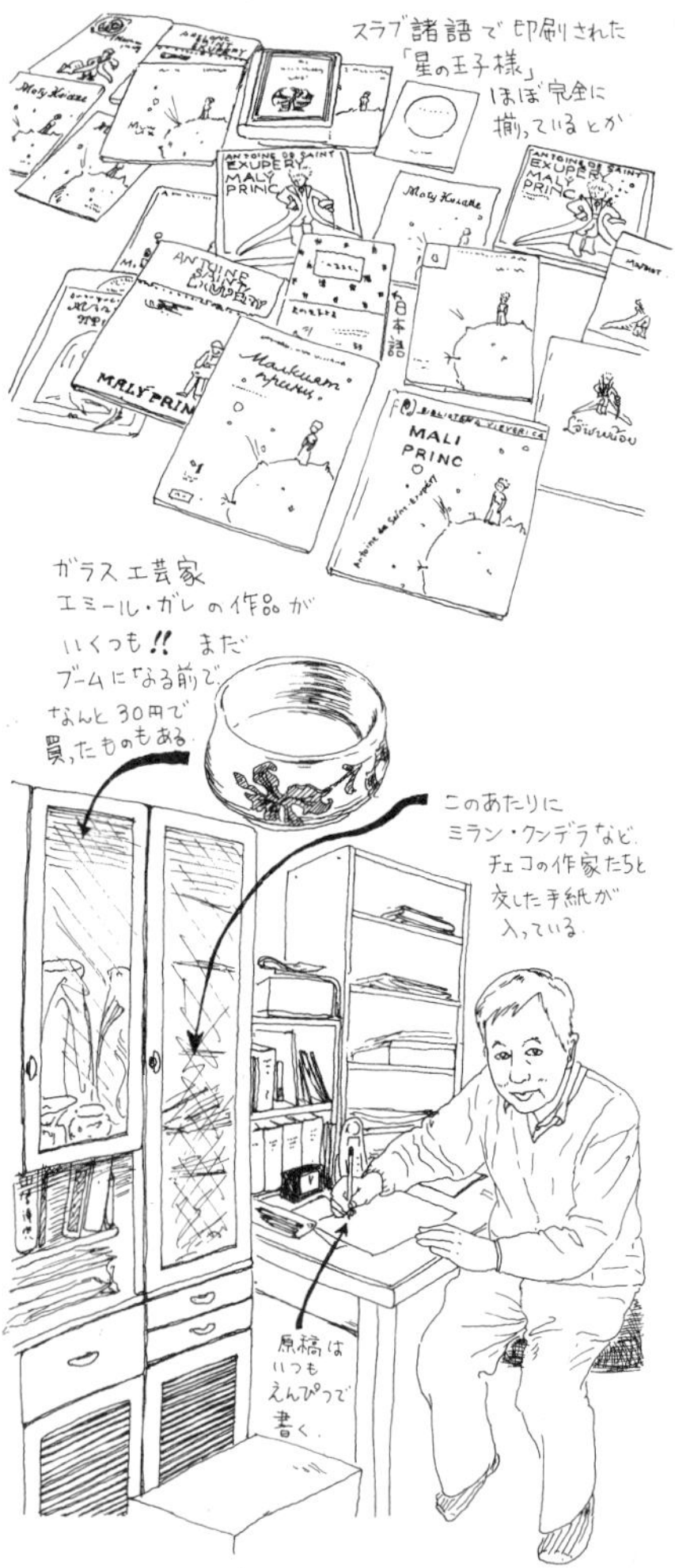

スラブ諸語で印刷された
「星の王子様」
ほぼ完全に
揃っているとか
ANTOINE DE SAINT EXUPERY MALY PRINC
Maly Ksiaze
MALY PRINC
日本語
MALI PRINC
ガラス工芸家
エミール・ガレの作品が
いくつも!! まだ
ブームになる前で、
なんと30円で
買ったものもある
このあたりに
ミラン・クンデラなど、
チェコの作家たちと
交した手紙が
入っている
原稿は
いつも
えんぴつで
書く。

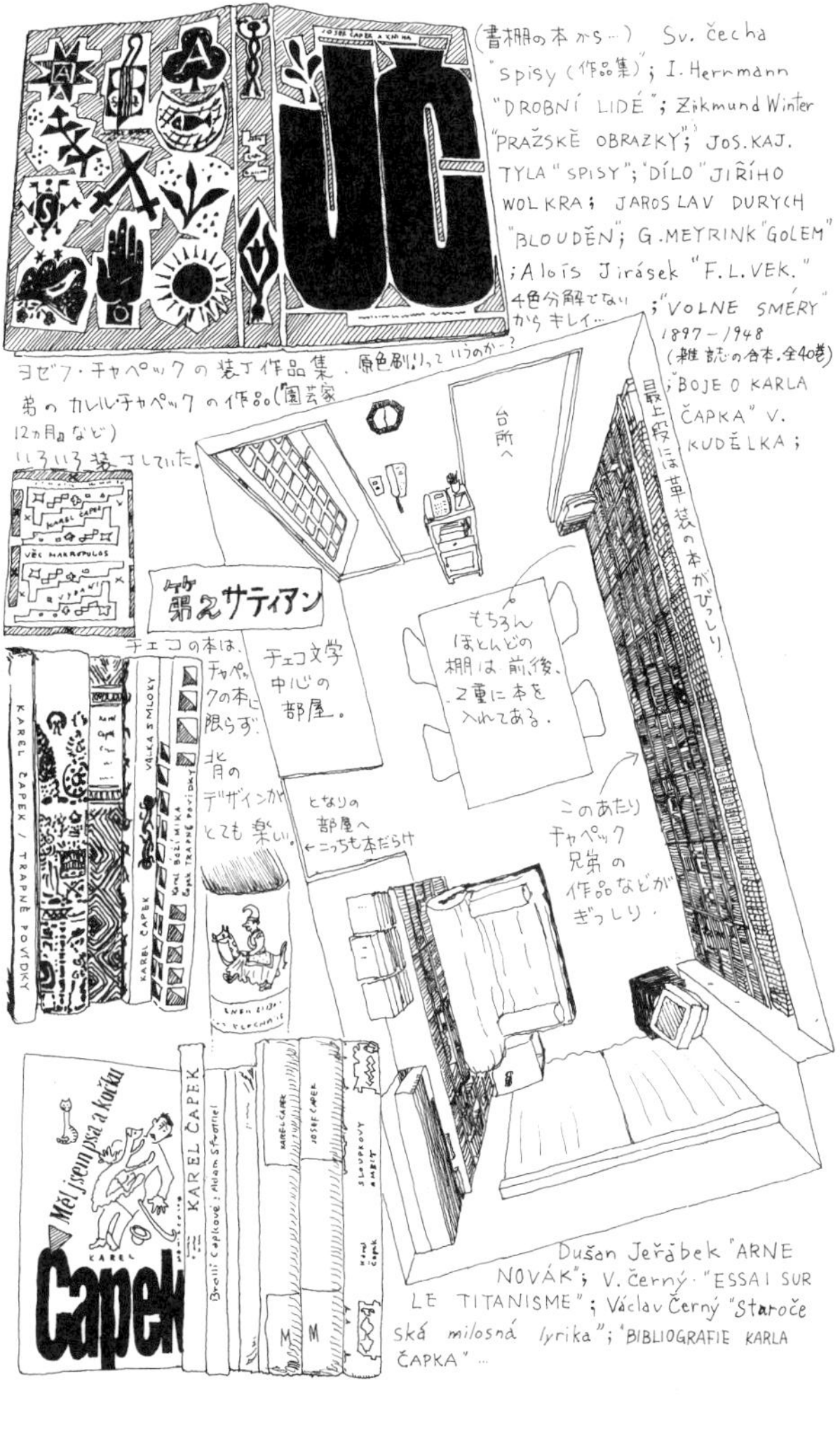

(書棚の本から…) Sv. čecha "spisy (作品集)"; I. Herrmann "DROBNÍ LIDÉ"; Zikmund Winter "PRAŽSKÉ OBRAZKY"; JOS. KAJ. TYLA "SPISY"; "DÍLO" JIŘÍHO WOLKRA; JAROSLAV DURYCH "BLOUDĚNÍ"; G. MEYRINK "GOLEM"; Alois Jirásek "F. L. VĚK."; "VOLNÉ SMĚRY" 1897–1948 (雑誌の合本.全40巻); "BOJE O KARLA ČAPKA" V. KUDĚLKA;
4色分解でないからキレイ…
ヨゼフ・チャペックの装丁作品集. 原色刷りっていうのか…?
弟のカレル・チャペックの作品。(『園芸家12カ月』など)いろいろ装丁していた。
JOSEF ČAPEK A KNIHA
KAREL ČAPEK
VĚC MAKROPULOS
第2サティアン
チェコの本は、チャペックの本に限らず、背のデザインがとても楽しい。
KAREL ČAPEK / TRAPNÉ POVÍDKY
VÁLKA S MLOKY
KAREL ČAPEK
Boží muka
Trapné povídky
チェコ文学中心の部屋。
台所へ
最上段には革装の本がびっしり。
もちろんほとんどの棚は前後、2重に本を入れてある。
このあたりチャペック兄弟の作品などがぎっしり。
となりの部屋へ ←こっちも本だらけ
Měl jsem psa a kočku
KAREL Čapek
KAREL ČAPEK
Bratři Čapkové: Adam Stvořitel
KAREL ČAPEK
JOSEF ČAPEK
SLOUPKOVÝ AMBIT
Dušan Jeřábek "ARNE NOVÁK"; V. Černý "ESSAI SUR LE TITANISME"; Václav Černý "Staročeská milostná lyrika"; "BIBLIOGRAFIE KARLA ČAPKA"…

が百五十箱くらいあるんだ。それを引き上げようと思ってるんだけど、なかなか暇がなくて」（この取材の後、引き取られたそうです）

家の他に本を入れる部屋が三つあるなんて、まさか。この仕事をして蔵書の多い方には何人もお会いしてきたけれども、なんだか桁が違う。全部で一体何冊になるのか。

「わかんない。そんな、べらぼうにあるワケじゃないですよ。趣味の本とかはほとんどないですし。研究の本でも、いつか使う本、最低でも一回は使う本しか買わない。古代スラブ語研究に関してはどこにもない本を持っています。だって僕はプラハで、三十年間、古本屋を回ったわけですから。だけど後を継いで研究する人がいないんだよね。整理して売ろうと思っても、ロシア関係の本なんか、市場開放前に苦労して手に入れた本がどんどん複刻されてるから、紙屑同然の値段になっている。紙や綴じも粗悪だし。いずれにせよ特殊語学やってる人は損だよね」

とおっしゃりながらも、本がたくさん増えすぎて困っているというよりは、むしろうれしそう。

「じゃあ、第二サティアンに案内しようか。本が買いたくなる毒ガスを吸いにさ！」

ご自宅から歩くこと五分のマンションに着くと、壁一面に美しい革装の本や雑誌の合本、挿絵画家としても有名なヨゼフ・チャペックが装丁した本などが整然と並ぶ。なんだかプラハの古本屋か小さな図書館に来たようだ。

隣の部屋の隅には、ミカンの絵が付いた段ボール箱が空のまま積んである。このミカン箱が本を運ぶのに最適なのだとか。段ボールは一度折り畳むと弱くなるという。さすが、本の運び方を知りつくしていらっしゃる。

「三つ目のサティアンにはね、研究している各ジャンルから精選した本だけを並べるの。構造主義にチェコ文学に、スラブ語学に……そうだな、各五十冊ずつくらい。甲州街道に面しているけど、本にとってはうるさくたってかまわないからね」

　と目をキラキラ輝かせて笑う。本と一緒にいることが楽しくてたまらないという笑顔だった。

本のコトバを聞き取って

西江雅之
NISHIE Masayuki　言語学者

二〇〇二年三月

　三鷹から歩くこと十分。西江雅之先生のお住まいはシュロや灌木《かんぼく》が茂る、古くて大きな木造家屋だった。ところどころにカエルの置物が配置されている。ここでアフリカ諸語の文献を見せていただくのだと思うと、密林のジャングルに見えてくる。

　はじめに通された大部屋には、動物の剝製や毛皮の敷物、蛇の皮、孔雀の羽根、木彫りの人形、ひょうたん細工などが部屋中にびっしりと飾られている。今にもトカゲか猿の鳴き声が聞こえてきそうだ。四方の壁にも飾りものがあり、その下に本棚が並んでいる。それらの本の背文字はほとんどがラテンアルファベット表記だが、英仏語に限らずスワヒリ語などさまざまな言語の本が交ざっている模様。

「この部屋には、東アフリカの言語と文化に関する本が多いです。ケニア、タンザニア、ウガンダ、ソマリア、エチオピア。それとインド洋。百言語近くの本があるんじゃないかなあ。

これはロシアのアカデミーが出版した、アラビア人によるインド洋航海の記録です。中身はアラビア語です。こっちはフランス語、ドイツ語、グジャラティ語、ロシア語……など各国語版のスワヒリ語の字引ですね。僕が二十代で編纂した『スワヒリ語辞典』もありますよ。コンゴ鉱山開発が現地に行く日本人用に出したもので、日本ではじめてのスワヒリ語辞典です。でも、本になったことを知らされてなくてね。もちろん印税なんてもらってない。七年ぐらい後に、はじめて本が出ていたことを知ったんです」

書物は地域別にきれいに分類されている。ほとんどの本は入手困難なものばかり。なにしろ小さな国の小さな出版社や研究機関から、わずか数百部出されただけの本が大半なのだ。しかも八割方は絶版という。東アフリカ言語関係の資料では、研究図書館と比べても遜色ない。世界のトップレベルに入るコレクションだそうだ。

本はこの部屋だけかと思ったら、

「この借家にはいくつも部屋があって、その全部に本が置いてあります。隣の部屋にはアメリカに関する本、その隣がクレオル語や文化に関する本、もう一部屋が美術、音楽、シュールレアリズムに関する本。二階には中国と沖縄に関する本があり、台所と廊下にも文学の本が置いてあります」

集めているのはアフリカの本だけじゃないんですね……。

A. Jahadhmy
KUSANYIKO
Anthology of Swahili Poetry
Anthology of Swahili Poetry
Jan Knappert
An Anthology of Swahili Love Poetry
Jan Knappert
Myths and Legends of the Swahili
Chiraghdin
S.A.A.NASIR
AL INKISHAFI
Swahili Popular Poetry
Abdulaziz
AISHA YA HAMED BIN MUHAMMED EL MURJEBI YAANI
TIPPU TIP
SIR
malenga wa mvita
どれどれ…
←この部屋は八畳二間をつなげて使用している。
部屋をとり囲むステキな品々は今や日本に持ち帰れないものも…？
飾りつけはすべて西江さんの手で。
（自作のザリガニ？のはくせいもある!!）
生まれてはじめての自著自装本
当時中学生の西江さん自らの手でカエルの皮をはいでなめし、表紙にあしらう。
すごいね
よくできてるでしょ
赤い布
50年以上経つのにいまだにカエルの革は変質していない。
「見よう見まね」で完璧になめすとはさすが!!

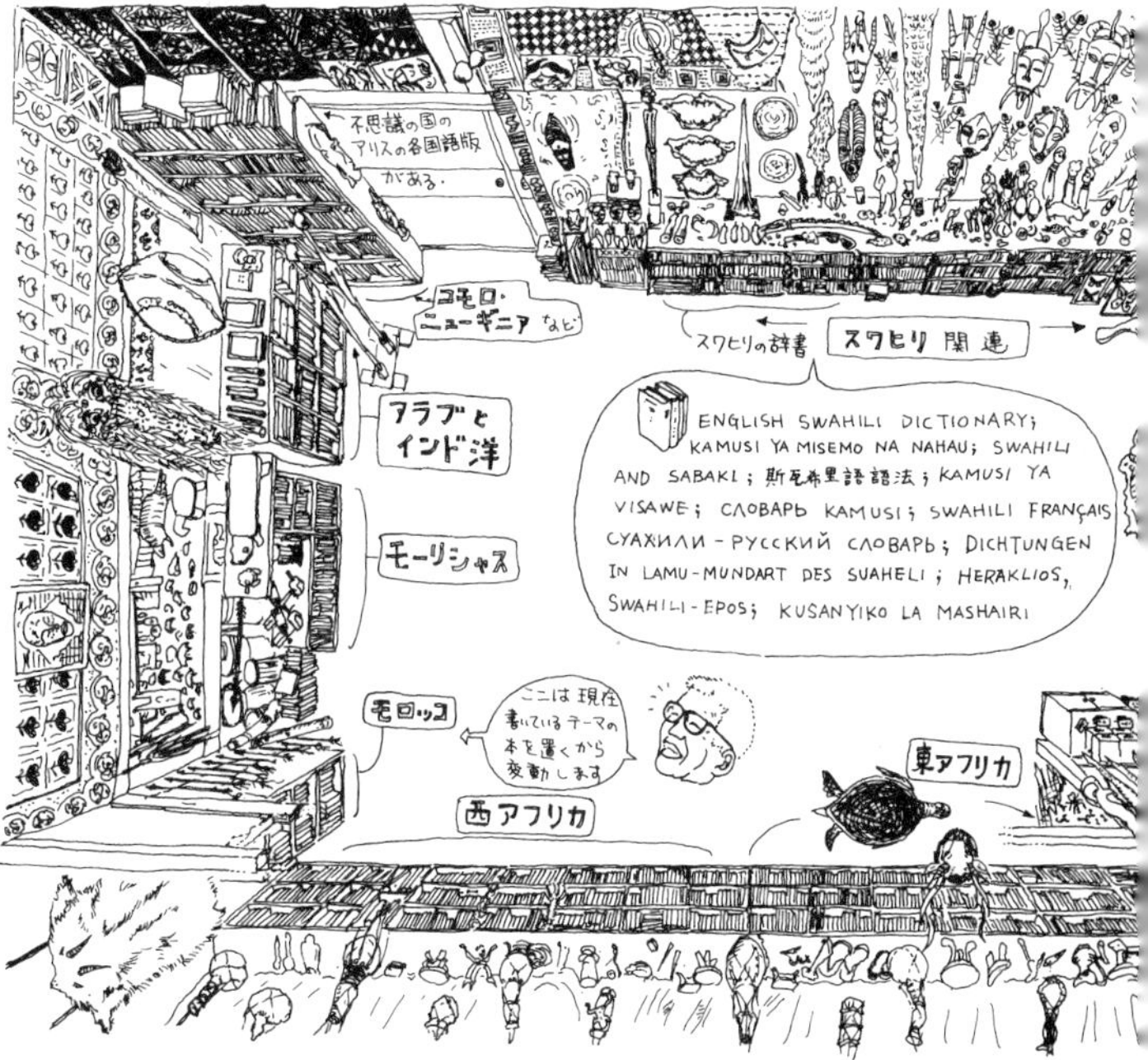

不思議の国のアリスの各国語版がある。
コモロ・ニューギニアなど
アラブとインド洋
モーリシャス
モロッコ
ここは現在書いているテーマの本を置くから変動します
西アフリカ
東アフリカ
スワヒリの辞書
スワヒリ関連
ENGLISH SWAHILI DICTIONARY; KAMUSI YA MISEMO NA NAHAU; SWAHILI AND SABAKI; 斯瓦希里語語法; KAMUSI YA VISAWE; СЛОВАРЬ KAMUSI; SWAHILI FRANÇAIS СУАХИЛИ - РУССКИЙ СЛОВАРЬ; DICHTUNGEN IN LAMU-MUNDART DES SUAHELI; HERAKLIOS, SWAHILI-EPOS; KUSANYIKO LA MASHAIRI

「僕がアフリカ専門だと思っている人が多いですが、そんなことはないんですよ。僕が興味を持っているのは、人間です。音楽でも美術でも、そこにつながってくるんです。三日でその地のコトバを習得するなんてよく書かれますけど、そんなの嘘です。三日ですべて忘れるっていうんなら楽しいですけどね」

たしかに、西江先生には伝説めいたエピソードがつきまとう。私も、アフリカの大地をフィールドワークで駆け回っているイメージを勝手に持っていた。だから、こんなにたくさんの本がきちんと整理されているのを見て、意外だったのだ。しかも、シュールレアリズムや音楽の本まで飛び出してきた。

既存の「学者」の枠にはまりきらない活動ぶりや、学会や文壇などの組織に属していないことも、肩書がモノをいう日本では理解されにくい理由なのかもしれない。

「三十代半ばまでは、どこかに長期で出かけるたびに、とても大切にしている本を全部売っちゃっているんです。留守中の家賃が払えないし、今と違って、もう東京には帰れないかもしれないという感覚で行くことも多かったですから。詩や文学の貴重な本がいろいろあったんですけどね。ですから今ある本は、ここ二、三十年で集まったものです。

この家は広さのわりに破格の値段で借りることができたのですが、次の引越しに本を全部持っていくのは不可能です。処分しようにも、アフリカ関係の本なんてなかな

MANIFESTE DU SURRÉALISME
BLACK SPRING
①
②
③
赤モロッコ革装
A SEASON IN HELL
BLACK SPRING
HENRY MILLER
THE OBELISK PRESS – PARIS
すごい本がザクザクと
なぜか サイン入りの本が 集まってきて…
※3冊とも著者サイン入り
① "MANIFESTE du SURRÉALISME" 「シュールレアリスム宣言」 ANDRÉ BRETON アンドレ・ブルトン ② "BLACK SPRING" 「黒い春」 HENRY MILLER ヘンリー・ミラー ③ "A SEASON IN HELL" 「地獄の季節」 ARTHUR RIMBAUD アルチュール・ランボー Photo / ROBERT MAPPLETHORPE
〈別室の書斎から〉 文学・美術の部屋から
"REFLECTIONS ON THE DEATH OF MISHIMA" HENRY MILLER
"YALLAH" PAUL BOWLES
"بول بولز" صديق العالم
"THE COMPLETE WORKS OF MARCEL DUCHAMP" MARCEL DUCHAMP
"THE PRIVATE WORLD OF MARCEL DUCHAMP" MARCEL DUCHAMP
ZANZIBAR
F.B.Pearce
高校生のときのダンス写真
足が長いので似合う…

か評価してくれない。町の古本屋に売ったら、全部で数千円ですよ。だったら、いっそ庭で燃やしてしまいたい、ってエッセイに書いたことがあります。ハハハ。本っていうのは結局、わからない人にはまったく無価値なものなんですね」

なじみの古本屋さんは、世界中に数十軒。神保町、サンフランシスコ、ポートランド、パリ、ニューオーリンズ、ニューヨーク、ボストン、ロンドン、台北、泉州、北京、ナイロビ、カリブ海……。目録販売に頼ることなく、それらの店を直接訪れ、店の主人と話し込んでから買うのだという。

「十五年くらい前、ハイチの田舎の雑貨屋さんの隅っこで、ジュール・ヴェルヌのすごくきれいな初版本を見つけたことがあるんです。あのあたりには当時の植民者が結構いい本を持って行ってるんです。それが本人が亡くなってから、残された家族がわけもわからずにポーンと売っちゃう。そこには古本屋なんて存在しないから、雑貨屋に二束三文で並ぶわけです。その本は重くて大きいし、数巻あるので持ち歩くのも大変です。ホテルから歩いて三十分かかる場所だったんだけど、三回も通って迷った末、あきらめた。もったいなかったけどね。

ロス郊外の雑貨屋で稲垣足穂の初版本を一ドルで買ったこともあります。まさかこんなところにっていうのをよく嗅ぎつけるんです。これは習性ですね。最近では掘り出し物はめっきり減りましたけど」

いちばん好きな本を見せてくださいとお願いすると、なんとアンドレ・ブルトンのサインが入った『シュールレアリスム宣言』初版本、アルチュール・ランボーとロバート・メイプルソープの写真詩集『地獄の季節』などなど、コレクター垂涎の、キラ星のような限定版たちが出てきた。

「そんなに高いお金は出してません。まあ、長年古本屋を見てきた目と嗅覚で」とニッコリ。

ひょっとしたら西江さんは、古本が話すコトバを聞き取ることができるんではないだろうか。そうでなければ、こんなにスゴイ本たちが寄ってくるわけがないではないか。「三日で現地語をマスターする」という噂がなんだか本当に思えてきた。

清水徹　SHIMIZU Tōru　フランス文学者

至高の書物を求めて

二〇〇二年六月

　フランス文学者、清水徹先生のお宅は浦和にある。瀟洒《しょうしゃ》な外観は、まるで小さな美術館のようだ。二〇〇一年に上梓された『書物について』（岩波書店）ではご自身を愛書家でも豪華本マニアでもないとされているが、ヴァレリーやマラルメの豪華本から、現代作家ミシェル・ビュトールの作るアーティストブックまで、美しい本がさくさくと書斎から運ばれてくるではないか。

「僕が愛蔵本に出会ったのは、一九四八年、旧制一高（現・東京大学）に入った頃からです。当時、僕は駒場の寮にいたので、よく渋谷の古本屋さんに行ってた。そこで野田書房の堀辰雄の初版本とか、立原道造の詩集を見ました。こっちは貧乏だから見るだけで買えなかったけど。

　フランス語の本も、はじめは古本で買ってました。当時は、まだ外国語の本の輸入ができなかったんですよ。一九四九年か五〇年になってからかな、ようやくフランス語の本が輸入できるようになって、その頃、駿河台下にあった日仏会館でフランス書の展示会が開かれたのを非常にはっきり覚えてます」

そのときにカミュの『異邦人』と、ポール・ヴァレリーの『ヴァリエテ』『エウパリノス』の三冊を注文したそうだ。当時『異邦人』という小説の評判はフランスから伝わってきてはいたけれど、まだ読んでいる人はごくわずか。もちろん雑誌『新潮』に翻訳が出る前のこと。当時二十歳前の清水さんは日本で最も早く『異邦人』を原文で読んだ数少ない一人ということになる。その本は、清水さんが読んだ後、寮のなかをあちこち回し読みされる。今では誰でも知っていて「古典」扱いのカミュが文壇に登場した衝撃を、同時代に受け止めたこともすごいけれど、なによりも学生全体のレベルが高かったことに圧倒される。いくら東大でも、今の学部生にここまでの能力と熱意はないだろうなあ。

「はじめて自分で買った高い本は、大学助手の頃、ヴァレリーが生涯書いていた『カイエ』というノートの復刻版です。彼が書いたままを写真版で印刷して復元してあるんです。二万数千ページ、全部で二十九冊あるんです。それがきちっと毎月書店から届く。お金がなくて払えなくてねえ。随分苦労しました。

あとは、ヴァレリーの未発表散文集『アルファベット』。すべての散文詩がa、b、c……で始まるようになってます。活字に起こしたものに加えてヴァレリーの手書き

☆ヴァレリーの色紙（複製）1931年
フランス留学中の渡辺一夫が
ヴァレリー本人に「ヴァリエテ」
日本訳の序文をもらった時、
毛筆と墨で書いてもらったもの。

訳者の中島健蔵・佐藤正彰宛

D：画集、バルテュス、マネなどの展覧会カタログ
E：ヴィリエ・ド・リラダン全集、
グレン・グールドの著作、武満徹
音楽関係、ゴンブリッチ、
クラーク F：世界文学大系
荷風全集、露伴全集、
谷崎潤一郎全集、
吉行淳之介全集など

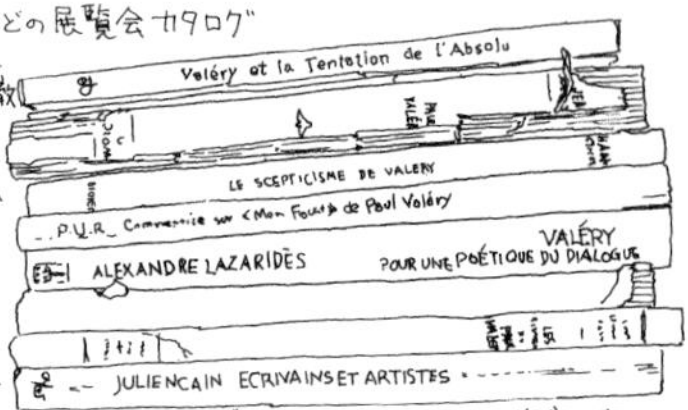

G：大岡昇平、大江健三郎、渡辺一夫著作集、堀田善衛、カルヴィーノ、ラテン・アメリカの作家たち
H：源氏物語関係、新古今集関係、中村真一郎全著作、福永武彦全著作、辻邦生全著作、小川国夫、黒井千次、加賀乙彦、古井由吉、
I：プルースト、ジッド、ボードレール、ランボー、ネルヴァル、バルザック、フロベール、サルトルなど全集、ヌーヴェル・クリティックの批評家たち
J：ホフマンスタール、カフカ、ムシル、ベンヤミンなどのドイツ文学、ジョイスなどのイギリス文学、ピンチョン、ソンタグなどのアメリカ文学、ボルヘス
K：吉田健一、寺田透、大岡信、飯島耕一、入沢康夫、渋沢孝輔、安藤元雄、詩人、哲学関係
L：丸谷才一、篠田一士、川村二郎、菅野昭正、安東次男、粟津則雄、高橋英夫、宮川淳、池澤夏樹
←他、親しい作家、批評家たち
M：フーコー、デリダ、メルロ＝ポンティー、サルトル、シャルル・デュ・ボス、ヌーヴォー・ロマンの作家、NRF派批評家

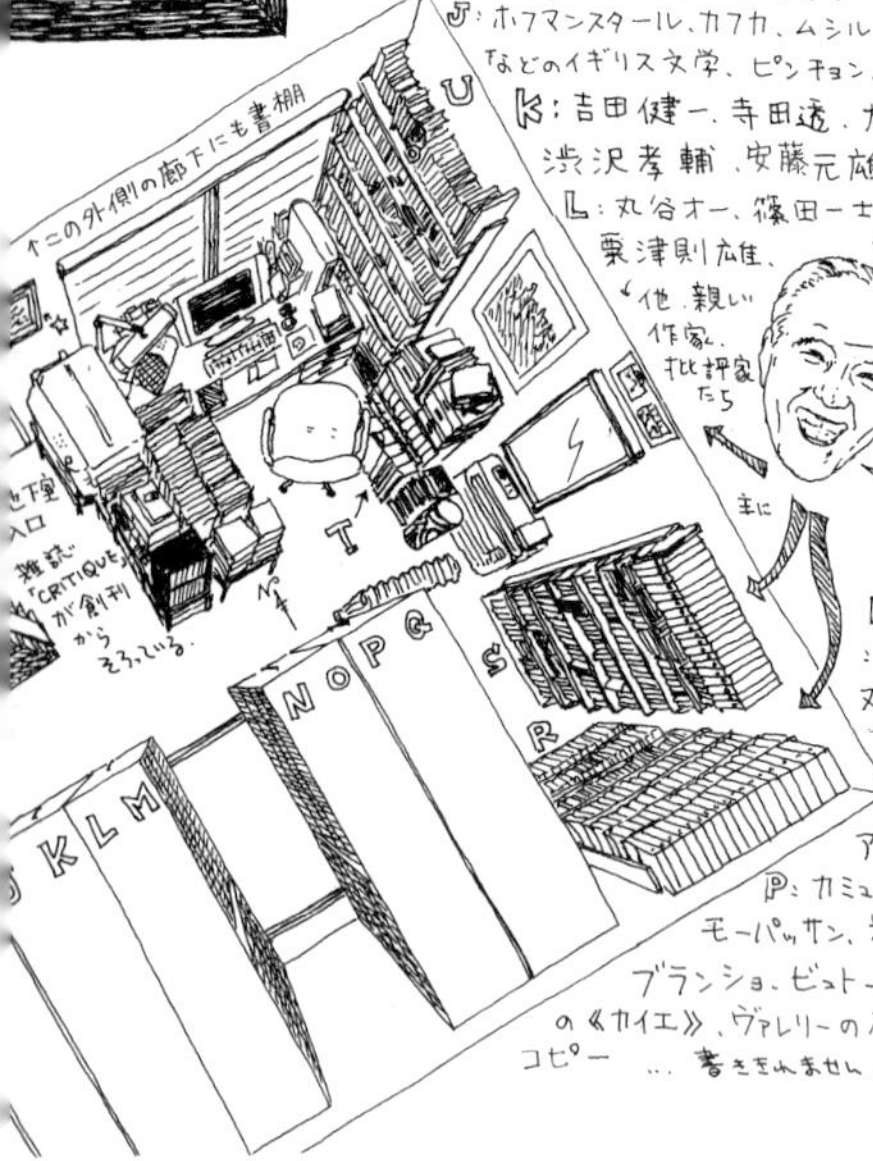

N 以降はすべてフランス語の本。：フーコー、デリダ、リオタール、プルースト、ヌーヴェル・クリティック、文学論、伝記、
O：サント・ブーヴ、ラフォルグ、ピエール・ルイス、世紀末、ポーラン、NRF関係、アルトー、プレイアッド叢書、
P：カミュ、デュラス、ボードレール、フローベール、モーパッサン、精神分析関連、Q：マラルメ、ブランショ、ビュトール、仏語辞書 R：ポール・ヴァレリーの《カイエ》、ヴァレリーの研究論文、雑誌からのゼロックスコピー ……書ききれません、とても。。

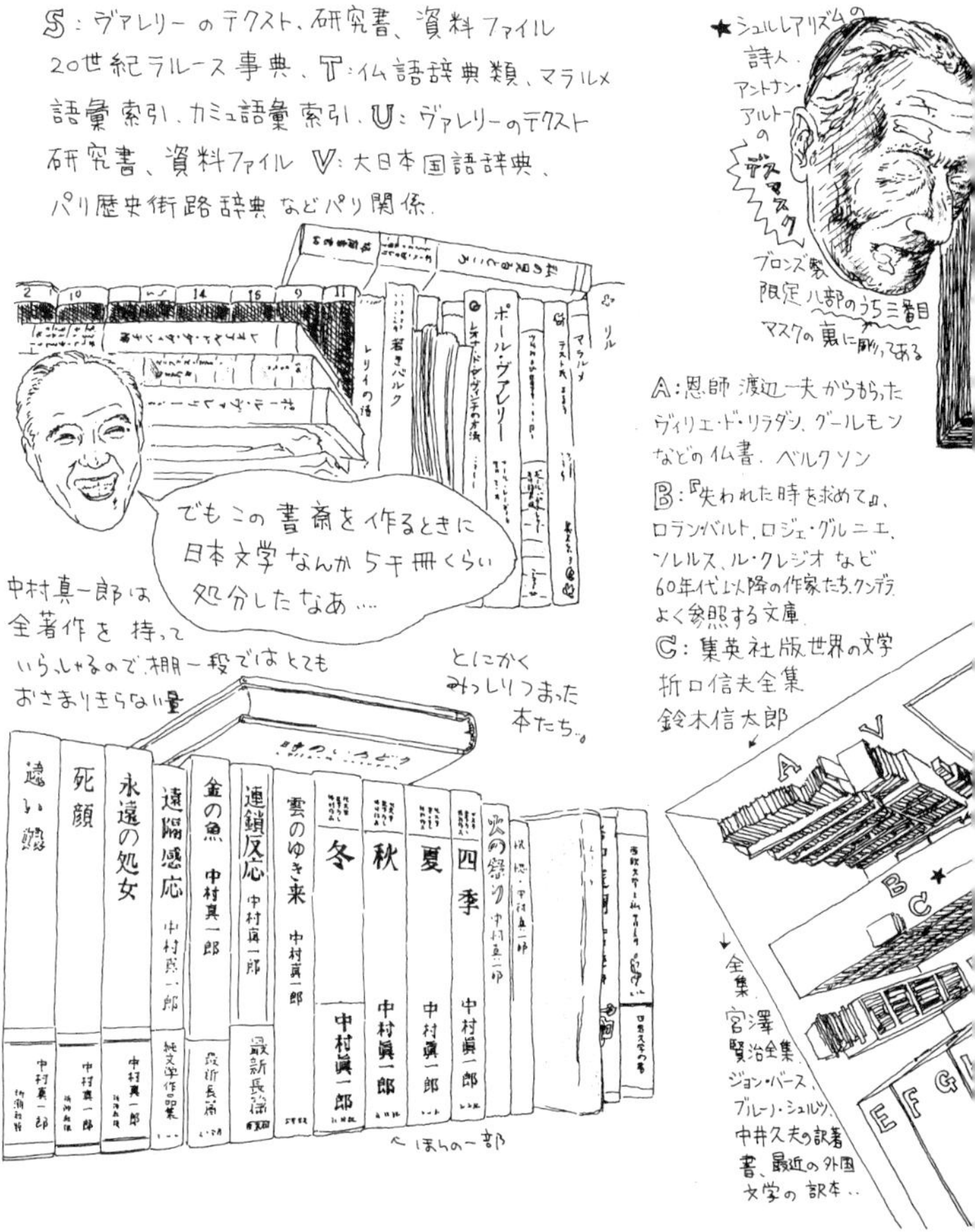

S：ヴァレリーのテクスト、研究書、資料ファイル
20世紀ラルース事典、T：仏語辞典類、マラルメ
語彙索引、カミュ語彙索引、U：ヴァレリーのテクスト
研究書、資料ファイル V：大日本国語辞典、
パリ歴史街路辞典 などパリ関係。
★シュルレアリズムの詩人 アントナン・アルトーの デスマスク
ブロンズ製 限定八部のうち三番目 マスクの裏に刷ってある
A：恩師 渡辺一夫からもらった ヴィリエ・ド・リラダン、グールモン などの仏書、ベルクソン
B：『失われた時を求めて』、ロランバルト、ロジェ・グルニエ、ソレルス、ル・クレジオ など 60年代以降の作家たち、クンデラ よく参照する文庫
C：集英社版世界の文学 折口信夫全集 鈴木信太郎
全集 宮澤賢治全集 ジョン・バース、ブルーノ・シュルツ、中井久夫の訳著書、最近の外国文学の訳本…
ポール・ヴァレリー
若きバルク
レリイの栖
マラルメ
リル
でもこの書斎を作るときに日本文学なんか5千冊くらい処分したなあ…
中村真一郎は全著作を持っていらっしゃるので、棚一段ではとてもおさまりきらない量
とにかくみっしりつまった本たち。
遠い隣
死顔
永遠の処女
遠隔感応 中村真一郎 純文学作品集
金の魚 中村真一郎 最新長篇
連鎖反応 中村真一郎 最新長篇
雲のゆき来 中村真一郎
冬 中村眞一郎
秋 中村眞一郎
夏 中村眞一郎
四季 中村眞一郎
火の祭り 中村真一郎
状想 中村真一郎
↑ほんの一部

推敲メモと、自身の水彩の挿絵が入っているノートをもとのままに復元したものが付いている。限定三十部のうち二十九番でした。そのとき書店に注文した手紙と、郵便局から支払った伝票まで全部取っておいてあるんだから」

愛書家ではないとおっしゃりながら、なかなかのこだわりよう。見せていただいた『アルファベット』は、水彩の筆遣いまで伝わってくるような美しさだ。とても印刷とは思えない。フランスでは、写真版での複刻印刷の技術が早くから確立していたのだそうだ。さすが豪華本王国、フランス。

「フランスには自宅にすごい書庫を作る愛書家の貴族がたくさんいたんですね。イギリスやドイツとは凝り方が全然違います。しかし著者自らが指図して印刷屋と一緒になって書体や判型から本作りを行ったのは、やはりマラルメがはじめてでしょうね。彼はテキストだけでなく、紙や書体、装丁を含めた書物全体を作品として考えていたのです。

マラルメの散文や詩は、フランス人にとっても難解なんです。単語の並び方が普通のフランス語とまるで違って、どういう構文なのかがわからない。マラルメの本を読むときは、いつもフランス語で書かれた注釈書などを可能な限り集めて周りに置いて、全部読みながら考えていくんです。最近マラルメの再晩年の詩を、ノートを取りながら読み直したんですが、十四行の詩を読むのに三日もかかりましたね」

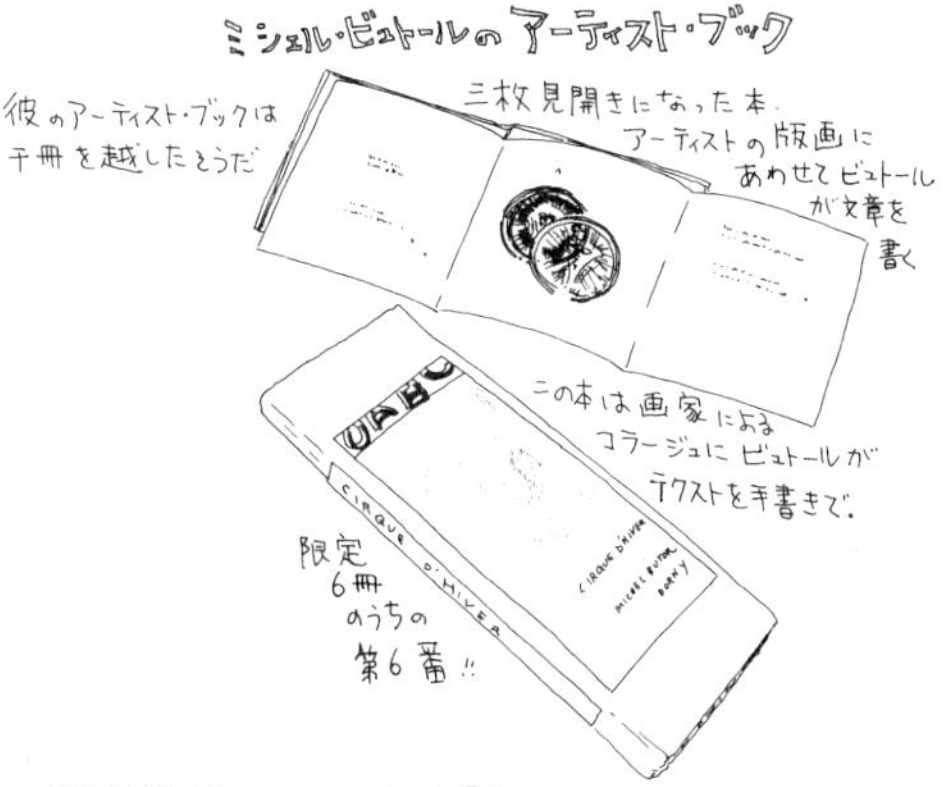
ミシェル・ビュトールのアーティスト・ブック
彼のアーティスト・ブックは千冊を越したそうだ
三枚見開きになった本。アーティストの版画にあわせてビュトールが文章を書く
この本は画家によるコラージュにビュトールがテクストを手書きで。
CIRQUE D'HIVER
CIRQUE D'HIVER
MICHEL BUTOR
DORNY
限定6冊のうちの第6番!!

PAUL VALERY
L'Idée Fixe
Socrate et son Médecin
PAUL VALÉRY
Écrits divers sur Stéphane Mallarmé
PAUL VALERY
Regard sur le monde actuel
彼のすごい所はアーティストの作品の印象から発想していろいろなタイプの文章を書き分けることです

美しい本に印字される硬質で難解な詩。豪華に飾られた本には、それにふさわしい至高のテキストが必要なのだけれど、読み手にもそれなりのレベルと忍耐が要求される。書物愛のたどり着く先をかいま見るようなお話だ。

さて書斎だが、下にしっかりレールの付いた移動式書棚が七本どんと構えている。フランス文学、思想関係はもちろん、日本文学、評論もかなりの冊数がみっしりとそろっている。推定冊数一万冊……。

「自分に関心のある領域の本は売らない。もういいかなと思うのはたくさんあるけれど、本というのは一度手放すと探すのが大変ですからね。

僕は図書館はあんまり使わないな。図書館の分類方式は、専門家から見るとひどく使い勝手が悪い面があるんですよ。いちばん困るのはそれほど有名でもない著者が書いた評論。専門的な知識がないと、どこか畑違いのところに分類されてしまって二度と出てこない。結局自分で持っていないとしょうがないというか」

しかしフランス語の新刊を買うのはいろいろと大変そうですが。

「いや、今やフランス語の本を買うのにまったく不自由ありません。専門書店の『フランス図書』が毎月出している人文科学の新刊リストはフランスにもないくらい見事なもので、ある程度まではそのカタログでフォローできますよ。それに卸しの割引率が良くなったのか、直接フランスに注文するのとほとんど値段が変わらないんです。

もちろん現地にはいい新刊書店があって、リストには出ない小さな出版社の良い本が手に入ります。パリに行ったら三日に一度は行く、ソルボンヌそばのコンパニーという書店は、人文、とくに文学に関しては大変なノウハウを持っている。フランスの本屋さんのすごいところは、古い在庫を持っていることです。普通の棚に、新刊に交ざって一九二〇〜三〇年代の本や文学雑誌のバックナンバーが並んでいたりする。

僕は昔からカタログをチェックしたり、古本屋を回ったりするのがわりに好きなんですね。知人にもこんな本が出たよと知らせたり。だからいろんな本の後書きに僕の名前が出てきたな。資料提供者としてね」

そういって愉快そうにニッコリ。本を見つけるだけでなく、読むだけでなく、愛でるだけでもなく、膨大な書物と全身で向き合う清水先生は、やはり誰よりも書物が大好きなのだ。

居場所へのこだわりを解放する

石山修武　ISHIYAMA Osamu　建築家

二〇〇二年九月

「家というのは、普通、生活の拠点を求めて建てると思うんですが、僕の場合は逆に、この家を建ててから自分の書斎や居場所へのこだわりが希薄になってきています。以前よりもっと、どうでもよくなったというか。家自体が路上のような感じです。まるでホームレスですね」

建築家の石山修武さんが、ご自宅を建て始めたのは五年前のこと。「世田谷村」と名付けた家は、まったく不思議な外観だ。

地下の事務所はコンクリート打ちっぱなしの壁に、裸電球。三十三坪の細長い、薄暗い空間に、スタッフや学生がうごめく。冷房はないけれど、とても涼しい。そして、地上の家には内壁というものがほとんどない。三階の書斎にいたっては、パーテーションすらなく、机や本棚で仕切られているだけ。外壁が傾斜しているので、屋根裏のようでもあるが、広々しているし、明るくて、なにより風が通る。

「家のなかに個室は作りませんでした。最初は子どもたちがギャアギャアいいましたけど、慣れてくると、結構快適ですよ。広いから、みんな声が大きくなったし。逆にいきいきしてるような気がしますけどね。親戚や留学生が居着いたり、居心地が良いみたいで、家族以外にも誰かしらいますね」

本は書斎の他に研究室など、三カ所くらいに分散して置いてあるそうだ。書斎を見せていただくと、本は案外少なく、歴史の本の横に漫画があったりと並べ方もバラバラだ。本を並べて背表紙を眺めるというのが苦手で、読んだ本を手元に置いておくことにこだわらないのだそうだ。学生が勝手に持っていったり、娘さんの本棚に移動することもしばしば。

「まあ、誰かが読んでいるならそれでいいかと。読み返したいときに本がないのはつらいです。でも、一生懸命読んで、なるべく記憶に残るようにしとけばいいと思っています。子どもたちにこの本を読ませたいなと思ったら、テーブルの雑誌の下などに紛れさせてさりげなく置いておくんです。いつのまにか娘の本棚に移動してたら、しめた、読んだなと。ふふふ。

だいたい僕らの先生からは、他人に本棚を見せるな、といわれましたよ。そいつに全部自分をわかられちゃうから。だから誰か来るっていうと、漫画の本とか置いておいたりするわけです」

世田谷村の
だいたいの構造。
(あくまでもラフです)

古い平屋の家を残したまま
それにかぶせて新しい建物を作った。
昨年、平屋をとり壊し、現在、
1階は仮玄関と四本の柱が
立っているだけ。

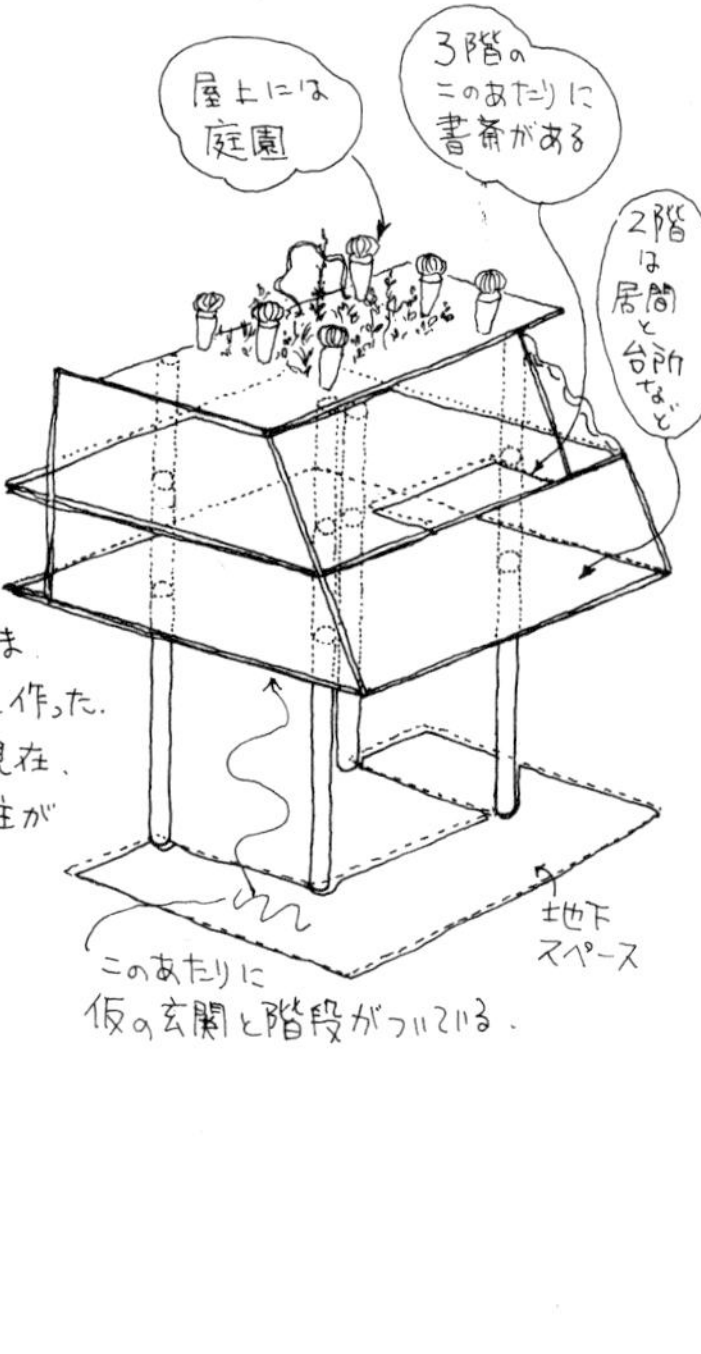
屋上には
庭園
3階の
このあたりに
書斎がある
2階
は
居間
と
台所
など
地下
スペース
このあたりに
仮の玄関と階段がついている。

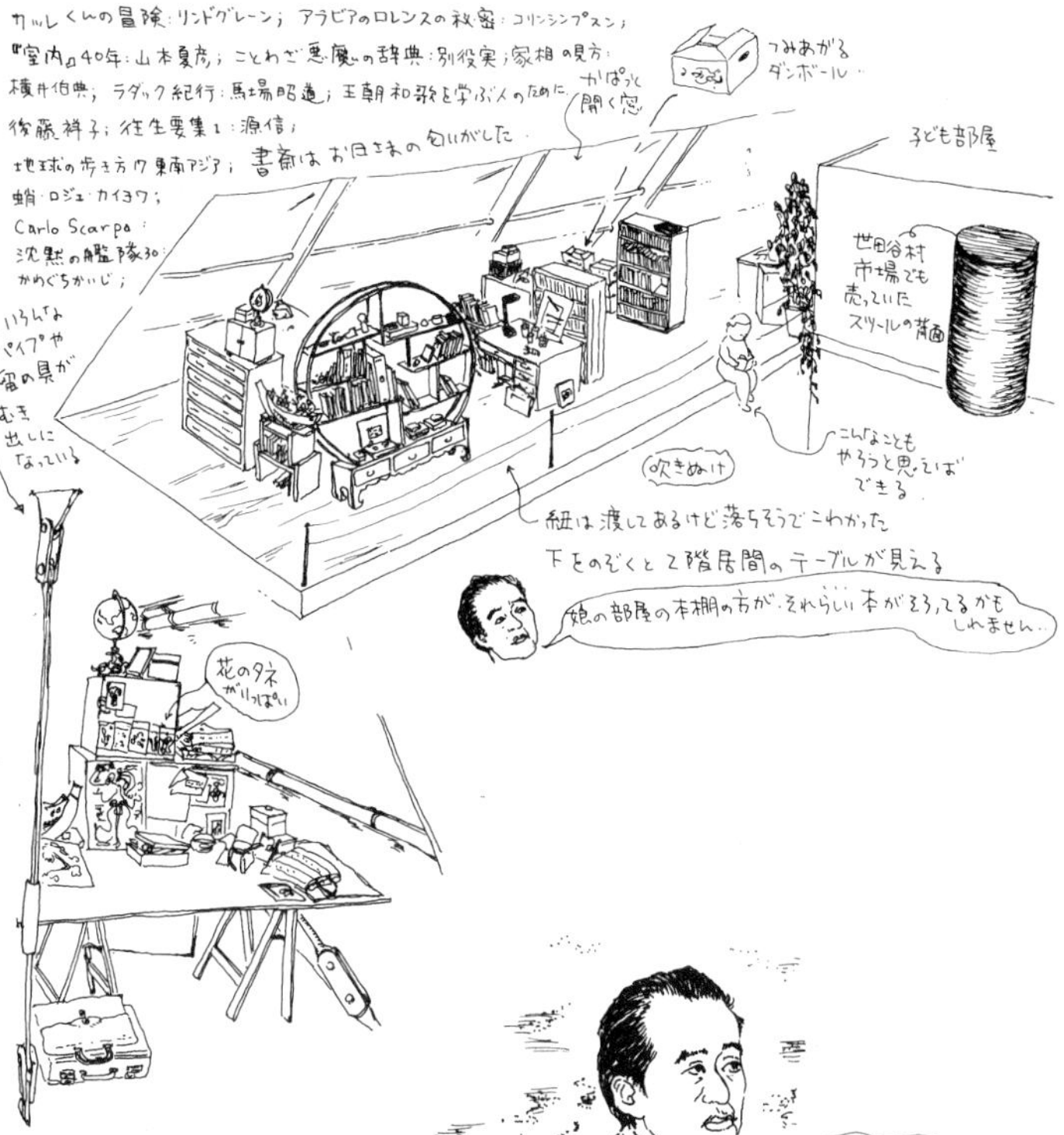

カッレくんの冒険：リンドグレーン；アラビアのロレンスの秘密：コリンシンプスン；
『室内』40年：山本夏彦；ことわざ悪魔の辞典：別役実；家相の見方：
横井伯典；ラダック紀行：馬場昭道；王朝和歌を学ぶ人のために．
後藤祥子；往生要集1：源信；
地球の歩き方7 東南アジア；
蛸：ロジェ・カイヨワ；
Carlo Scarpa：
沈黙の艦隊30：
かわぐちかいじ；
書斎はお日さまの匂いがした…
がぱっと開く窓
つみあがるダンボール…
子ども部屋
世田谷村市場でも売っていたスツールの背面
いろんなパイプや留の具がむき出しになっている
こんなこともやろうと思えばできる
吹きぬけ
紐は渡してあるけど落ちそうでこわかった
下をのぞくと2階居間のテーブルが見える
娘の部屋の本棚の方が、それらしい本がそろってるかもしれません…
花のタネがいっぱい

本なんかどこに置いてもかまわないんですよ

と、にやり。ひょっとしてあの漫画本も計算してわざと配置されたものなのか！

「建築家には雑読家が多いと思いますよ。自分にいろいろ理屈をつけたくなるときがあるんです。難しいことをいうためじゃなくて、なんでこうなんだろうと。それにはどうしても本を読まないとダメなんですね。建築関係の本を読むよりも、全然違うタイプの本を読んでいるときの方が、一気に何かがわかってきたりします。

建築って現場へ行かなきゃならないから、めっちゃくちゃ旅が多いんですよ。だから、動いているときの方が集中して本が読める気がします。でもね、しちめんどくさい本はやっぱり自分の居場所で読まないと、ダメかもしれない。自分が興味を持ったテーマがあって、半年ほど興味に沿って本を読み進めていくときは、やっぱり居場所に、本を何冊か用意して読みます。

今読んでいるのは、ゲーテの『イタリア紀行』です。たまたまゲーテの住んでいたドイツのワイマールに行って、そのあとイタリアのシチリアに行ったんです。ワイマールは学術都市ですけど、本当につまらないところなんですね。飯もめちゃくちゃまずいんですよ。イタリアの飯はそりゃあ美味いですからね。ゲーテはどうしてもイタリアに行きたくて、死ぬ思いで行ったんですから。それでいい年してやたらと感動して。たまたまそういう移動の仕方をしたから、すごくわかりやすかった。それで読んでいくうちにゲーテが鉱物に興味を持っていたことを知って、宮澤賢治に似ていると

日本列島南下運動の黙示録：唐十郎；「社交界」たいがい：山本夏彦；信濃路殺人事件：斎藤栄；アフガニスタンの農村から：大野盛雄；アジア絶望工場：鎌田慧；文字の力：平野甲賀；形体の教養：山本隆亮；狂 中国の心・日本の心：藤堂明保；かもめのジョナサン：リチャード・バック；生あるものは皆この海に染まり：最首悟；さらば長き眠り：原寮；句集：綾野道江；ブルーガイドブックス四国；

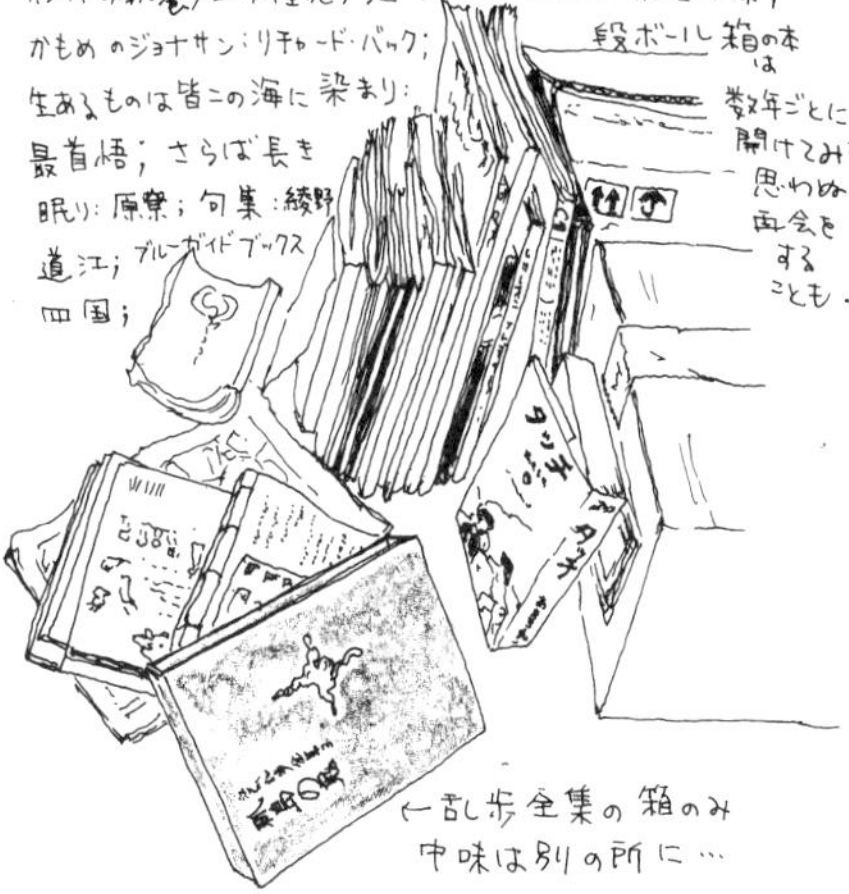

段ボール箱の本は数年ごとに開けてみる。思わぬ再会をすることも…

←乱歩全集の箱のみ 中味は別の所に…

思って読み返して比べてみたり。そういうふうに、読み進んでいきます」

それにしても、明るくて開放的な書斎と、暗く沈んだ仕事場は対照的な雰囲気だ。

「僕は今は図面を書かないで、克明なスケッチを描くのですが、原稿を書く仕事と、絵を描く仕事、この二つは使う頭がまるで違うんです。考えをまとめて文字に起こす作業は苦しいですが、ひらめいたアイデアをスケッチするのはとても解放された作業で、快感というか極楽なんです。

原稿はどこでも書けるんですよ。電車のなかでも雑踏でも。いつも原稿用紙を持ち歩いてます。ところがスケッチはそうはいかない。書斎のように開放的で気持ちの良い場所では逆にダメなんです。この地下の事務所のように惨めなところでちょこちょことやるほうがいいんです。なんでしょうね、あれ。暗さではないんです。豊かでない場所というか……。そうそう、飛行機のなかもできますね。密閉されてるでしょ。今、伊豆の松崎町に蔵を借りてますが、あそこでもいいアイデアをスケッチできるのではと、期待しています。

そういう場所って人それぞれ持っているんじゃないですかね。いくつかの居場所を行き来していると、場所と人間の関係はすごく深いなと思います」

日本では住宅にしろ会社にしろ、あり合わせの場所に自分をはめ込むのがあたりまえになっている。しかも多くの人がその場所に固執する。けれども、石山さんはつねに一つの場所にとらわれずに、それぞれの活動に合った場所を求めて自分から動いていく。

大学教授でもある石山さんは、学生を教えることに関しても、常識にひるむことなく場所を追求する。そして「建築の設計を教えるのに学校の教室、研究室は適さない」と、とうとうこの地下の事務所に見込みのある学生を引き連れてきてしまった。

「一時期は敷地にビニールハウスを建てて、学生を『飼って』ました。今はファーム制をとって、二軍、つまりバカと無気力なやつは学校にいろと。こっちには一人でもやっていけるやつを移したんです。その効果はあがっていると思いますよ」

ひょうひょうといってのけると、石山さんは書類の山の向こうにいるスタッフに珈琲を頼んだ。本当に良く通る、大きな声で、聞き惚れてしまった。

茶室のような書斎を持つひと

熊倉功夫　KUMAKURA Isao　茶道史家

二〇〇二年十二月

茶道史を中心に、寛永文化や日本料理文化史、柳宗悦研究と、日本文化を広く見据えた研究活動を展開している熊倉功夫さんのお宅は、京都の北大路にある。三年前に建てられた家は、和風でモダンな印象。京都特有の、幅が狭く奥に長いかたちをした屋内をずんずん進んでいくと、行き止まりに先生の書斎がある。

「コックピットみたいな状態なんですよ」

小さな書斎の空間は、ほとんどが移動式書架で占められている。人が一人歩くすき間を残して、本棚が針葉樹林のようにそびえ立つ。書庫という方が近い。それでもあまり息苦しさを感じないのは床板の木目やしっかりした梁があるためか、それとも天窓の柔らかい明かりのせいか。

四角い室内には一カ所だけ一間ほどのくぼみがあり、ぴったりと机が納まっている。上には硯や印が置いてある。家を建てるときに、お気に入りの樫の机に合わせて作ってもらったのだそうだ。とてもステキな空間なのだ。

著書から察するに、きっと書斎は和本（袋綴じ本）にあふれているんだろうと想像していたが、棚のほとんどが今のかたちの本ばかり。

「和本は何かあると困るんで民博（国立民族学博物館）に置いてあります〔その後退職して、林原美術館館長に就任。民博にあった本は某所に移動〕。ここにあるのはほとんどが明治以降に出版されたお茶に関する本です。三十年集めてますから、たいがいはそろっています。

本はね、段ボール箱で四百数十個を超えるまでになりまして、思いきって三年前に基本図書と歴史書を寄付しました。七、八千冊はあったでしょうか。それまでどこに行っても仕事ができるようにと、基本図書一式を携えてカタツムリのような状態で暮らしてきましたが、今は行く先々の図書館に頼っています」

本を整理しようという気持ちになったのは、阪神大震災の影響もある。

「民博は震源地から離れていたんですが、ちょうど断層の上に載っていたらしく、被害が酷かったんです。本棚が倒れて本が散乱し、ドアが開かなかったくらい。入ってみると、僕の椅子の上には『国書総目録』がうずたかく積み上がっていた。あそこに座っていたら瀕死の重傷でしたね。ともかく、そんな経験から、本は個人で持つものではないと思うようになりました」

Hanamusubi

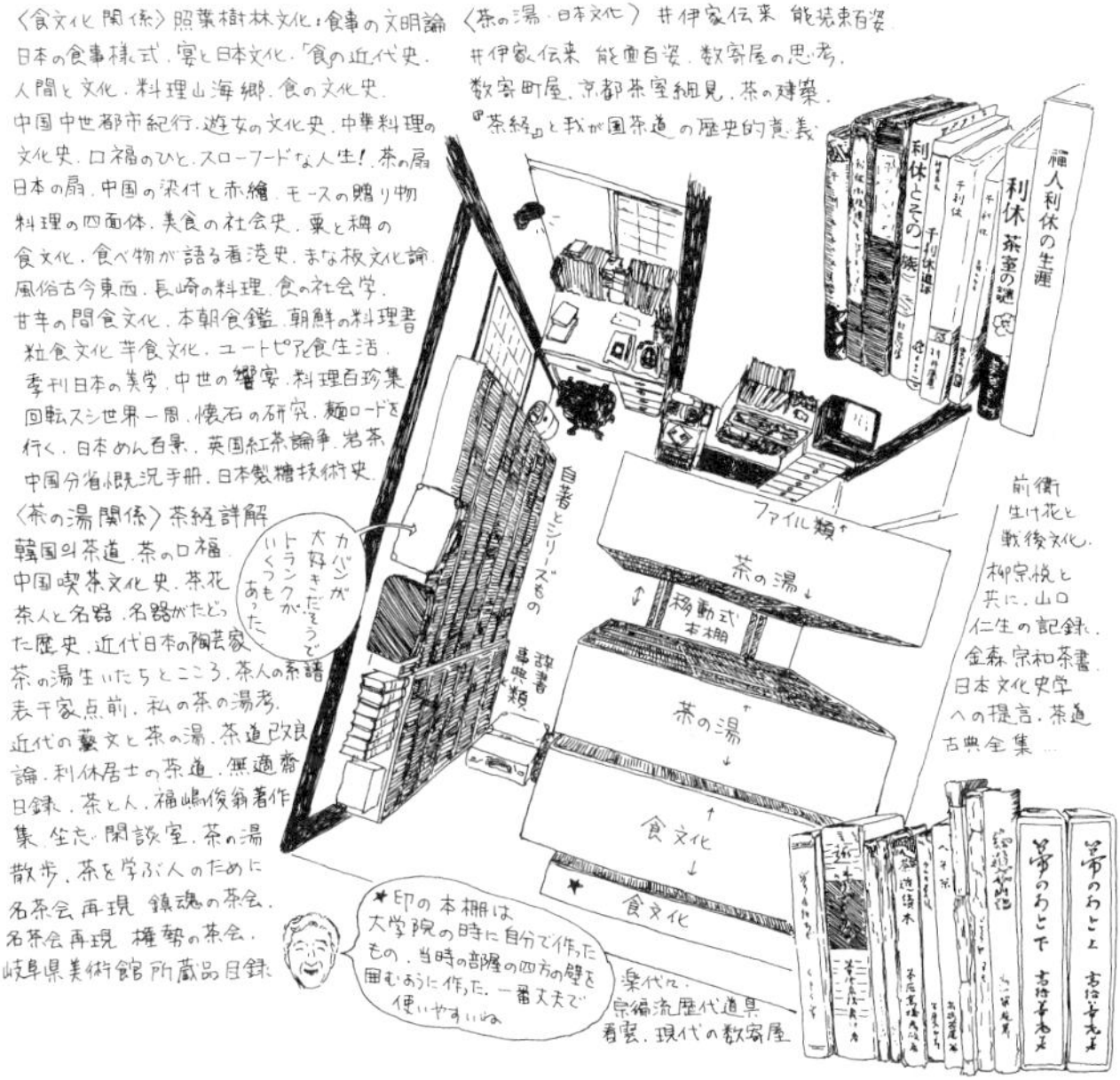

〈食文化関係〉照葉樹林文化・食事の文明論
日本の食事様式．宴と日本文化．「食」の近代史．
人間と文化．料理山海郷．食の文化史．
中国中世都市紀行．遊女の文化史．中華料理の
文化史．口福のひと．スローフードな人生！．茶の扇
日本の扇．中国の染付と赤繪．モースの贈り物
料理の四面体．美食の社会史．粟と稗の
食文化．食べ物が語る香港史．まな板文化論．
風俗古今東西．長崎の料理．食の社会学．
甘辛の間食文化．本朝食鑑．朝鮮の料理書
粒食文化 芋食文化．ユートピアと食生活．
季刊日本の美学．中世の饗宴．料理百珍集
回転スシ世界一周．懐石の研究．麺ロードを
行く．日本めん百景．英国紅茶論争．岩茶．
中国分省概況手冊．日本製糖技術史．
〈茶の湯関係〉茶経詳解
韓国의茶道．茶の口福．
中国喫茶文化史．茶花
茶人と名器．名器がたどった歴史．近代日本の陶芸家
茶の湯生いたちとこころ．茶人の系譜
表千家点前．私の茶の湯考．
近代の藝文と茶の湯．茶道改良論．利休居士の茶道．無適斎
日録．茶と人．福嶋俊翁著作
集．坐忘・閑談室．茶の湯
散歩．茶を学ぶ人のために
名茶会再現 鎮魂の茶会．
名茶会再現 権勢の茶会．
岐阜県美術館所蔵品目録
〈茶の湯・日本文化〉井伊家伝来 能装束百姿
井伊家伝来 能面百姿．数寄屋の思考．
数寄町屋．京都茶室細見．茶の建築．
『茶経』と我が国茶道の歴史的意義
利休とその一族
千利休追跡
千利休
茶人利休の生涯
利休 茶室の謎
カバンが大好きだそうでトランクがいくつもあった．
自著とシリーズもの
辞書事典類
ファイル類
茶の湯
移動式本棚
茶の湯
食文化
食文化
前衛生け花と戦後文化．
柳宗悦と共に．山口仁生の記録．
金森宗和茶書．
日本文化史学への提言．茶道古典全集……
★印の本棚は大学院の時に自分で作ったもの．当時の部屋の四方の壁を囲むように作った．一番丈夫で使いやすいね
楽代々．
宗徧流歴代道具
看雲．現代の数寄屋
茶のおと上
茶のおと下

とはいえ、みっしりと詰まった棚には、ひしひしと書物愛とこだわりを感じる。実は、なんと小学校四年生にして神保町に通う、筋金入りの古本少年だったという。

「小児結核をやりまして、週に二回、病院に注射を打ちに行くたびに都電乗り換えの神保町で古本を見ていました。当時は飛行機少年だったので、戦前の飛行機雑誌を買っていました。今残っていたらすごい値打ちでしょうねえ。

大学に入ってからは、もっぱら和書です。僕のよく通った東大前の本屋さんには、普通の本が並んでいる脇に、暖簾が下がった小さな入り口があるんです。そこをくぐると和書だけ置いてある棚が並んでいる。とにかく和書の山。一冊百円とか二百円でお茶の写本をずいぶん買いました。僕がいちばん欲しかったのは、茶会の道具や参加者を記した茶会記です。もちろん普通の本も探して、中央線沿線の古本屋や古書展にもずいぶん通いました。稀覯本を高円寺の古本屋の均一棚から見つけたこともあります。

でも結局、古書店で見つけられる本って限界があって、むしろ、古いお家からひょっこり出てくるものの方がすごい。最近でいえば、表千家から段ボール十何箱の写本が出てきた。これまで誰も知らなかった、寛永から幕末までの歴代家元の直筆本だったんです。驚きました。三百五十年以上前の資料ですよ。あんな出会いは一生に一度のことでしょうねえ」

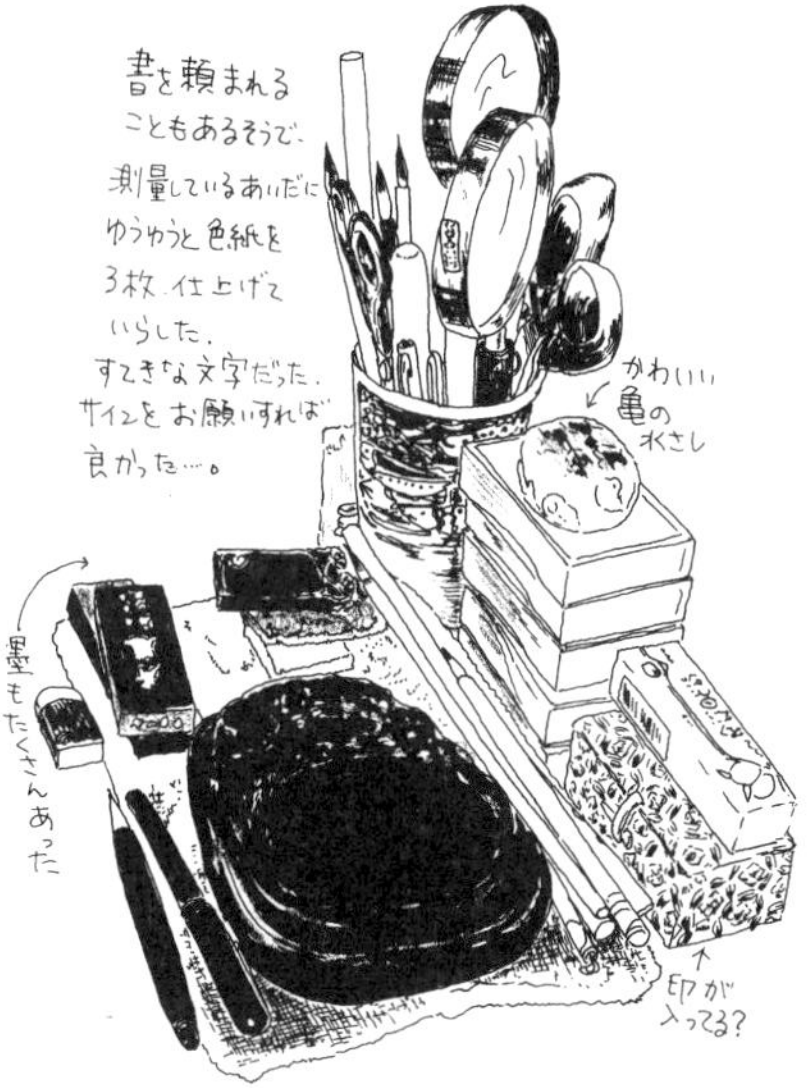
書を頼まれる
こともあるそうで、
測量しているあいだに
ゆうゆうと色紙を
3枚、仕上げて
いらした。
すてきな文字だった。
サインをお願いすれば
良かった…。
かわいい
亀の
水さし
墨もたくさんあった
印が
入ってる?

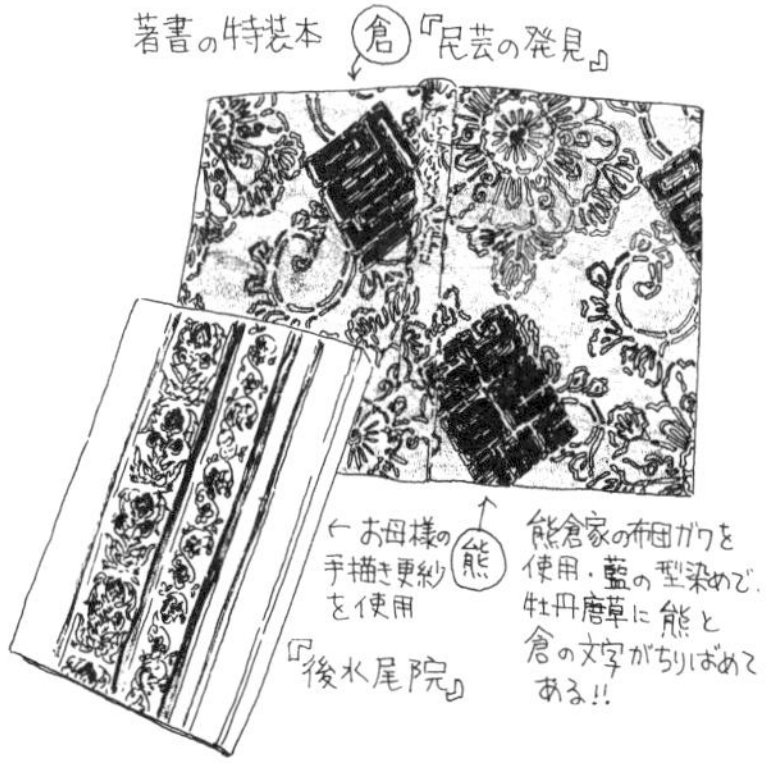
著書の特装本
倉『民芸の発見』
←お母様の
手描き更紗
を使用
熊
熊倉家の布団ガワを
使用・藍の型染めで、
牡丹唐草に熊と
倉の文字がちりばめて
ある!!
『後水尾院』

お茶を一服いただくため、茶室に移動すると、本に埋め尽くされた空間から一転、むきだしの畳と壁がまぶしい。澄んだ空気が部屋を包む。空間の区切り方やものの置き方が絶妙なためか、狭いはずなのに広がりを感じる。

花や書のことはよくわからないけれど、さりげなく部屋になじんでいる。もてなすことが身についているのだ。さすが、茶人でいらっしゃる。本の密度が高いわりに、書斎に圧迫感がないのも、茶の湯でつちかわれたバランス感覚なのだろうか？

腰の入った正座姿に見惚れつつ、行儀の悪い日常生活が見透かされるのではと、ぎくしゃくしてしまう。

熊倉さんが茶の湯を研究対象に選んだのは、どういう経緯だったのだろう。

「茶道史をやろうと思ったのは、大学に入ってすぐ、林屋辰三郎先生の『中世文化の基調』という素晴らしい本を読んでからです。この書物のなかで、林屋先生は、一通の古文書から文化像を語ったり、民衆の視点で茶の湯を描いています。

茶の湯の歴史には、日本文化のすべての要素がからんでくるんですよ。建築から書も花も、工芸も。僕は茶の湯の他に民芸や料理の研究をしているけれど、それもすべて茶の湯から派生しているわけです。

世界中でも類似した文化はないと思うなあ。日本独特のものだと思います。なにしろ〈茶〉道なのに、もてなしのしつらえや作法が先行してお茶そのものの味はあまり問題にされないでしょ。それが面白いよね」

と柔らかな声で笑う。いつのまにかすっかりリラックスしておうすをおいしくいただいていた。すっきりとした味は今も舌の奥に残っている。

三段重ねなのに、100%稼働中の本棚

上野千鶴子　UENO Chizuko　社会学者

二〇〇三年三月

女性学、ジェンダー研究の第一人者である上野千鶴子さんの研究室は、東京大学本郷キャンパスのなかにある。かなり大きな空間だが、本棚とキャビネットと机にぎっちりと占拠されていて、広くは見えない。

ゼミで一年間に読む資料を見せていただくと、すさまじい数のタイトルが並んでいる。一つのテーマに沿っての、領域横断的かつ系統的な多読を標榜し、心理学、社会心理学、文学、歴史の古典から新しい論文までが入っている。社会学講座であるのに、いわゆる社会学の論文は数えるほどしか含まれていない。

昨年〔二〇〇二年〕の講座のテーマは「ポストコロニアル・アイデンティティ」で、アフリカの革命家フランツ・ファノンの著作から始まり、在日、アイヌ、沖縄の反復帰思想についてと読み進めていく。む、むずかしい……。ハードではあるけれど、一年経つと社会学の基礎が身に付き、そのテーマに対して「いっぱしの口がきけるよう

になる」んだそうだ。上野先生との刺激的なディスカッションを求めるモグリの学外生も跡を絶たないのだという。

研究室の本棚はごく普通のスチール棚で、本は前から後ろに三段重ねで収納されている。普通、スライド式でもない限り、本を二段に詰めてしまうと、背タイトルの見えない奥の本は忘れ去られ、たいていは二度と取り出せない「デッドストック」（死蔵本）になってしまう。それを三段も重ねてしまったら、稼働している本よりも死蔵本が多くなってしまう。もしかすると、超人的な記憶力をお持ちなんだろうか？

「以前いた大学ではジャンル別に整理していました。ところが困ったことに、私たちの〈業界〉（女性学のこと）は動きが早いもんですから、ジャンルがどんどん変わるんです。そのたびに配列を変えなければならないし、どのジャンルに分類していいのかわからない本も増えてきます。いちばんの問題は、ジャンル別にすると、自分以外の人が棚から本を探すことができないし、整理することができないということでした。

そこで、ここに移ったときに、ほとんどの本を著者名の五十音順別に並べました。『あ』なら『あ』で始まる著者の本が、紙の仕切りで区切られた三列分のスペースに必ず入っています。ニューヨークのストランド・ブックストアという巨大な古書店が、著者名のアルファベット順にすべての本を並べているのに習いました。“8 Miles of Books”と呼ばれるほど広いのに、非常に本が探しやすくて感動したんです」

すさまじい数の
ミニコミは
封筒に入れて
整理されてた。
かき文字の
うまい学生を
スカウト
する
そうだ
スケジュールも
1日ごとにファイリング

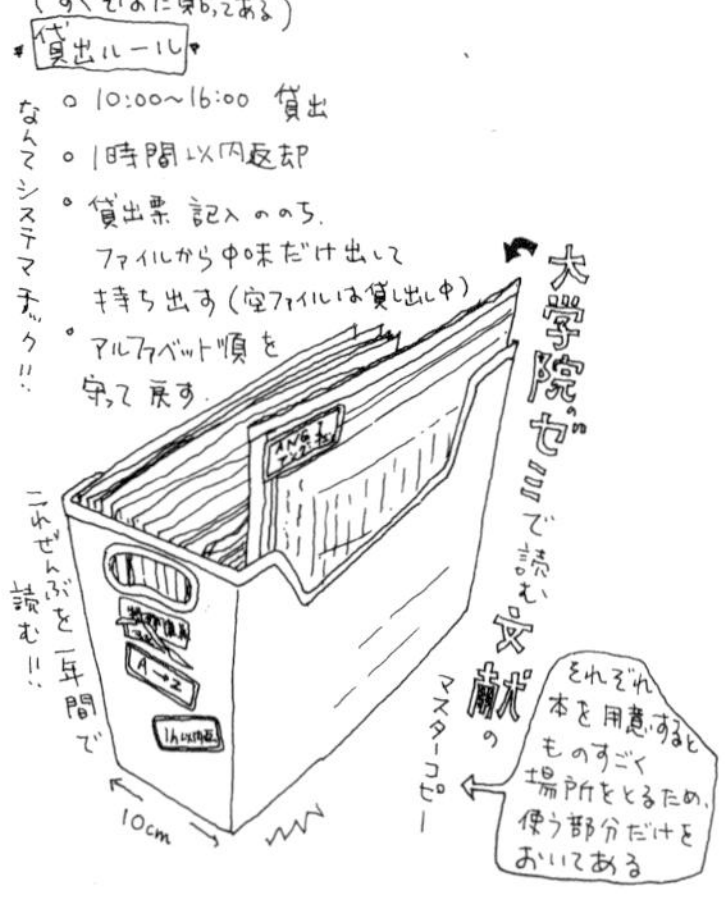
(すぐそばに貼ってある)
貸出ルール
○10:00〜16:00 貸出
○1時間以内返却
○貸出票 記入ののち、
ファイルから中味だけ出して
持ち出す(空ファイルは貸し出し中)
○アルファベット順を
守って戻す
なんてシステマチック!!
大学院のゼミで読む文献のマスターコピー
それぞれ
本を用意すると
ものすごく
場所をとるため、
使う部分だけを
おいてある
これぜんぶを一年間で読む!!
A→Z
10cm

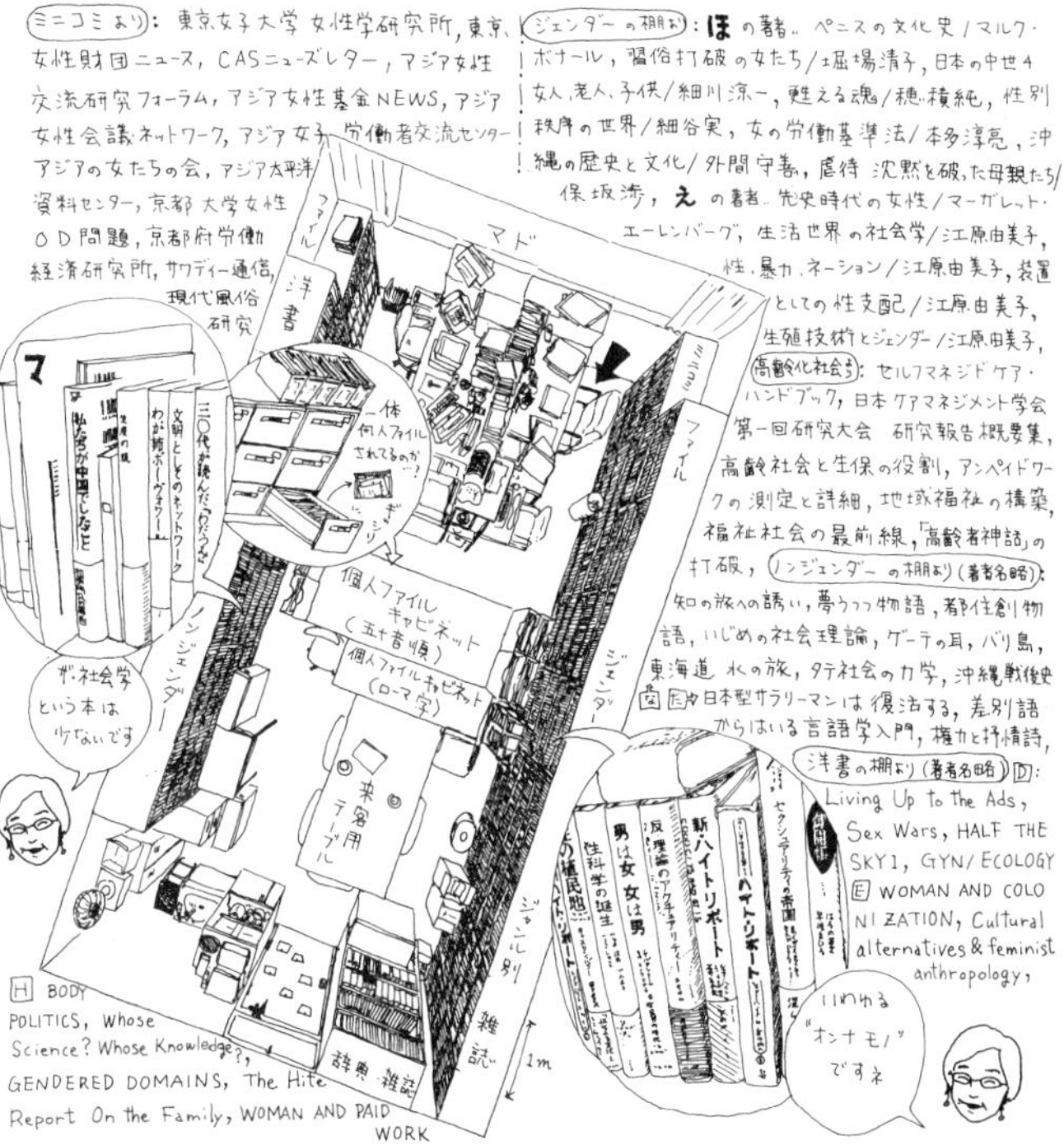
ミニコミより：東京女子大学 女性学研究所，東京、女性財団ニュース，CASニューズレター，アジア女性交流研究フォーラム，アジア女性基金NEWS，アジア女性会議ネットワーク，アジア女子労働者交流センター，アジアの女たちの会，アジア太平洋資料センター，京都大学女性OD問題，京都府労働経済研究所，サクディー通信，現代風俗研究
ジェンダーの棚より：ほ の著者.. ペニスの文化史／マルク・ボナール，習俗打破の女たち／堀場清子，日本の中世4 女人，老人，子供／細川涼一，甦える魂／穂積純，性別秩序の世界／細谷実，女の労働基準法／本多淳亮，沖縄の歴史と文化／外間守善，虐待 沈黙を破った母親たち／保坂渉，え の著者.. 先史時代の女性／マーガレット・エーレンバーグ，生活世界の社会学／江原由美子，性，暴力，ネーション／江原由美子，装置としての性支配／江原由美子，生殖技術とジェンダー／江原由美子，
高齢化社会より：セルフマネジドケア・ハンドブック，日本ケアマネジメント学会第一回研究大会 研究報告概要集，高齢社会と生保の役割，アンペイドワークの測定と評価，地域福祉の構築，福祉社会の最前線，「高齢者神話」の打破，
ノンジェンダーの棚より（著者名略）：知の旅への誘い，夢うつつ物語，都市創り物語，いじめの社会理論，ゲーテの耳，バリ島，東海道 水の旅，タテ社会の力学，沖縄戦後史
な た 日本型サラリーマンは復活する，差別語からはいる言語学入門，権力と抒情詩，
洋書の棚より（著者名略）D：Living Up to the Ads, Sex Wars, HALF THE SKY1, GYN/ECOLOGY
E WOMAN AND COLONIZATION, Cultural alternatives & feminist anthropology,
H BODY POLITICS, Whose Science? Whose Knowledge?, GENDERED DOMAINS, The Hite Report On the Family, WOMAN AND PAID WORK
ファイル
洋書
マド
ミニコミ
ファイル
一体何人ファイルされてるのか…？
ギッシリ
個人ファイルキャビネット（五十音順）
個人ファイルキャビネット（ローマ字）
来客用テーブル
ノンジェンダー
ジェンダー
ジャンル別雑誌
辞典・雑誌
1m
ザ・社会学という本は少ないです
性科学の誕生
男は女 女は男
反・理論のアクチュアリティー
新・ハイト・リポート
ハイト・リポート
セクシュアリティの帝国
いわゆる"オンナモノ"ですネ

たしかに、この配列なら、著者の名前さえわかっていれば、手前から奥まで該当する部分だけを、三列ひっくり返していけば、最後には確実に本が見つかる。

「この方式をとってから、デッドストックがまったくなくなったんです。すごいでしょ。本が見つからないで同じ本を買うこともなくなりました。自分ながらときどき感動します」と、上野先生はとてもうれしそうにニコニコ。

ただし五十音順とはいえ、棚ごとに和書と洋書とミニコミ、和書のなかでもジェンダー関係とそれ以外（ノンジェンダー）と、大まかな区分けはある。また例外として、雑誌と介護問題などの新しい分野は、パンフレットや調査報告書が多いため、ジャンル別になっている。

東大の図書館はもとより、どこの図書館よりも女性学の資料がそろっているし、閲覧しやすいので、学生たちに「むちゃくちゃ便利に利用」されているのだそうだ。ほとんどの本が上野先生の私物なのにもかかわらず、資料の貸し出しノートもある。

ミニコミの棚には、児童ポルノや米軍基地問題、アジアの女性自立支援など、さまざまな分野のミニコミがぎっしり並んでいる。

「ここにはミニコミが大量に送られて来るんですが、それも五十音順にファイルされています。私どもは『蛇の道は蛇』の業界なので、ミニコミを大切な情報源にしています。マスコミに取りあげられてからでは遅いのです。今では、インターネット経由

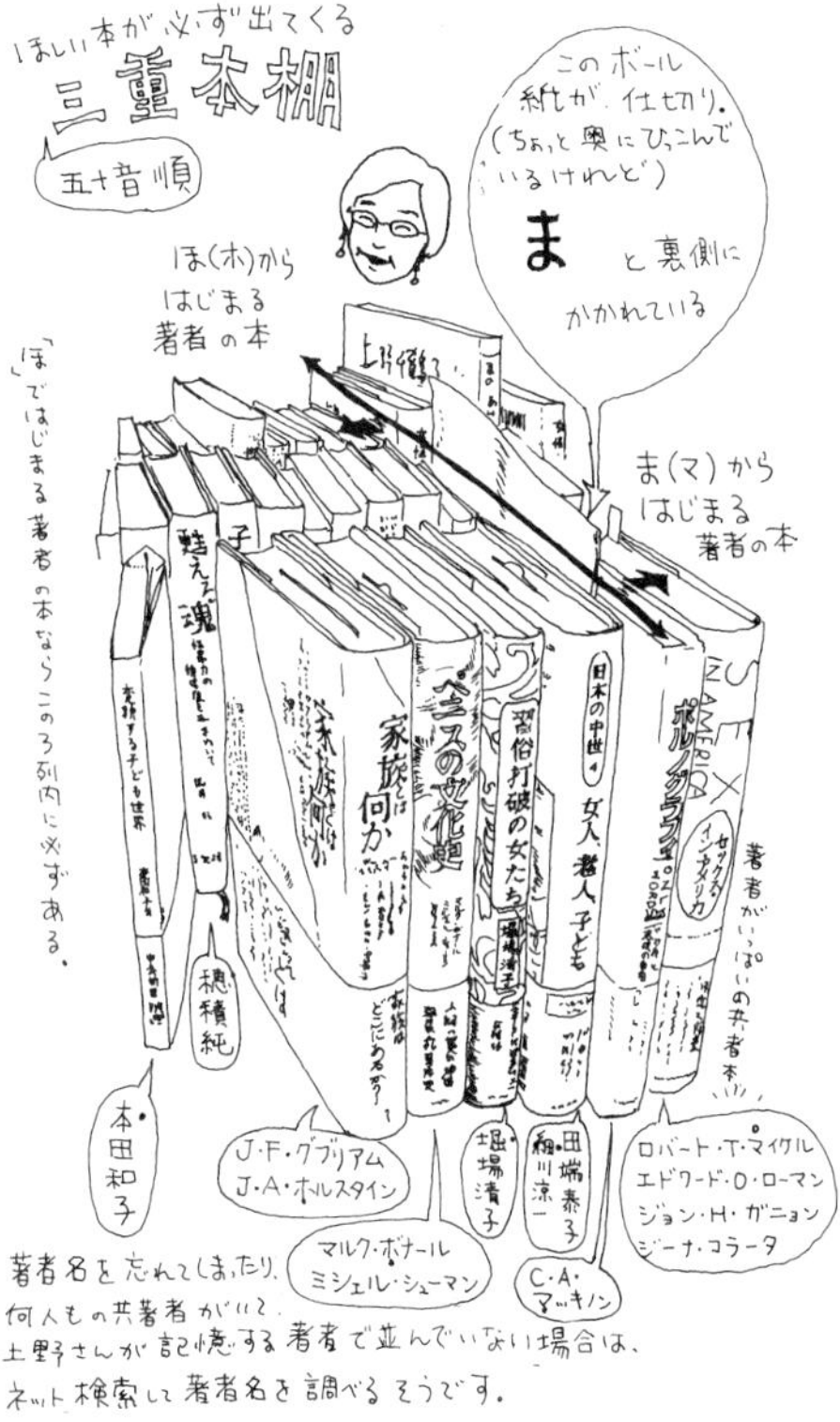

ほしい本が必ず出てくる
三重本棚
五十音順
このボール紙が、仕切り。（ちょっと奥にひっこんでいるけれど）
ま と裏側にかかれている
ほ(ホ)からはじまる著者の本
ま(マ)からはじまる著者の本
「ほ」ではじまる著者の本ならこの3列内に必ずある。
蘇えろ魂
家族とは何か
ペニスの文化史
習俗打破の女たち
日本の中世 4 女人、老人、子ども
ポルノグラフィー
セックス・イン・アメリカ
著者がいっぱいの共著本
本田和子
穂積純
J・F・グブリアム
J・A・ホルスタイン
マルク・ボナール
ミシェル・シューマン
堀場清子
田端泰子
細川涼一
C・A・マッキノン
ロバート・T・マイケル
エドワード・O・ローマン
ジョン・H・ガニョン
ジーナ・コラータ
著者名を忘れてしまったり、何人もの共著者がいて、上野さんが記憶する著者で並んでいない場合は、ネット検索して著者名を調べるそうです。

の情報も増えていますが」

さらにキャビネットには個人情報ファイルもある。論文、雑誌の寄稿、新聞、私信（メールを含む）を著者ごとに集め、五十音順にファイリング。これだけの情報を管理、更新するには、大変な手間と時間がかかるのではないだろうか。

「私がやるのではとても追いつきません。このために人手を使ってるんです。取り出した本は図書館の返却棚みたいな場所に積んでおいて、学生さんに『猫の手バイト』としてファストフード店並みの時給で、整理してもらっています。ファイリングも五十音順なので、どんな学生にも引き継げます」

勉強したい学生にとっては、知的好奇心も満たせ、さらに情報の収集整理術まで取得できる、最高のアルバイトだ。

「アウトソーシングできることと、私の頭のメモリーの量が少なくてすむこと。そして無駄がないこと。あ、なんだか私の生き方そのものじゃない。本棚を人に見せると人格がわかられてしまうから、自宅は絶対に見せません。自宅は別人格なんです。ほほほ」

膨大な情報を乗りこなす敏腕ぶりに驚嘆しているときにこんなことをポロリといわれてしまうと、やけに艶めいて響く。ドキドキして思わず次の質問に詰まってしまった。

粉川哲夫　KOGAWA Tetsuo　メディア批評家

移動、解体、組み立てをくり返す書斎

二〇〇三年六月

メディア批評家の粉川哲夫さんに書斎の取材依頼を出したら、北区の東京ゲーテ記念館を指定された。ご存じない方もいるかもしれないが、粉川さんは東京ゲーテ記念館の館長でもあるのだった。

「自宅は別にあるんですが、僕自身の仕事の他に、大学（東京経済大学コミュニケーション学部教授）の仕事と、ゲーテ記念館の仕事を抱えているので、ここで多くの時間を過ごしています。東京ゲーテ記念館は、一九四九年に親父の粉川忠が設立しました。味噌を作るためのチョッパー機械を製作販売する会社を経営し、その利潤を記念館の運営にあてていたんです。その機械にまで『ゲーテ号』と名付けていました。親父が死んでから、ここのしくみがいちばんわかっているということで、僕が館長に選任されたんです」

東京ゲーテ記念館は、ゲーテに関する資料の収集とゲーテ的な精神の普及をうたっ

東京ゲーテ記念館の書庫、粉川さん自身の書庫はない。
著者順にどっさり並んでいる。
阿部次郎
秋山
六郎兵衛
秋山英夫
青木
青山
荒
荒畑
荒井
秀
近沢

1990年から1994年までつづいた「ゲーテ・アートプロジェクト」の第3回企画展「鈴木志郎康の『ゲーテ』日記」時に作ったネオン。goeteshという言葉はないんだけれど「ゲーテ的」という意味。鈴木さんと相談して造語した。
メロを1930年代のベルリンの「カバレット」風にするため、ネオンにしたとか…
Goethesh
田端の町工場に粉川さんが発注
トイレの便座
?
妙にかっこよく見える…
?
スピーカーやパソコンの基板、キーボードが飾ってある
周波数帳1990；トロイダル・コア活用百科；ラジオ&ワイヤレス回路の設計・製作；だれにもわかるエフェクター自作&操作術；すぐに役立つ電子工作；"トランジスタ技術"特集ロこれからは回路シミュレーション最新ダイオード規格表；最新産業用リニアIC規格表；最新高周波デバイス規格表
小さな倉庫を流用した。部屋は、冬は暖かく、夏は涼しいそうだ。
ラジカセだらけ
ビデオデッキをテーブルの足がわりに
アート作品のような送信器たち
学生に修理をたのまれたiMac。ゼミでは古いPCをバラバラにしてからもう一度組み立てさせたりするそうだ。
コードがたくさんかかった黒いボード
ハンダが3つも…
部品やコードがみっしりつまった棚
市販のラジオから手の動きどおりの音が出る。感動〜!!
まるでテルミン!
シャアア
わずか4cm四方くらい…
手製送信器

た財団法人の文化施設である。この集め方がすさまじく、ゲーテについて言及されたあらゆる書物、雑誌記事を対象としている。書庫にはゲーテの全集、翻訳本だけでもかなりの数が納められているが、ゲーテに言及した本はさらにさらに膨大だ。著者別に分類されていて、手塚治虫やノストラダムスまである。

「ここは僕個人の空間ではないし、僕の本を並べた書斎というものは持っていません。もともと僕は本を溜めこむことには興味がないんですよ。仕事をするときは空いている会議室や閲覧室に必要な本や機材を持ち込んで、終わればかたづける。ここに資料を一山積めば、二日くらいで原稿ができる。ただしパフォーマンス用に映像のデータベースを作る、などという作業になると、少し時間がかかりますが」

定期的に行っているインターネットラジオ放送は、閉館後のスペースを借りて深夜に粉川さん自前のコンピュータでやっているのだが、もちろんその部屋でなければできない、というものではない。場合によっては海外にパソコン機材一式を携えていって発信するときもある。ご自分の仕事に関してはすべて移動、解体、組み立て可能な状態にあるのだ。膨大な資料が集積、分類されている記念館の書庫とは、まるで対照的だ。

「記念館は自宅の一部を開放し、父が収集した資料を展示するところからスタートしたので、物心ついたときから僕の部屋には、僕のものでない本が何かしら積み上がっていました。

　僕は中学生の頃は読書よりもラジオに夢中になっていたんです。小学五年生のとき、近所（渋谷）に通信兵出身のおじさんが自分でテレビを作って売る店ができた。まだブラウン管がないから、オシロスコープを利用して作るんです。いろいろな部品からテレビができる光景は、僕にはアートに見えた。夢中になって入り浸っているうちに、アマチュア無線を使って海賊放送をする方法を覚えます。当時はアンカバーバンドという、送信免許がない人たちが勝手に使っているチャンネルがあったんですよ。それを使って、友達とリンクしてみたり。いきなり静岡の人からレスポンスをもらったときには感動しました。僕は中学生でまだ声変わりしてなかったから、女の子と間違えられて、たくさんアクセスがあったんです」

　なんだかインターネットの話を聞いているようだ。その後、粉川さんが、メディアの世界に入っていく原点になっていったのだろう。パソコンが出始めたときも、はじめは興味がなかったが、パソコン通信のＢＢＳが登場して飛びついたのだという。離れた距離にいる人と同時につながるという感覚が粉川さんにとってなにより大切なようだ。

　その後、海賊ラジオ放送と決別し、受験勉強のかたわら読書に没入するようになる。

「浪人時代がいちばん本を読んでいました。フッサールやハイデッガー、そしてカフカ、サルトルなど、実存主義や現代思想を中心に。いわゆる流行りモノですね。親父とは議論ばかりしてました。当時の僕にとってドイツ文学は、つまんないし、さえないものにしか映らなかった。それに日本のゲーテ観はロマンチックで権威主義で、すごくゆがめられているじゃないですか。これだけゲーテの翻訳が繰り返し出版されている国も珍しいですよ。で、顔つきも裏腹な細面のカフカへと向かうわけです」

晴れて上智大学に入学しドイツ哲学を専攻する。カフカは原文で読みたいけれど、ドイツ文学とは関わりたくない一心だった。

当時（一九六〇年代）はアメリカからカウンターカルチャーが流れ込んできて、パフォーマンスアートや前衛演劇が盛んになった時代。粉川青年はそういう人たちのたまり場だったジャズ喫茶に通い、ぼんやりとしながら文章を書いたり本を読んだりして過ごしていた。放浪しながらどこでも同じように仕事をするスタイルがこの頃にできていく。

「今でも、ゲーテを好きかと訊かれれば、すんなり好きとはいえないのですが、基本的に、ゲーテはなんでも自分でやってみる〈脱領域〉の人なんですね。その点は面白い。そこにウェイトを置いて一九九〇年から五年間、アーティストを招き、記念館のゲーテ文献を使ってアート作品を製作し、館内で展示する『ゲーテ・アート・プロジェクト』をやりました。インターネットを使った展示なども世界に先駆けてやってい

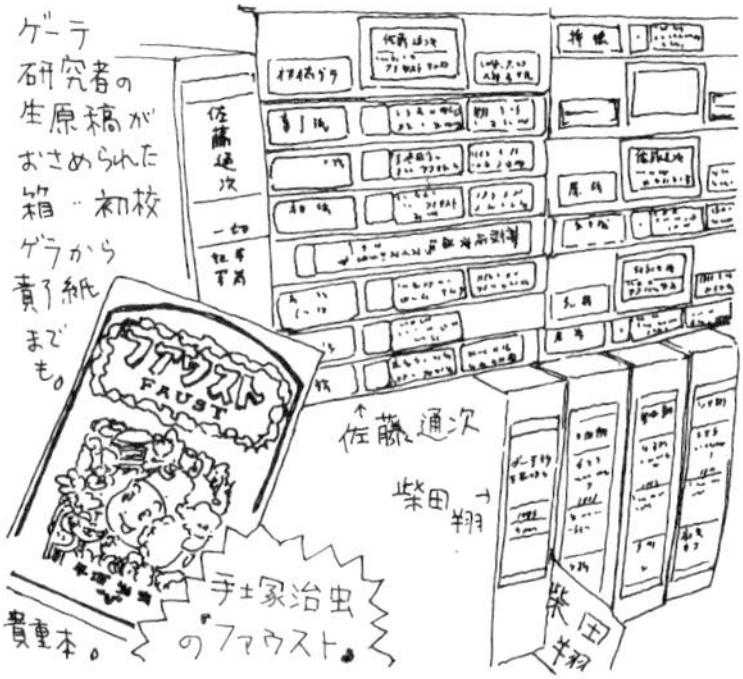
ゲーテ研究者の生原稿がおさめられた箱…初校ゲラから責了紙までも。
ファウスト
FAUST
佐藤通次
柴田翔
手塚治虫の『ファウスト』
貴重本。

東京 ゲーテ記念館の書庫より

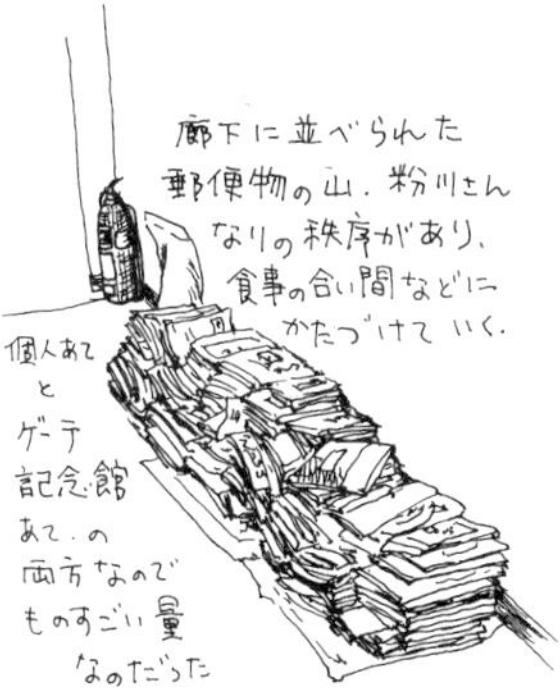
廊下に並べられた郵便物の山。粉川さんなりの秩序があり、食事の合い間などにかたづけていく。
個人あてとゲーテ記念館あての両方なのでものすごい量なのだった

ます」

最後に、地下の小さな作業部屋を見せていただいた。ここは、メディアアート的な展示をするための準備室だ。この部屋にある本はコンピュータやラジオの技術書ばかり。ここでパフォーマンスに使うラジオの送信機などを作ったりする。部屋の向こうにはゲーテの膨大な書庫がある。ゲーテに囲まれながらラジオ放送に夢中になった粉川さんの少年時代と奇妙に重なるのが面白い。

銅板に小さな線や部品がハンダづけされた小さな送信機は、たしかにアート作品に見える。その場でちょこちょこと手を加え、電気を入れて手をかざすと不思議な音が、離れたところにあるラジオから流れ出す。手の動きで音が変わる。小さな範囲だけど、立派にラジオ放送が成り立っている。

書物は少ないけれど、ここが粉川さんにとっていちばんの発想の源であり、つまりは書斎なのであった。

小林康夫
KOBAYASHI Yasuo　フランス文学・哲学研究者

「雑に置くこと」の美学

二〇〇三年九月

表象文化論、フランス現代哲学、文化などを専攻し、数多くの著書を持つ小林康夫先生の書斎を拝見するため、東京大学駒場キャンパスに向かった。研究室は、もともと二人部屋だったのだそうで、結構広い。真んなかにある大きなテーブルは、蓮實重彥さんと同室だったときに、雑誌『ルプレザンタシオン』（筑摩書房）を編集するためにしつらえたのだそうだ。一人になってからだんだん本が増えはじめて、気がついたら部屋いっぱいになっていたとか。

両側の壁を埋め尽くす書棚を見回すと、研究書を上回る量で小説や芸術、建築、人文科学などの多ジャンルの和書が雑然と並んでいる。現代思想の原書や論文のファイルがドドーンと並ぶ、いかにも研究者っぽい書棚を想像していたのだが、まるで作家か評論家のような書斎なのだ。

「相当混乱してますが、本の並べ方にはだいたいの分類はあります。おおまかに分け

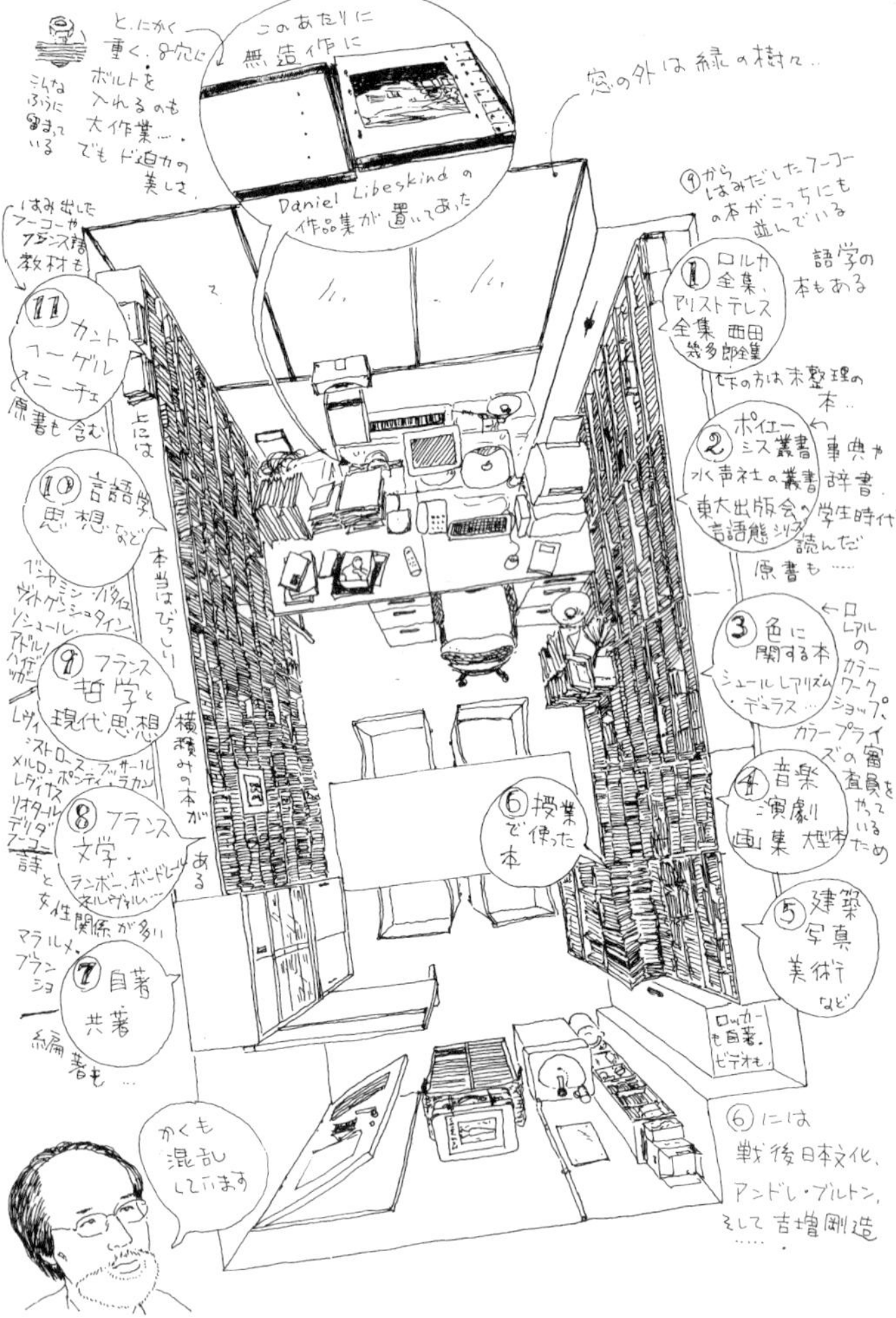

こんなふうに留まっている
と、にかく重く、8穴にボルトを入れるのも大作業…。でもド迫力の美しさ
このあたりに無造作に Daniel Libeskind の作品集が置いてあった
窓の外は緑の樹々…
はみ出したフーコーやフランス語教材も
⑪ カント ヘーゲル ニーチェ 原書も含む
上には
⑩ 言語学 思想など
本当はびっしり
ベンヤミン、バタイユ、ヴィトゲンシュタイン、ソシュール、アドルノ、ハイデッガー、
⑨ フランス哲学と現代思想
レヴィ＝ストロース、フッサール、メルロ＝ポンティ、ラカン、レヴィナス、リオタール、デリダ、フーコー
横積みの本がある
⑧ フランス文学・ランボー、ボードレール、ネルヴァル…
詩と女性関係が多い
マラルメ、ブランショ
⑦ 自著 共著
編著も…
⑥ 授業で使った本
⑨から はみだしたフーコーの本がこっちにも並んでいる
① ロルカ全集、アリストテレス全集 西田幾多郎全集
語学の本もある
下の方は未整理の本…
② ポイエーシス叢書 水声社の叢書 東大出版会の言語態シリーズ
事典や辞書、学生時代読んだ原書も……
③ 色に関する本 シュールレアリズム・デュラス…
←ロレアルのカラーワークショップ、カラープライズの審査員をやっているため
④ 音楽 演劇 画集 大型本
⑤ 建築 写真 美術 など
ロッカーも自著。ビデオも。
⑥には 戦後日本文化、アンドレ・ブルトン、そして吉増剛造……
かくも混乱しています

① 全集、選集以外では…瀧口修造「近代芸術」, E・カッシーラー「実体概念と関数概念」井筒俊彦「意識と本質 精神的東洋を索めて」
② 「大江健三郎 全作品」「三島由紀夫全集」トマス・ピンチョン「ヴァインランド」「ミシェル・フーコー思考集成」「独和大辞典」「社会学事典」
③ ルドルフ・シュタイナー「創世記の秘密」西村公朝「仏像は語る」佐々木宏幹「シャーマニズム」ジェイコブ・リバーマン「光の医学」ゲーテ「色彩論」「色の手帖」ルドルフ・シュタイナー「色彩の本質」大山正「色彩心理学入門」「is 総特集 色」「ニコラ・フラメル錬金術師伝説」, マルグリット・デュラス「これで、おしまい」「緑の眼」「『まあ、ええがな』のこころ」西谷修「夜の鼓動にふれる」宮沢りえ 篠山紀信「Santa Fe」など… ④ 森村泰昌 John Cage / Revue d'esthétique no. 13-14-15, Alberto Giacometti / Musée d'art moderne de la ville de Paris ⑤ 磯崎新「栖(すみか)十二」横山正「透視画法の眼」マルスラン・プレーネ「絵画の教え」ピーター・ブルック「ピーター・ブルック回想録」 ⑧ 「ネルヴァル全集」保苅瑞穂「プルースト・夢の方法」ヴァルター・ベンヤミン「ボードレール」 René Char / Dans l'atelier du poète, 同/ Commune présence, 同/ Le Nu perdu, Mallarmé A Tournon, Jean Cohen / Le Haut Langage Arthur Rimbaud / Illuminations, Sylviane Huot / Le "mythe d'Hérodiade" chez Mallarmé Gaston Bachelard / La terre et les rêveries de la volonté, ⑨ Merleau-Ponty / L'oeil et l'esprit, Jacques Derrida / La Dissémination, Roland Barthes / Sade, Fourier, Loyola, 同/ Le plaisir du texte, メルロ=ポンティ「現象学の課題」フッサール「現象学の理念」, ジル・ドゥルーズ「ドゥルーズの思想」エリザベト・ルディネスコ「ジャック・ラカン伝」レヴィ・ストロース「野生の思考」,「構造」
⑩ ドミニック・ルクール「ポパーとウィトゲンシュタイン」ウィトゲンシュタイン「反哲学的断章」ソシュール「一般言語学講義」 Jean-Luc Nancy / Au fond des images Pascal Bonafoux / Van Gogh par Vincent, Michel Foucault / Dits et écrits… ⑪ Martin Heidegger / Nietzsche Mikhail Bakhtine / Esthétique et théorie du roman, D・エリボン/「ミシェル・フーコー伝」,「快速リーディング ニーチェ」, 蓮實重彦 渡辺守章「ミシェル・フーコーの世紀」

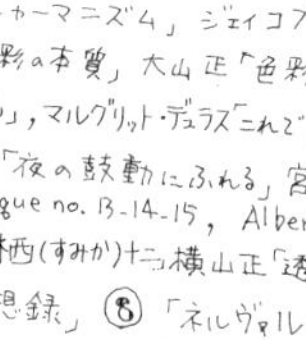

格子もようの箱に入ってる
Le passage de l'ange
Maeght Editeur
マーグ画廊が版元

『天使の通過』
画家の黒田アキと共同で作った詩画集豆本
表紙がとっても美しい

れば自分が書いた本と、座右の書、仕事の本に、整理しきれない雑多な本となります。雑多な本のなかには、同僚の本や自然科学系の本。サンスクリット語やギリシャ語など、やって途中で挫折した語学の本やらいただいた本。書く目的ではなく、なんとなく興味があって集めた本もある。

そこに床積みになっているのは最近自宅で棚からあふれたものをそのまま持ってきた。原稿は自宅で書いているから、仕事が終わると不要になった本を車で入れ替えています。自宅には特に好きな本も置いてあります。

プルーストならプルーストときっちり分類しようという意志はあるんですが、果てしない作業になるので、だいたいこのあたり、ということで置いてます。それで用は足りてます」

机の上にはパリで買ってきた小説が積んである。棚に差すと読まなくなるため、積んであるのだとか。書棚の洋書はやはり圧倒的にフランス語が多い。最近まで初級フランス語の語学教材にプルーストを使っていたという。学生にしてみれば「いきなりプルースト」とはありがたいような、トラウマになりそうな……。

「大学のフランス語は『Bonjour』っていえるためのものではないから。翻訳を読むだけでは伝わらない、言葉の手触りみたいなのを教えたい。そういうテキストの味わいを教えるときにプルーストを使うといいこともある、と勝手に思っています。僕の場合は、大学院生の頃にメルロ＝ポンティの読書会をしたときにそういう手触りをつかんだ記憶はある」

そういいながら、書棚のいちばん下の段からごそごそと古いペーパーバックを取り出す。

「これはブランショの『文学空間』。粟津則雄さんと出口裕弘さんの翻訳（現代思潮社）を読んで原書を読もうと思ったんだ。plus～ moins～（～するほど～が少ない）とか、すごく初歩的なところに書き込みがしてある。フランス語に堪能だったらこんなところに印は付けない。（レシートが挟まっているのを発見して）七一年三月五日だから大学に入って三年目だ。それも全ページに書き込みがあるわけじゃない。ちょこちょこ飛ばして読んだんじゃないかな。お、それでも最後の方にも書き込んであるな」

ちょっぴりうれしそうにページをめくる。ふと棚を見下ろすと、同じ本がある。パリに行ったときに買ったりして何冊も持っているのだそうだ。

それにしても大江健三郎からブランショ、ハイデッガー、ラカン、シュタイナーや佐々木宏幹もあれば吉増剛造に、デュラス……。見れば二重三重に置いた棚の奥には、全然違うジャンルの本が並んでいる。これで大丈夫なんだろうか。

「たいてい見つからないままですね」と他人事のようにあっさりとおっしゃる。たいていの方はココで切ない表情を浮かべたりするのだが。

「雑多なのが好きなんじゃないかな。きちんと分類しようという意志はあるんだけれど。本の背を眺めて満足するような、いわゆる愛書趣味はない。愛することが嫌いなので。初版本や豪華本を買うという趣味も今のところない。原則的にはテキストを読めればいい。でも単に読めればいいというわけでもない。本というものの形態について興味があるので、詩画集やアーティストブックなどは好きで買いますよ。でも愛書家の興味の持ち方とは違うと思う」

机の後ろから出してきて下さったのは、建築家ダニエル・リベスキンドの本。展覧会のときにギャラリー間が製作販売したものだが、各ページがアルミ板にシルクスクリーンで印刷されていて、四方に開けられた穴でボルトナット止めしてある。とてつもなく重い。オブジェに近い本だ。本もすごいけれど、それを買ってきたときの紙袋に入れたまま、数年間も机の後ろに放置してあるというのがすごい。これも「愛することと」を拒絶した結果なんだろうか。なんだか「雑に置くこと」に独自の美学すら感じる。

「本棚にもうちょっと執着のかたちが見えてもいいかなあ。でも、まだ僕の年齢では早いのかな。この本のうちの半分くらいを捨てちゃったら自分のものが見えるんじゃないかな。どれを残すかの基準を持っていないわけじゃないんだけど、まだそれをしたくない。きっと二、三年後には全然違う本が並んでいるだろうな」

そういいながら本棚を眺める視線はあくまでも冷静。これからの変化が楽しみである。

書肆アクセス SHOSHI ACCESS 新刊書店

ゆったりなのにワクワクさせる棚の妙

二〇〇三年十一月

大型書店に行くと、いつも新刊点数の多さに呆然とする。本を選び出す前に、気おくれして、面倒くさくなって、ぐったりして、さっさと店を出てしまう。そんなときに出かけるのが神保町すずらん通りにある小さな本屋さん、「書肆アクセス」だ。

書肆アクセス（以下アクセス）は地方・小出版流通センター（以下センター）が経営する直営店である。センターとは、その名の通り、大手取次店と取引していない小出版社や地方の出版社の本を扱う取次店だ。だからアクセスには普通の本屋さんにみっしり並ぶファッション誌やベストセラー本なんかはまるで見当たらない。店の外のラックに並ぶ雑誌は、『大阪人』『中南米マガジン』などなど、全国各地のタウン誌や、趣味度の高いマイナーな雑誌ばかり。

一歩なかに入ればさらにすごい。右手には北海道、東北地方の本が、左手には山や温泉、鉄道、植物など、その道の愛好家をくすぐる本がぎっしり。地方出版の本は、決して誰もが欲しがるものではないけれど、温泉ガイドも植物ガイドも、その土地に絞った分、とにかく情報が濃くてマニアック。職人の聞き語りなどにも、地の利を活かした丹念な取材で書かれたものがある。

　ただし大手出版社のような洗練された編集やデザインがされていない本が多いのも事実。普通の書店に並んでいても、その本の存在をあらかじめ知っている人以外はなかなか手に取りにくいところ。それがこうしてアクセスの棚に集まり、分類されて並ぶと、逆に自分だけに素敵な情報を授けてくれそうな、不思議なパワーを放つ。いつ行ってもワクワクしてしまう。この店をネタ元として利用しているライターや編集者、きっと多いに違いない。

「たしかに出版社の領収書をもらっていく人は多いですね。でもここは取次の機能もあるので、書店さんが仕入れにいらっしゃることが多いんです」

　と語るのは、店長の畠中理恵子さん。一九七六年の設立から数えて五代目、アクセスになくてはならない看板店長を九四年から務めている。

「ここに来ればセンターで扱う本がすぐに手に入るようになってます。店頭になくても倉庫に在庫する本もあるので。普通に発注すると時間がかかるんですよ」

　そう、本の注文ルートは実に複雑なのだ。通常、それぞれの書店が契約する取次店（主にトーハンや日販）を経由してセンターに注文が届く。本がセンターになければ版

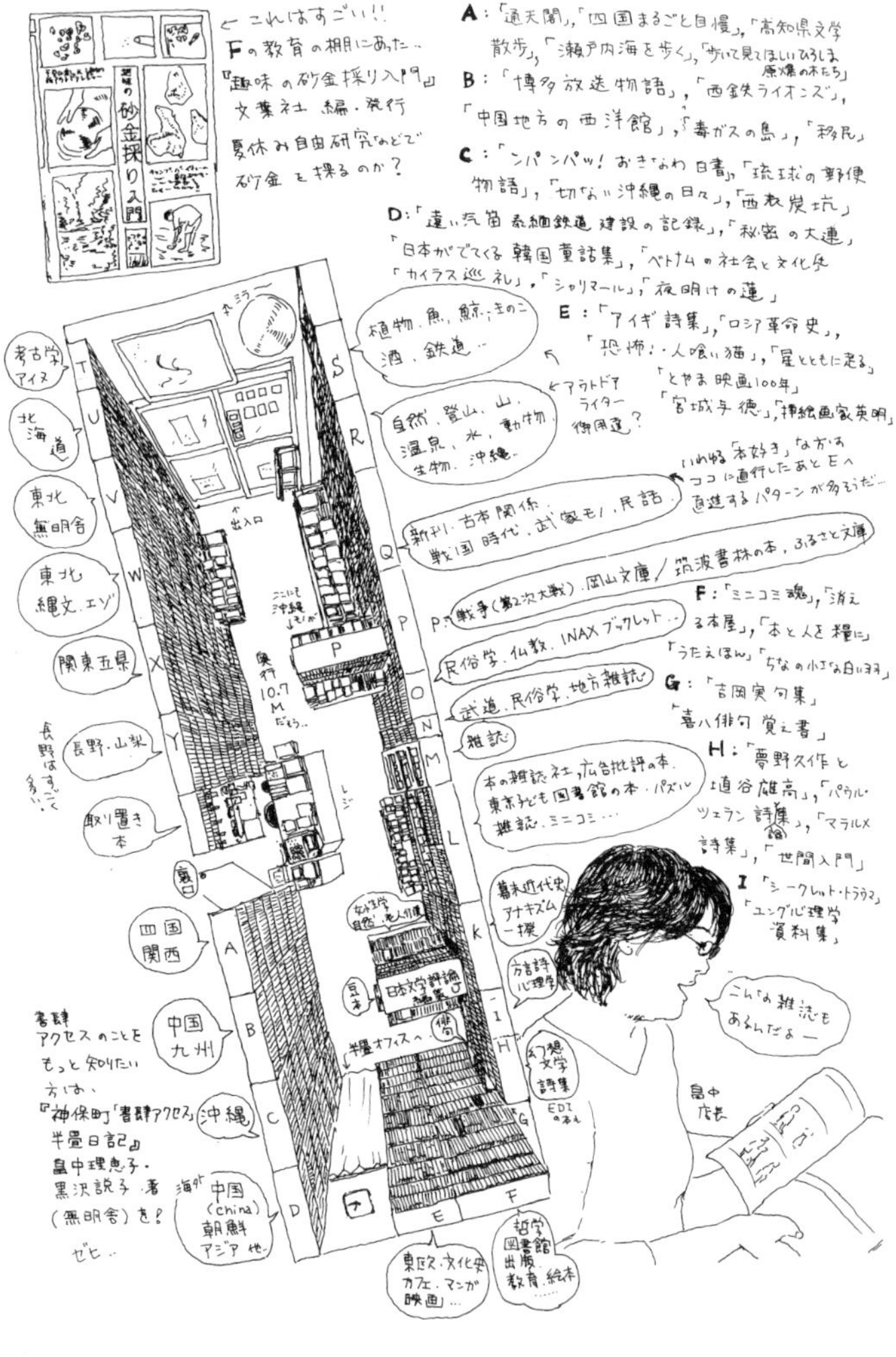

←これはすごい!!
Fの教育の棚にあった…
『趣味の砂金採り入門』
文葉社 編・発行
夏休み自由研究などで
砂金を採るのか?
趣味の砂金採り入門
A:「通天閣」,「四国まるごと自慢」,「高知県文学散歩」,「瀬戸内海を歩く」,「歩いて見てほしいひろしま 原爆の木たち」
B:「博多放送物語」,「西鉄ライオンズ」,「中国地方の西洋館」,「毒ガスの島」,「移民」
C:「パンパッ! おきなわ白書」,「琉球の郵便物語」,「切ない沖縄の日々」,「西表炭坑」
D:「遠い汽笛 泰緬鉄道建設の記録」,「秘密の大連」「日本がでてくる韓国童話集」,「ベトナムの社会と文化5」「カイラス巡礼」,「シャリマール」,「夜明けの蓮」
E:「アイギ詩集」,「ロシア革命史」,「恐怖!・人喰い猫」,「星とともに走る」「とやま映画100年」「宮城与徳」,「挿絵画家英明」
F:「ミニコミ魂」,「消える本屋」,「本と人を糧に」「うたえほん」「ちなの小さな白い羽」
G:「吉岡実句集」「喜八俳句覚え書」
H:「夢野久作と埴谷雄高」,「パウル・ツェラン詩集(論)」,「マラルメ詩集」,「世間入門」
I「シークレット・トラウマ」「ユング心理学資料集」
ミラー
植物、魚、鯨、きのこ 酒、鉄道…
←アウトドアライター御用達?
自然、登山、山、温泉、水、動物、生物、沖縄
いわゆる「本好き」な方はココに直行したあとEへ直進するパターンが多そうだ…
新刊・古本関係、戦国時代、武家モノ、民話
筑波書林の本、ふるさと文庫
出入口
ここにも沖縄モノが
P:戦争(第2次大戦)、岡山文庫/
民俗学、仏教、INAXブックレット…
武道、民俗学、地方雑誌
雑誌
奥行10.7Mだそう…
本の雑誌社、広告批評の本、東京子ども図書館の本・パズル 雑誌、ミニコミ…
レジ
考古学 アイヌ
北海道
東北 無明舎
東北 縄文、エゾ
関東五県
長野・山梨
長野は多いらしい
取り置き本
裏口
四国 関西
中国 九州
沖縄
海外 中国(china) 朝鮮 アジア 他
幕末近代史 アナキズム 一揆
女性学 自然 老人介護
方言詩 心理学
豆本
日本文学評論 作家論
半畳オフィスへ
傘
幻想文学 詩集
EDIの本も
東欧・文化史 カフェ・マンガ 映画…
哲学 図書館 出版 教育、絵本……
こんなの雑誌もあるんだよ—
畠中店長
書肆アクセスのことをもっと知りたい方は、『神保町「書肆アクセス」半畳日記』畠中理恵子・黒沢説子 著(無明舎)を!
ゼヒ…

今売れている!! おススメの6冊.

右から…
「沖縄のヤギ文化誌」平川宗隆/ボーダーインク刊
「ひとり出版社『岩田書院』の舞台裏」岩田博/無明舎出版,
「sumus」山本善行 編集人代表,
「漂着物考」INAX出版,「貸本マンガ史研究」貸本マンガ史研究会・編・発行
「金砂大祭礼」茨城新聞社 編・発行…

J:「北原白秋 その小田原時代」,「啄木の肖像」,「太宰治語録」(奥に行って…)「介護ハンドブック」「ガンジーの健康論」
K:「逆光の維新」,「西郷菊次郎と台湾」,「土佐自由民権資料集」,「共同村の歴史」,「死刑囚の思ひ出」
L:「千住」,「snoozer」,「珈琲と文化」「鳥取now」「ぶらり奈良町」 M:「HOT CHILI PAPER」,「図書新聞」「北の発言」, N:「武術談義」,「琉球拳法唐手」,「武術の視点」「備前岡山藩の弓術」, O:「うわさと俗信」,「現代に活きる山の神伝承」,「茶味」,「金鯱」,「飛騨古川の町意匠」 P:「アジアからみた大東亜共栄圏」,「従軍作家 里村欣三の謎」,「日本軍毒ガス作戦の村」,「岡山のレジャー地」,「岡山の貨幣」
Q:「石神井書林日録」,「三茶日記」,「季刊ブッキッシュ」,「古本スケッチ帳」,「古本屋月の輪書林」,「雲遊天下」
R:「ラン科植物のクローン」,「石の博物誌」,「街道と活断層を行く」「温泉ができるまで」
S:「ちばの鉄道一世紀」「幕末のスローフード」「毒キノコ110番」 T:「高田銅器史」,「三角縁神獣鏡と邪馬台国」,「風の王 砂澤ビッキの世界」 U:「北海道の20世紀」「北大の四季」「すすきのバトルロイヤル」 V:「サハリン南部の考古資料」,「津軽異聞」「あおもり昔ばなし」,「広面んだんだ通信」,「労農運動に生きる」, W:「会津やきもの紀行」「新潟遊女考」,「とやま民俗文化誌」,「会津白虎隊」
X:「下総と一茶」「地図史通論」,「佐渡写真帖」「とちぎの地名を探る」
Y:「畏れと祈り」,「東海道名所図絵」,「なんでも食べるゾ信州人」,「松本サリン事件報道」,「大村益次郎」

元に発注する。そして、版元からセンター↓取次↓書店↓客というルートを順番に戻って、ようやく届く。たしかに都内の書店さんならアクセスまで直接仕入れに行った方が早い。ちなみに本は注文買い切り制なので、多くの本と違って、書店は仕入れた本を返品することが基本的にできない。

「ここセンターでは売り上げベスト10が全然違うんですよ。センターは全国の書店からの注文、アクセスは個人のお客さんと書店さんからの客注が左右する。量も全然違うし。たとえば最近センターでものすごく出たのは、ゆずの北川悠仁と村上隆の絵本『けばけば』（カイカイキキ）や元JUDY AND MARYのYUKIの写真集『SLEEP／夢のあしあと』（T_BOOKS）です」

どちらも全国的に知名度が高い人なのに、大手出版社からの刊行ではなかったのだ。そんなこと、買い手には関係ないのだけど。

小さな版元はたった一人でやっていたり、副業を持っていることも珍しくない。漫画家の松本大洋などメジャーな著者を抱え、若者に人気のフリースタイルという出版社も一人で運営していて、取次はセンターなのだ。こういう本は全国の書店からセンターに注文が来る。

一方、アクセスでどっと売れたのは、本についてのミニコミ誌『ｓｕｍｕｓ』。そう、アクセスではセンターで扱う本以外に独自にミニコミ雑誌なども扱っているのだ。

「ミニコミは半信半疑で始めたんです。以前いた黒沢説子さんという店員がミニコミ好きで。地域色のあるものから置いてみようかということで、『うるま』や『とほ』など、人気のある沖縄や北海道モノから始めてみました。今では発行者から直接持ち込まれるミニコミも増えています。

『ｓｕｍｕｓ』は、感動的に売れましたね。神保町という場所柄もあるんでしょうが、本についての本は、これからも増やしていきたい分野です。持ち込みを待つだけでなく、自分たちも積極的に動いて本を探していきたい。とはいってもミニコミはあまりにもたくさんあって、コミケに出かけてみたものの……面白いと思えるものを探し出すのは難しいですねえ」

もう一つ、アクセスの棚を見ていてうれしくなるのは、普通の書店ではとっくに返品されてるような、古い本が棚のあちこちに交ざっていることだ。『奥羽列藩同盟の基礎的研究』や『房総の自由民権』など、すぐに買う人がいなくても、そこにあるだけで安心するというか、ゆったりと豊かな気持ちになるのは私だけだろうか。

「本当は安心させちゃいけないんですよねー。古本屋さんは同じ本があっても毎日場所を変えるんですって‼　そうすると人は不安になって本を買うと。私にはそういうマメさが足りなくて。よく同業者から本を動かせといわれます。やはり商売ですから……」

と、畠中店長は複雑な表情で本を差し替えていく。そんな。この安心できる棚がイイのに。これからもどうかゆったりとした棚作りで私たちを安心させてください。ちゃんと本も買ってますから。

二〇〇七年十一月十七日閉店

月の輪書林

TSUKINOWA SHORIN　古書店

二〇〇四年一月

調べ、集め、並べては手放す古書目録の書棚

『日本死刑史』『刑務所の中』『痴人の繰言』と並んだ書棚の裏に回ると、『露西亜経済史研究』『徳田球一伝』が続く。かと思うと隣の棚には台湾の『ヤミ族の原始芸術』に『旧植民地文学の研究』や『満鉄資料を求めて』……。確固としたジャンルがあって体系的に集められた棚ではない。まるで連想ゲームのように、本から本を伝ってテーマが流れ動いているようだ。図書館はもちろん、研究のために収集された書棚ではありえない。実用に向いてないが、眺めていると楽しい。実に不思議な書棚だ。

このナゾの書棚が、古本屋「月の輪書林」の書庫なのである。店主の髙橋徹さんは来客用の店舗を持たず、古書目録による注文販売だけを行っている。ここは目録に載せるための本が並ぶ書庫なのである。

古書目録は古本の通信販売カタログだ。取り扱う古本の題名や著者名、刊行年、価格を列記するだけでなく、写真入りで書影を載せたり、初版かどうか、署名の有無、

(底辺モノ)：「わたしの『女工哀史』」高井としを，「狼へ！わが労働」藤森成吉，「ニコヨン物語」須田寅夫，「タコ部屋一代」高田玉吉記，「世界のどん底生活」トシ・遠藤，「アメリカルンペン」翁久允，「ニコヨン世界の旅」大道俊，「タコ部屋残酷物語」中島幸三郎，「女工虐待史」佐倉啄次
(関東大震災)「在日朝鮮人革命運動史」高峻石「何が私をこうさせたか」金子文子 跋・埴谷雄高「金子文子獄中手記」，「いわれなく殺された人々」
(日本映画)：「三好十郎の仕事」「映画道まっしぐら」永田雅一，「山上伊太郎のシナリオ」マキノ雅弘，稲垣浩 編，「カツドウヤ人類学」
(女性)：「ひとすじの道」丸岡秀子，「青鞜」瀬戸内晴美，「原始女性は太陽だった 平塚雷鳥自伝」，「廃娼ひとすじ」久布白落実
(獄中の人)：「網走刑務所」山谷一郎，「クロポトキン全集3 ロシアの牢獄その他」，「寒村自伝」荒畑寒村
(大杉栄)：「イオム同盟詩集」「一無政府主義者の回想」近藤憲二，「大正アナキストの夢 渡辺政太郎とその時代」多田茂治
(辻潤)：「ですぺら」辻潤，「辻潤への愛」倉橋健一，「私の古本大学」松本克平，「浅草底流記」添田唖蝉坊．
(南天堂)：「いやな感じ」高見順，「浅草物語」一ノ瀬直行，「ニッポン気違い列島」きだみのる，「ドブネズミ漂流記」きだみのる
(朝鮮)：「女王閔妃」細井肇，「朝鮮の酒」鄭大声，「韓国の民俗」萩原秀三郎，「幻の国策会社 東洋拓殖」大河内一雄

↓これは売り物ではない。

(資料)：「大衆政治読本」，「日本人名大辞典」「現代人名情報事典」，「角川外来語辞典」「日本史総覧」，「くずし解読字典」，「近代日本社会運動史人物大事典」，「古文書読解事典」，「ストリートワイズ」，「石神井書林目録」「彷書月刊編集長」，「増補版昭和書籍・雑誌・新聞発禁年表」，「日本近代文学大事典」

書名略…

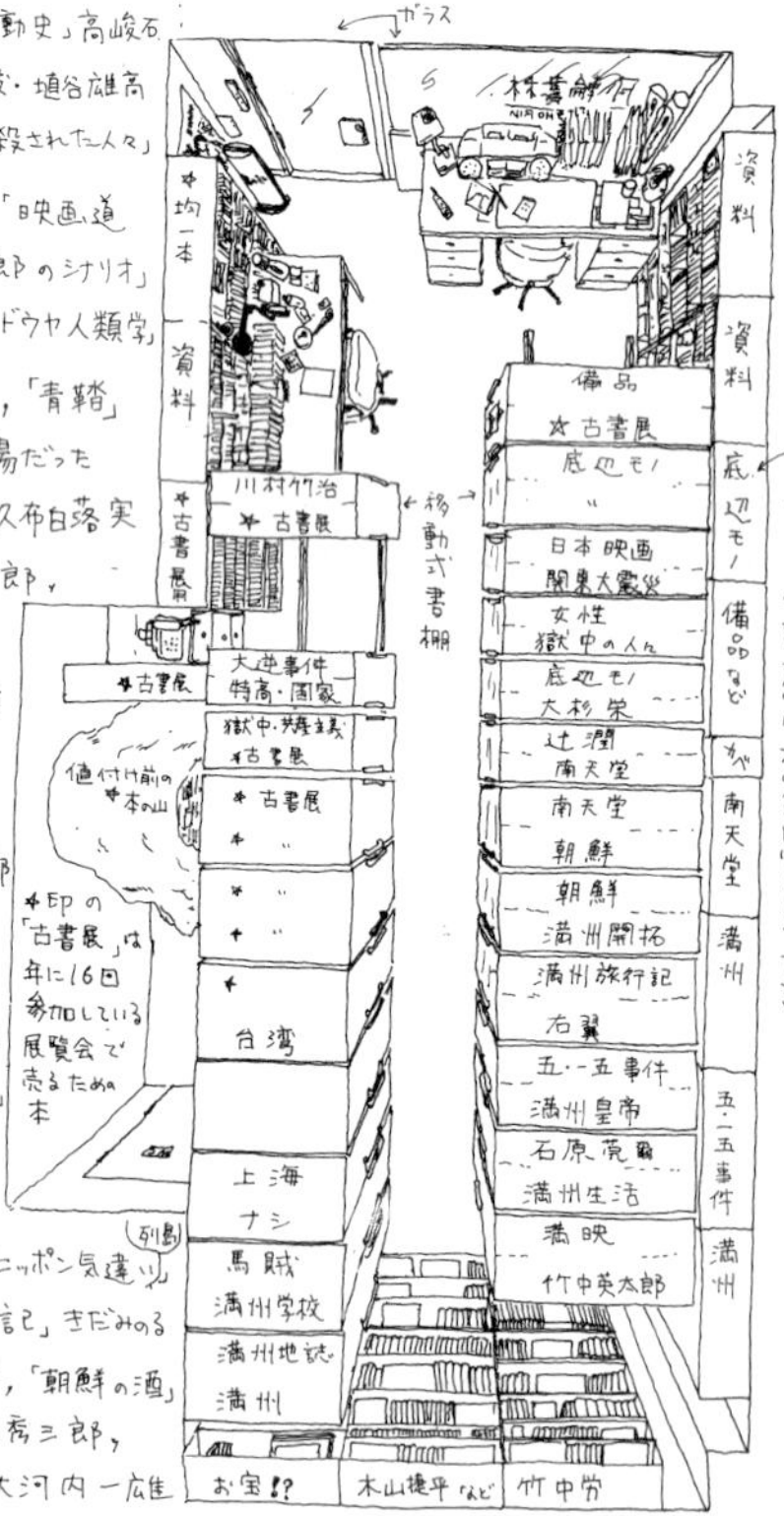
高橋さんの造語 意味は本のタイトルを見て下さい…

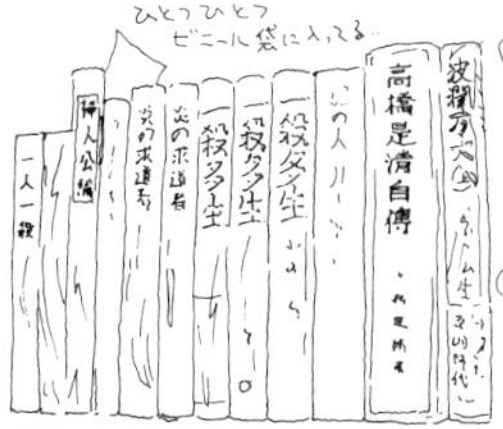

(満州生活)：「ざわめく密林」バイコフ，「趣味の満蒙風土記」川島士路，「大観園の解剖 漢民族社会実態調査」佐藤慎一郎；「ガロ追悼 長井勝一，(竹中英太郎)；話の特集バックナンバー

(満映)：「プロレタリア映画運動の展望」「李香蘭と東アジア」四方田犬彦編，「踊る地平線 めりけんじゃっぷ長谷川海太郎伝」室謙二．

(満州)：「満州国要覧八年版」，「新京案内」「海を渡った日本人建築家」西沢泰彦，「満州国警察小史」加藤豊隆，

(馬賊)：「馬賊戦記」朽木寒三，「馬賊頭目列伝」渡辺龍策，「プロレタリア文学風土記」山田清三郎，「コルドバの雪」関合正明

(上海)「映画戦」津村秀夫，「支那閨房秘史」渋川玄耳，「革命の上海で」西里竜夫 (中国)「北京風俗図譜」「青衣の姑娘」山本和夫，「北京繁盛記」高木健夫，「支那印度短篇集」

(台湾)「ヤミ族の原始芸術」，「人民は弱し官吏は強し」星新一，「わが青春の台湾 わが青春の香港」邱永漢

(獄中，共産主義)：「私は共産党をすてた 自由と祖国を求めて」鍋山貞親，「鉄窓の花」林房雄，「思ひ出」河上肇

(大逆事件)：「十二人の死刑囚：大逆事件の人々」渡辺順三，「実録幸徳秋水」神崎清，「月の輪書林古書目録9 特集古河三樹松散歩」．

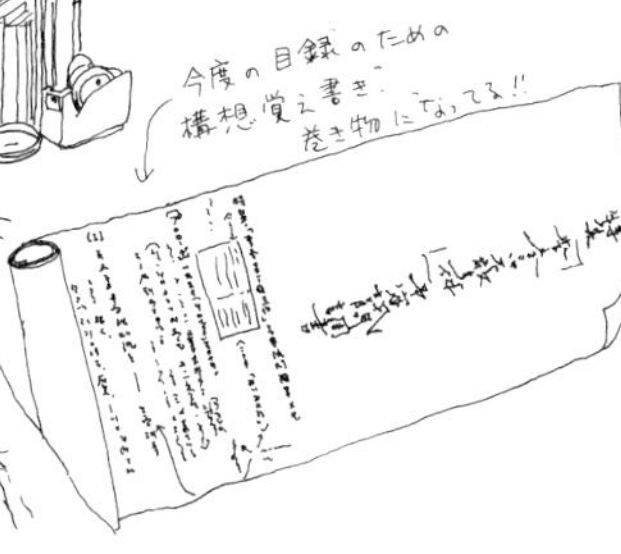

傷みなど、コレクターが気にする情報を併記したりと、各店でさまざまな「買いたくなる」工夫を凝らし、顧客に送る。

月の輪書林の古書目録は、そんななかでもさらに突出した面白さに満ちている。古書目録を、まるで一つの読み物のように編んでいるのだ。一つのテーマに沿うにとどまらず、並べ方に工夫を凝らし、本文や目次の抜粋などを挟み込む。読みすすめていくと、全然興味のないテーマなのに、ちょっとばかりわかったような気になって、読んでみたくなる。

以前に評判を呼んだ目録『美的浮浪者・竹中労』（一九九七年）は、ルポライター竹中労が生きた時代をいくつかに分けて章立てし、彼の著作、記名記事はもちろんのこと、追ったテーマや関わった人々や時代の空気を詰め込んだ古本、計一万千六十六冊が、厚さ一センチ強の冊子に詰め込まれている。なかには数十年前の『週刊文春』や『婦人公論』『女性自身』など、どうやってちり紙交換から逃れてきたのかというような雑誌まである。しかも竹中の執筆記事が載っていなくても、「当時の竹中が偲ばれる」と髙橋さんが判断したものは、納得のいく添え書きと共に、目録のなかに編み込まれ、値段が付けられる。

著作や関連資料からの抜粋が一ページに及ぶときもある。もはや竹中労の資料という枠を超えて、髙橋さん自身が創る「竹中労の世界」がくっきりと浮かんでくる。基本的には本の題名を追っているだけなのに、だ。

「自分のやってることはたいしたことじゃないんだよ。もっと市場での評価の高い本を扱う、品ぞろえの良い古本屋さんはたくさんあるよ。ただ、二千円前後の古本で、結構面白いモノを見つけてくることにかけては自信があるかな」

照れくさそうに笑いながら、髙橋さんは執筆中の目録原稿を見せて下さった。机には書庫から抜いてきた本が三十冊弱並ぶ。細かく組み替え、順番を決めたら書名や値段などを書く。いまだに原稿用紙で手書きだ。抜粋を挿入する場合もコピーですませずに、一字ずつ写し取る。

「手で写すと、時代の感じというか雰囲気がわかるんだよね。それに覚えるから次に役に立つ。抜粋を挿入するのは、この方が売れるというよりは、自己満足に近いかな。買わなくても読んで楽しんでもらいたいという気持ちもある」

テーマを決めてから調査、買い付け、収集した本をふるいにかけて選び出し、目録を仕上げるのには一年以上かかる。今や多くの古書マニアが首を長くして待つ逸品だ。

次の目録のテーマは、李奉昌不敬事件。五・一五事件の時に司法大臣を務めていた川村竹治に関する資料を市場でひとかたまり買ったら、事件の予審訊問調書が入っていた。

「李奉昌って前にどこかで聞いたことがあるなと思って。木山捷平が昭和七年の日記に書いていたんだよね。朝鮮から出稼ぎで日本に来て、独立運動家となった。天皇陛下が陸軍の閲兵式に行った帰りがけに爆弾を投げた。すぐに死刑になりました。当時は早いですから。

　コイツが結構いい加減で、爆弾投げる前、朝なのにお銚子二本あけていくんだよね。しょうがないやつだなあ、と親しみがわく。爆弾、当たるわけないよね」

　目録はきっかけとなった木山捷平の『酔いざめ日記』の抜粋から始まって予審訊問調書、収監された豊多摩刑務所、時代背景と、流れるように進んでいく予定。

　書庫にはすでに九割方集め終わった古本が、一冊ずつビニール袋に入れられて納まっている。目録に載せる順番通りに並んでいるという。たしかに後の管理を考えればそうするのがいちばん効率が良い。だけど髙橋さんの「想い」が目録上の文字だけでなく、実物として、図書館のようにシールも貼らずにずらりと一万冊近くも並べられていると思うと、もうこのまま一生売らずに置いてほしくなる。

　そう、数年がかりで調べ、集め、工夫を凝らして並べられたこれらの古本は、目録が完成し、頒布されると同時に、お客さんからの注文電話によって棚から抜かれ、崩れていくものなのだ。

「僕は収集癖がないからなあ。なんとも思わないですね。どんどん売れてほしい。生活ですからね。買い集めるのは楽しいけど、それ以上は執着しない。埋もれてしまった時代や人を、本を並べることで掘り出して見せたいんだよね。古本のなかにはまだまだたくさん埋まっているから」

古書目録『特集「李奉昌不敬事件」予審訊問調書』は、もうすぐ完成予定だ〔二〇〇四年五月、四千九百三十七冊を掲載して発行〕。待ち遠しいような、散り散りに売れていく本がもったいないような……。いえいえ、完売を心からお祈り申し上げます。

月の輪書林　東京都大田区東矢口一―一六―二一―一〇二
（目録販売のみ）

杉浦康平

SUGIURA Kôhei　ブックデザイナー

書斎を流動する本たち

二〇〇四年四月

杉浦康平さんは、日本を代表するグラフィックデザイナーであり、また、アジアの図像研究家としても知られている。一九八〇年代、私が本を読み始めたときには、かっこいい装丁デザインといえば、文字と文字の間を極限まで詰めた組版であり、その流れを作ったのが杉浦康平さんであることは、ちょっと本やデザインが好きな学生ならば誰でも知っているジョーシキだった。

当時は文字の「詰め」しか見えなかったけれど、杉浦さんのデザインのすごさは、そういう技巧的なことではなく、アジアの色使いやバランスやリズムを使って、しかも伝統を生かしながら斬新に構成したことだろう。今さら私がいうまでもないのだが、西洋の影響を離れ、東洋の精神を具現したような、そのかたちは、デザインという枠を超えた存在感を放つ。

デザインといえば、欧米を手本にするのがあたりまえ。洗練イコール西洋風、という図式は今も変わりなく成立する。そんな流れとはまったく別の次元に立つ杉浦さんは、あまり知られていないけれども、実は中国、韓国、台湾、インド、ブータンなどのアジア各国（特にデザイナーたち）からも熱烈な支持を得ているのだ。

あれだけの図像を紹介している方だ。書斎にはきっとたくさんのアジアの本に交ざってタンカ（チベット文化圏で布に描かれる細密な宗教画）や掛け軸などが渦巻いているに違いない。期待に胸を膨らませて渋谷の事務所を訪ねた。

「この部屋の一階下のちょうど真下にスタッフの部屋があるから、床が落ちやしないかと心配なんだよ」

通されたリビングルームには、大きなテーブルがあり、テーブルの上や周りに本が積み上げられている。部屋の片側は机を置いた書斎につながり、もう一方は書庫へと続いている。書庫には、細い通路を残してみっしりと本棚が林立している。チベットのタンカやインドのミニアチュールなど、想像通り（？）東洋美術に関する大型の美術本が目立つ。

「僕がまとめているテーマの本は、図書館にもないので、ほとんど自分で所蔵しています。このマンションに越してきて三十二年になるのですが、はじめの頃は住居を兼ねていたので、本に囲まれて寝起きしていた。見渡せば本があり、手を伸ばせば本に届く。だから四六時中手に取っていて、もう本棚が脳味噌の一部。並べ方もディスオ

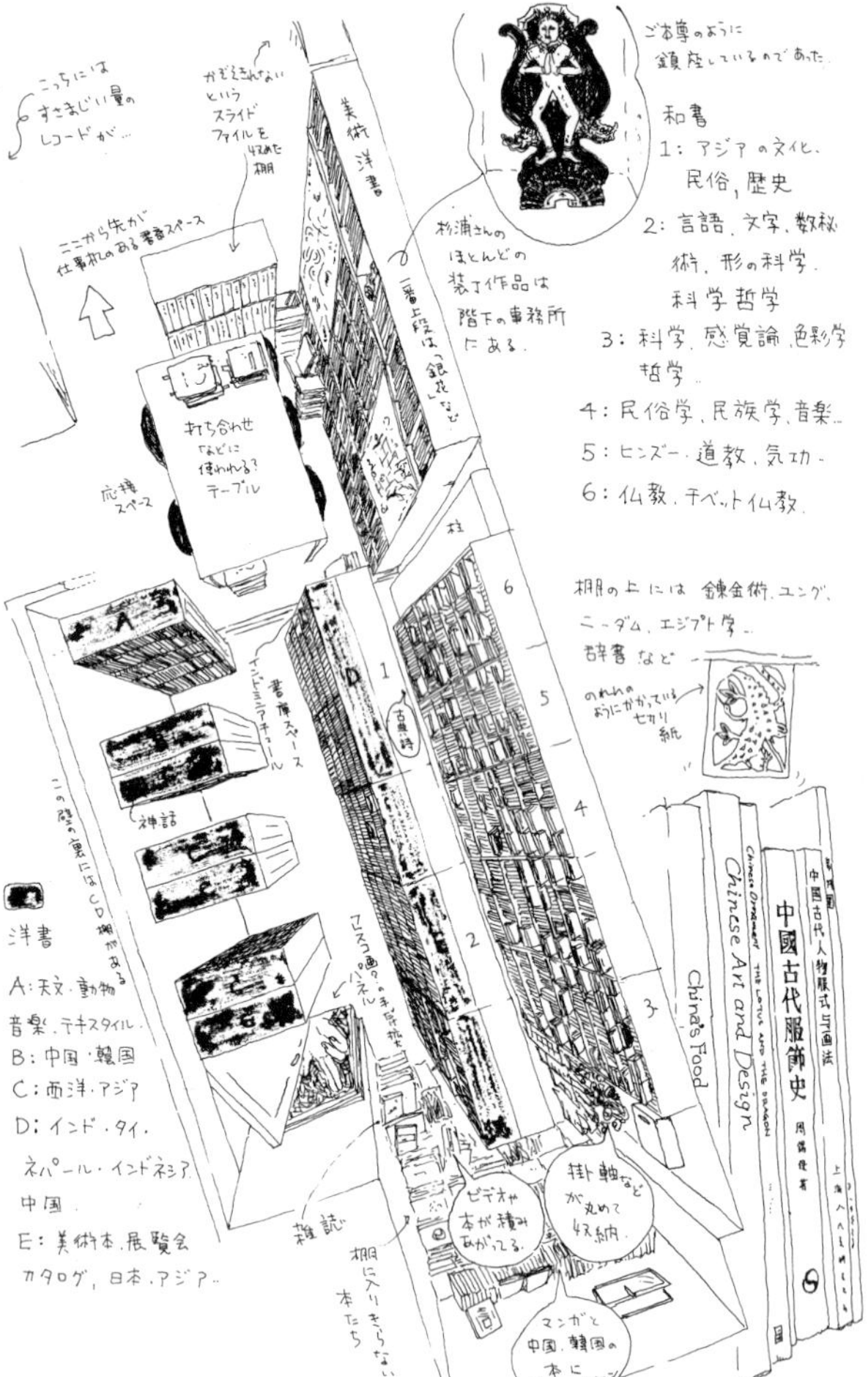

こっちにはすさまじい量のレコードが…
かぞえきれないというスライドファイルを収めた棚
美術洋書
ご本尊のように鎮座しているのであった。
和書
1：アジアの文化、民俗、歴史
2：言語、文字、数秘術、形の科学、科学哲学
3：科学、感覚論、色彩学 哲学
4：民俗学、民族学、音楽…
5：ヒンズー、道教、気功、
6：仏教、チベット仏教
ここから先が仕事机のある書斎スペース
杉浦さんのほとんどの装丁作品は階下の事務所にある。
一番上段は「銀花」など
打ち合わせなどに使われる？テーブル
応接スペース
柱
棚の上には錬金術、ユング、ニーダム、エジプト学…辞書など
のれんのようにかかっている切り紙
書庫スペース インドミニアチュール
古典・詩
この壁の裏にはCD棚がある
神話
洋書
A：天文・動物 音楽・テキスタイル
B：中国・韓国
C：西洋・アジア
D：インド・タイ・ネパール・インドネシア 中国
E：美術本、展覧会カタログ、日本・アジア…
フレスコ画？の手描模写パネル
雑誌
棚に入りきらない本たち
ビデオや本が積みあがってる。
掛軸などが丸めて収納。
マンガと中国、韓国の本に護符コレクション
China's Food
Chinese Art and Design
Chinese Ornament THE LOTUS AND THE DRAGON
中國古代服飾史 周錫保著
新編 中國古代人物服式與畫法

"Noble Beasts: Animals in Art", "Shelter in Africa": ed. Paul Oliver, "Hillkunde und Volkstum auf Bali": Prof. Dr. med. Wolfgang Weck, "Moderne Musik 1945-1965": Ulrich Dibelius, "Mathematical Models",
"Thai Painting": D. MEKCHAIDEE
"The Alphabetic Labyrinth ... the Letters in History and Imagination", "Aspects of Form", "Allegory and the Migration of Symbols",
"Semiology Graphique", "the Speaking Tree", "The Hindu temple", "Tibetan Symbols and Motifs", "Oriental Medicine", "Art of Ancient Egypt", "the Art and culture of Bali" "Story of Stupa", "traditional art and symbolism", "朝鮮時代 宮中服飾"
"L'art du Vietnam",
"Burma and Golden", "中國服飾五千年", "原色浮世絵刺青版画", "Chaos and Fractals", "Sumo and the Woodblock Print masters", "Siva in Dance, Myth and Iconography"
大事典
まるで『太陽』みたいなデザインの初期『漢聲』
台湾の美術工芸雑誌
一冊ずつデザインを変えるので有名に。
漢聲
福建圓樓
22
どの本のどのあたりにどんな図版があるのか、スタッフが驚くほど把握されているとか。
和書は手前に横積み……
タイプ打ちと手書きで構成された本
バリ島？
棚に足がにょっきり。
タイ文字と思われる本
SAUNDARYA-LAHARI

ーダーで、僕にしか本を探すことができなかった。書斎を取材されるなんて不可能だったでしょう。今は、こんなふうに配列して、誰かにあの辺にあるあの本、といえるようになりました」

そうして見せて下さったのは、この取材のために、杉浦さんご自身の手描きによる本棚の配置図だ。丁寧に蛍光ペンで二色に分けて塗られている。

「黄色に塗ってあるのが和書、緑が洋書。洋書といっても『東洋』の洋だね。英語や中国語、韓国語、サンスクリット語で書かれた本です。特徴は見るための本が多いこと。アジアの人たちが作った図像がたっぷり詰まった本です。ヨーロッパの神秘主義や錬金術、神話、複合動物を扱った本もある。それから仏教やチベット仏教、ヒンズー教、道教などの思想書に民族学や科学・哲学の本などが交ざっている。アジアが三に対しヨーロッパが一という割合。蔵書の量の割に、デザインの本はわずかしかない。僕はデザインの勉強はあまりしていない。タイポグラフィーも興味あるけど、集める対象にはしていません。

この本棚のあちこちが、いろいろなものをつむぎ出してくれるわけです」

取材をお願いしたときには、ちょうど、資生堂の香りの研究部長である中村祥二氏との対談を終えたところだった。テーマは「香り」や「匂い」について。香りは専門のテーマではないから、本棚には「香り」という分類はない。そんなとき、書庫はど

「匂い」関係の本の一部…

「無縁・公界・楽」網野善彦，「龍の起源」荒川紘，「神話と夢想と秘儀」ミルチャ・エリアーデ，「図説 日本民俗学全集Ⅰ〜8」藤沢衛彦，「内なる辺境」安部公房，「道化の民俗学」山口昌男，「トゥルバドゥール幻想の愛」アンリ・ダヴァンソン，「バラモン教典 原始仏典」世界の名著，「花の知恵」M・メーテルリンク，「身体運動の習得」ルドルフ・ラバン，「ボディ・タイム ヒトであることを忘れた現代人」G・G・ルース，「バリ島物語 上・下」ヴィキィ・バウム，「芸術心理学のために」R・アルンハイム，「幻のアフリカ」ミシェル・レリス，「縄文図像学」縄文造形研究会編著，「哲学3 視線の権利」ジャック・デリダ，「邪視」F・T・エルワージ，「石が書く」ロジェ・カイヨワ，「美と絵画のなかの言葉」ミシェル・ビュトール，「ブータン中世史 ドゥク派政権の成立と変遷」集団の論理」中井正一，今枝由郎，「図説 地図事典」，「新編 日々の絶筆」井上有一，「文字逍遥」白川静，「書物の宇宙」小野二郎著作集2，「分裂分析的地図作成法」フェリックス・ガタリ，「宇宙＝1，2，3…無限大」ジョージ・ガモフ，「書の心理 筆跡心理学の発達と課題」黒田正典，「和数考」郡司正勝，「中国神秘数学」葉舒憲，田大憲，「ハピパイプの神秘」デビッド・ブラットナー，「足の生態学」鈴木忠志，石黒崎新ほか，「装飾芸術論」E・H・ゴンブリッチ，「驚異の工匠たち」バーナード・ルドフスキー，「ネパール・インドの聖なる植物」T.C.マジュプリア，「中井久夫著作集1巻 分裂病」「方円漫筆」宇佐見英治，「鏡という謎」リチャード・グレゴリー，「視覚の文法」G.カニッツァ，「フラクタル幾何学」ベンワー・B・マンデルブロ，「赤ちゃんには世界がどう見えるか」ダフニ・マウラ，チャールズ・マウラ，「光の医学」ジェイコブ・リバーマン，「クレーの絵と音楽」ピエール・ブーレーズ，「造形理論ノート」パウル・クレー，「色彩の秘密」ルドルフ・シュタイナー，「ミツバチのたどったみち」坂上昭一，「樹木画テスト」高橋雅春，高橋依子，「知覚環境の計画」ケヴィン・リンチ，「色彩論の基本法則」「黒に染める 本朝ピクチャレスク事始め」高山宏，「キルヒャーの世界図鑑」ジョスリン・ゴドウィン，「犬の行動と心理」平岩米吉，「サイキック・アニマルズ 動物たちの不思議な知恵」デニス・バーデンス，「夢と構造」新宮一成，「東アジアの身体技法」石田秀実，「陶酔論」ヴァルター・ベンヤミン，「亀の古代学」千田稔，宇野隆夫編，「交響するイコン」ジョスリン・ゴドウィン，「元型論」C.G.ユング，「天使の世界」マルコム・ゴドウィン，「セブン・アローズ」ヘェメヨーズツ・ストーム，「ヨガ呼吸・冥想百科」B.K.S.アイアンガー，「気・修行・身体」湯浅泰雄，「青銅の神の足跡」谷川健一，「火の精神分析」ガストン・バシュラール，「道の文化史」ヘルマン・シュライバー，「迷宮としての世界」グスタフ・ルネ・ホッケ，「からだ・こころ・たましい」岩田慶治，「悲しき阿修羅」佐藤任，「ゾロアスター教の悪魔払い」岡田明憲，「古事記神話の構造」フランソワ・マセ，「中国古文字と殷周文化」，「道教の養性術」アンリ・マスペロ，「気の養生」坂出祥伸，「中国医学の誕生」加納喜光「マンダラ宇宙論」立川武蔵，「濁流と満月 タイ民族史への招待」星野龍夫，「タントライム教入門」S・Bダスグプタ「虎の巻 アララ仙人のおかしな世界」，「仏具大事典」，

インドの古典詩が入った「世界名詩集大成」平凡社が書庫の蔵書を整理した時にひきとってきた。

う役立つのだろうか。

「まず香りといわれて頭に浮かぶのはインドの『ガンダルバ』という精霊神。この神様は半人半獣で、香りを食べる。ガンダルバを調べるにはまず壁際の辞書コーナーにある、アラン・ダニエルーの『THE GODS OF INDIA』を見る。見事に整理された、インド神話のなかでも抜群に良い本です。それから数知れぬインドの精霊神を研究したクーマラスワミーの『ヤクシャ』という本も。ヤクシャは豊穣をもたらす精霊神で、日本で夜叉となる。この本はインド神話のコーナーにある。それからガンダルバの図版を用意するのにインドの美術本がふきだまる棚に行くわけです。

さらにインド人は香りに敏感で、香りを読み込んだ詩や文学がたくさんある。対談のなかで『ギータゴビンダ』を紹介しようと思った。『ギータゴビンダ』には、クリシュナ神が夜、香りたつ森の樹々に囲まれていかに恋人を見つけるか、そのときの香りをうたったくだりがある。この詩を調べるには、アジアの民俗コーナーにある、平凡社の『世界名詩集大成』という素晴らしい全集から探します。この全集には中国、アジア、イスラムの古典詩がまとめられている。詩の情景から、インドの植物がどういう匂いを持っているかを調べるのに、マジュプリアの『ネパール・インドの聖なる植物』という本を見て、クリシュナをめぐる女たちの物語を描いたミニアチュアは、インド美術のコーナーに行って……」

と、杉浦さんは、延々と続く連歌のように、匂いにまつわる本の書名とその位置をよどみなく語り出し、見取り図を指差していく。本当に脳と書庫がリンクしているのだ。お話はインド圏に収まらず、「匂」という漢字から、白川静の『字統』へと広がっていく。実際に本を取り出していたら、机に山を築いていただろう。

このように書庫のなかを回遊する杉浦さんの手で、取り出され、机に積み上げられた本は、用を足し、また違う山に行ったりしながら、もとの棚に帰るのに数年かかる場合もあるとか。「本が常に書斎のなかを流れ動いている。まるで太極図のようにね」

こうして集められた本から、必要に応じて図版を取り出し、紹介する。著書の『かたち誕生』（日本放送出版協会）や『宇宙を呑む』（講談社）などはこんなふうにして生まれたのだ。

図版は印刷されるだけではなく、スライド撮影もされる。以前に講演を拝聴したときには、膨大な量の図像を見せていただいた。クリシュナでも渦模様でも、どこかで見て知っているポーズやかたちなのだが、おっと唸るくらい、ひと味違う、素晴らしい色や線で描かれた図像ばかりだった。そのために原画を所蔵していらっしゃるのかと思っていたのだが、書庫の隅に僅かな掛け軸がかかっている程度で、原画の類はほとんど見当たらない。

「僕は所蔵することには興味がない。それに、あまり他の人が見ないような、小さなもの、四隅にあるようなものが主題になるので、いちいち原画を買っていたらとてもじゃないが大変なことになってしまうし、お金がいくらあっても足りない。それにちゃんとしたアウラを持っている原画を、こんな汚いところに置くのはもったいない。

一つの図を選ぶために、似たようなもののなかからこのテーマにはこれがいちばん、というのを選び抜くので、充分に見ごたえがあるはずです。一枚の図版のために買った本もたくさんありますよ。なにしろアジア人は普通ではないものを作る。目に見える以上のものを捉え、目に見えるかたちにしてみせるんです」

アジアを旅するたびに、その土地の本屋、古本屋を回って買い集めているのだそうだ。

「こんなふうに集められた蔵書というのは、持ち主が死んでしまうとなんの意味も持たない。狸の木の葉っぱみたいになってしまう。これまでに遺族が古本屋さんに分散して売りに出して、散逸してしまった蔵書をたくさん知っている。そういうものの恩恵を受けることもあるんですが……。やっぱりこういう〈塊〉はとても大事ですね」

そうおっしゃりながら、杉浦さんは大きな目を書庫に向ける。一冊ずつの本が、まるで杉浦さんの脳細胞の一つ一つと繋がり、命を持っているかのように、応えていた。

曾根博義　SONE Hiroyoshi　日本近代文学研究者

重ねず積まず、五万冊すべてが見える書棚

二〇〇六年二月

曾根博義先生の書斎は、これまでいくつもの雑誌やテレビで紹介されている。家の外側を囲む塀のなかに書庫をこしらえるという、奇抜なアイデアが注目されているのだ。曾根先生は日本大学文理学部教授で、専攻は日本近代文学。伊藤整やモダニズム文学を研究されている。また毎週必ず古書市に出向いて資料を探す熱心な古書マニアとも聞いている。

きっと家のなかは本であふれているに違いないと、勝手に想像しながら噂のご自宅に向かった。

ところが、いざ通されたリビングルームには、本が一冊もない。広々として明るく、洗練された空間が広がる。

「一階の生活空間には一冊も本を置かないようにしたんです。その代わり二階は本だらけ」

見上げると天井にはがっしり太い梁が半間間隔で何本も付いている。居間の入り口に立つと、両側の壁は大きなガラス窓になっていて、とても開放的。その代わり正面の壁には小さめの高窓が並んでいるだけだ。外には噂の書庫を兼ねた塀が見える。ところでこの塀書庫、居間のなかに入り込んできて、高窓の下にぼこりと出っ張っている。ちょうど壁の中央で、この塀というか出っ張りが八〇センチほど分断されている。二つの断面には、それぞれドアが付いている。つまり、居間から直接、両側の塀書庫に入ることができるようになっていたのだ。それじゃあ部屋の一部じゃないかと思われるだろうが、塀部分は屋内でも居間より二段ほど低くなっているし、やっぱり「部屋のなか」という感じではない。なんだか不思議な造りなのだ。

「ここは借地で、二十何年か前に建て替えたのです。そのときに書庫兼書斎を二階に持っていって、居住空間から本を駆逐したんです。ところが最初の二、三年は良かったけど、またどんどん本が増えていって、縁側に本を置き、玄関に本を置きと、まあうっとうしくなってきちゃった。それで、敷地を少し借り増しして四年前に増築したんです」

ところが、借りることができる土地は南側だった。南側に書庫を建て増しするならば、壁面を書棚として確保すると共に採光も行わなければならない。

「そういう問題を同時に解決しようと思って、塀のなかを書庫にしたんです。塀とい

S ↑ N
戦後男性作家
詩歌・女性作家
50音順だがよく使う作家は手前においてある
福永武彦・中村真一郎・吉村昭
50音順
→ア
←ワ
マド
大マド
大マド
大マド
大マド
リビングルーム
板張りテラス
ここでギターを弾いたり
塀の内部
両壁ズラリ本棚。
人ひとりが歩けるギリギリ幅..
棚板のサイズや厚みまで考え抜いて作られた。
窓が小さい!
南側からの外観
塀
塀
稀覯本の書棚から
短篇小説集『室内』山下三郎
三百部限定で一冊ずつ違う布装
背はクロスの継表紙
本文アート紙、墨と紺の二色刷り。
ボール紙函に白緑色の題簽
中は直筆原稿用紙がそのまま綴じてある
世界にただ1冊しか存在しない!
回覧雑誌『榎』
筑摩書房の創設メンバーの1人で、評論家の臼井吉見が中心になって作られた。
*比較的最近目録で購入..
どれも上品でうっとり.. 堀辰雄 装丁

っても家のなかと通じていないといけない。二階で仕事をしていて、夜中でもあの本が見たい、と思ったらすっと降りてきて本を取ることができるようにと考えました」

そして曾根先生のアイデアをもとに設計したのは、友人でもある建築家の根岸俊雄さんだ。斬新なかたちになったのには、それまでの壮絶な経験に裏打ちされた必然があってのことだ。この増築にこぎつけるまでの曾根先生と蔵書との「戦いぶり」は尋常ではない。

「みんなやるんでしょうけど、まず本棚に二重三重に入れるでしょ、それからあまり使わない本は段ボールに入れて押入れのなかに詰め込む。イナバの倉庫を買って庭にも置いた。しかしあそこにあるとわかっていても、なかなか取り出せない。図書館に行った方が早いわけです。それか神保町の古本屋を歩いて買ってくるとか。結局、つねに本の背が見えるようなかたちで置かなければ本を持っていてもしょうがないということがだんだんわかってくるわけですよ。

近所の公団住宅を借りようかとも考えましたが、大学の安月給では家賃を払うと本が買えなくなっちゃうから諦めました。妥協案として近所にできたトランクルームを借りたこともあります。本は一坪半あれば数千冊は置けますから。ところがはじめに何回か運び入れただけで、次に何を入れたらいいか悩んでいるだけで一年経っちゃった。置く場所が離れていても駄目なんだということがわかった」

居間から塀のなかに入ると、両脇にぎっしりと近代日本文学関係の全集や単行本や文庫本が著者別に並んでいる。通路は五八センチ。普通に歩けるギリギリの幅だ。居間を挟んでL字型に延びる。八〇センチ幅の本棚に換算すると三十本ちかく納まっている。一万冊はあるとのこと。

これだけフォトジェニックな光景ならば当然かもしれないが、ほとんどの雑誌やテレビはこの塀のなかの書庫ばかりクローズアップして紹介している。ところがココは先生の蔵書のほんの序章にすぎないのである。二階の書斎兼書庫へと移動してみたら、塀の蔵書が記憶から吹き飛んでしまうくらいのすさまじい量の本（推定四万冊）が待ちかまえていたのだ。うわああ、リビング天井の梁が頑丈なのもうなずける。

まず目に飛び込んだのが文学雑誌の類い。『新潮』が、『文學界』が、『群像』が、『展望』が、創刊号から最新号（もしくは終刊号）までずらりと並んでいる。同じ背文字が横に長く長く連なっている様子は、壮観だ。雑誌以外のコーナーでも、棚板の余白に積まれる本もないし、床に積み上がる本もないため、実にすっきり整然としている。いわゆる書痴的というか、本が持ち主の意思から離れて生き物のように巣食っているマニアックな書庫を想像していたのだが。もう隅から隅まで、曾根先生の管理が行き届き、死蔵本も皆無。

並べ方も図書館のような無機質な配列ではない。こっちの一角は雑誌類、こっちは

稀覯本、生原稿など(ガラスケース)
井上靖 資料、著書、全集
外国文学 トルストイ、ドストエフスキー
7 プロレタリア文学 小林多喜二、中野
治、大杉榮、厨川白村、荒畑寒村、
野浩二、広津和郎、
11. 明治文学 森鷗外、夏目漱石、
崎藤村、田山花袋、徳田秋声、長塚
芥川龍之介、有島武郎、佐藤春夫、
崎潤一郎、永井荷風、
14. 明治以降の作家の個人全集
崎紅葉、夏目漱石、太宰治、志賀直哉、
白鳥、島崎藤村、井伏鱒二、徳富
花、萩原朔太郎、石川淳、近松秋江
『変態心理』、中村古峡など

16. モダニズム、伊藤整よりもちょっと前に出た作家たち 川端康成、横光利一

17.18. 文学以外の明治大正・昭和の雑多な本 昔の辞典、事典、ドキュメントもの 思想史、風俗史、丸山眞男、橋川文三、流行歌、古賀政男、本の本、
19. 大正文学全集、近代文学研究叢書
20. モダニズム、私小説、日記
21. 比較文学、翻訳
22. 杉村楚人冠、森田草平、
23. 生田長江、生田春月、
24. 民族、人種、戦争関係..

雑多なようで全て伊藤整に関係深いジャンル。
25.6も..

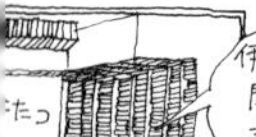

41. 講談社文芸文庫、岩波文庫などの文庫類…というように並べてあります

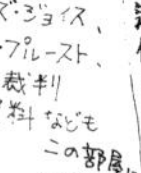

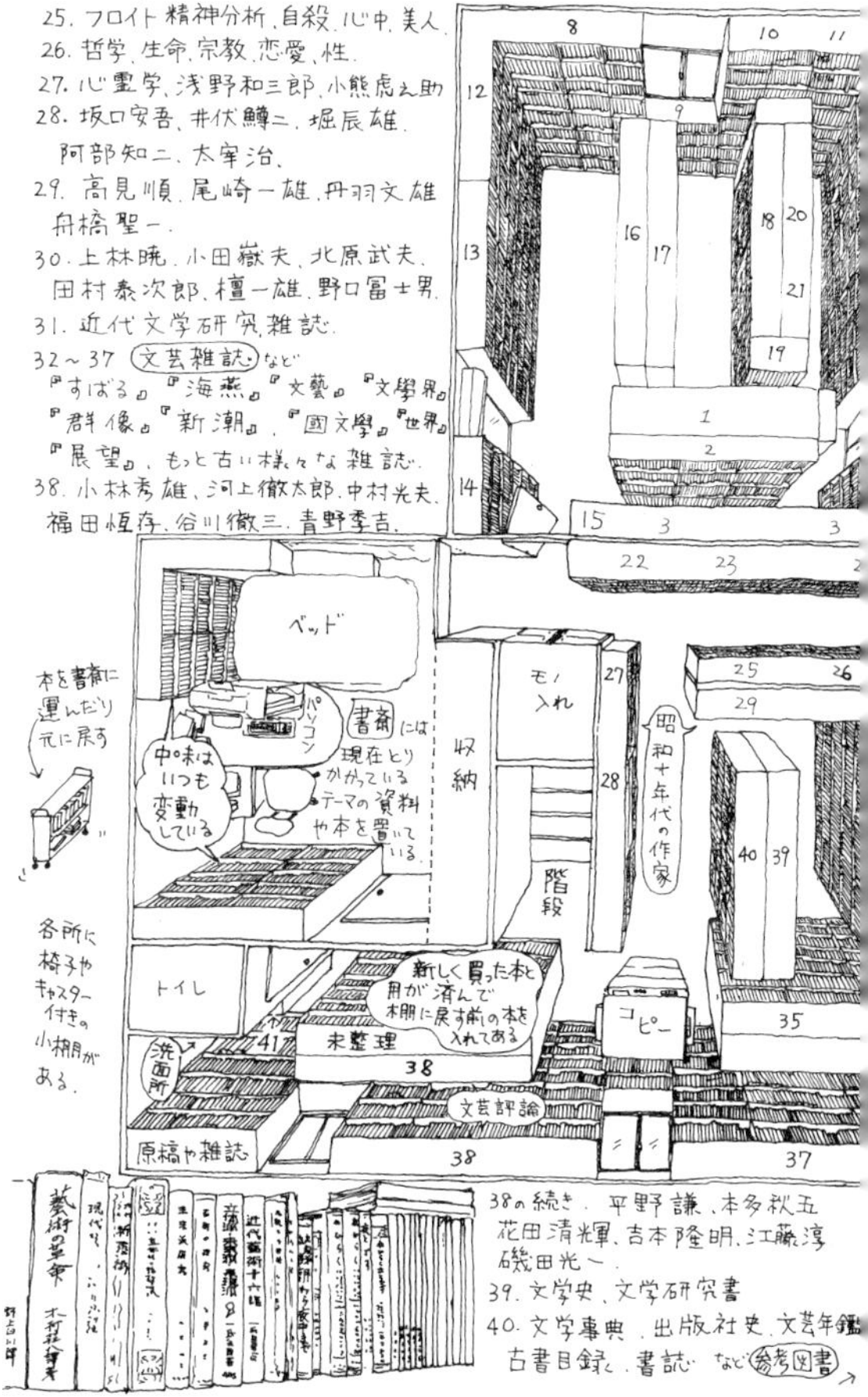
25. フロイト 精神分析、自殺、心中、美人、
26. 哲学、生命、宗教、恋愛、性、
27. 心霊学、浅野和三郎、小熊虎之助
28. 坂口安吾、井伏鱒二、堀辰雄、
阿部知二、太宰治、
29. 高見順、尾崎一雄、丹羽文雄
舟橋聖一、
30. 上林暁、小田嶽夫、北原武夫、
田村泰次郎、檀一雄、野口冨士男、
31. 近代文学研究雑誌、
32～37 文芸雑誌 など
『すばる』『海燕』『文藝』『文學界』
『群像』『新潮』、『國文學』『世界』
『展望』、もっと古い様々な雑誌、
38. 小林秀雄、河上徹太郎、中村光夫、
福田恆存、谷川徹三、青野季吉、
ベッド
パソコン
書斎には現在とりかかっているテーマの資料や本を置いている。
中味はいつも変動している
本を書斎に運んだり元に戻す
各所に椅子やキャスター付きの小棚がある。
トイレ
洗面所
未整理
新しく買った本と用が済んで棚に戻す前の本を入れてある
文芸評論
原稿や雑誌
収納
モノ入れ
階段
昭和十年代の作家
コピー
藝術の革命
近代藝術十六講
38の続き、平野謙、本多秋五
花田清輝、吉本隆明、江藤淳
磯田光一、
39. 文学史、文学研究書
40. 文学事典、出版社史、文芸年鑑
古書目録、書誌 など 参考図書

総覧や年鑑、目録、この部屋は伊藤整、こちらはモダニズム文学と、先生の研究内容に沿って、実に有機的に並べられている。

　テーマ別にフレキシブルな分け方で並べておいて、部分的に五十音順など機械的な振り分けをする。こういう配列、実は簡単そうで難しい。本が少なければなんとかなるが、この量でそんなことやったら頭が追いつかなくなるはずなのに。これは恐ろしく手がかかっているぞ。

「僕の持っている本は、ほとんどがいわゆる雑本なんです。近代日本文学をやっていると、その辺に転がっている文庫本も今出たばっかりの雑誌も必要なんですよ。高いお金を出して買っているのは、戦前の文芸誌や同人誌くらいで。僕の蔵書は、売ったところでたいして価値にならない。だから買うよりも保存する費用の方が余計にかかるという矛盾を抱えているんです」

　そうはおっしゃるものの、ガラス戸の付いた書棚には、瀟洒な造りの本や、手書きの原稿用紙を綴じた冊子など、貴重そうな本が並んでいる。山下三郎という作家（もと山下汽船社長）の唯一の短編集『室内』を出していただくと、六冊同じ本なのに、一冊ずつ装丁が違う。ネクタイ生地を使った装丁は、堀辰雄が手がけたものだとのことで、一冊ずつ買い集めているとのこと。

　しかし、いくら研究者だからといってもこの蔵書量は失礼ながら尋常ではない。明治から昭和までの文学作品だけでも膨大なのに評論やマイナーな雑誌類や古い辞典類まで、なぜこんなにたくさんの本が必要なのだろうか。

「僕の研究は、伊藤整から始まりました。中学のときから気になってずっと読んできました。大学は経済学部だったし、勉強を真面目にするつもりもなく、当時とても盛んだった学生運動もせずにクラシックギターばかり弾いてました。それで暇のある会社を選んでサラリーマンになったんですが、若気の至りで二年で辞めちゃった。

　ところが自分に制約がなくなってみたら、これまで趣味で読んでいた伊藤整に実は考え方など強く影響を受けていて、そこから逃れられなくなっていることに気がついた。それで伊藤整を卒業するつもりで、伊藤整論を書いたんです。まあちょっと生意気に批判しながらね」

　書き上がった論文は講談社が主催する第九回群像新人文学賞評論部門の最優秀作となり、『群像』に掲載された（その年の正賞はなし）。当時の選考委員は大岡昇平、中村光夫、平野謙、そして伊藤整本人だった。この評論は伊藤整自身に「表現と観念の混乱を突いたところは妥当性が強いやうにたしかに思はれる」と評される。その四年後、伊藤整は亡くなる。

「実は亡くなる数カ月前、一度だけ伊藤整さんに会っているんです。伊藤整の息子の伊藤礼さんと知り合いになっていて、街でばったり出会った折に、近くに親父が入院しているからと、なかば強引に引き合わせてくれた。癌でもう治らないということがわかっていたからでしょう。ところが本人は自分が癌だとも知らず、具合があまり良くないのに断りなしにいきなり他人を連れて来たということで、息子に対してものすごく不機嫌な様子で、僕の方は見ようともしないで相撲中継を見ている。僕は何もいえずただ俯《うつむ》いてました。そんなことから初心に戻って、伊藤整の生涯と文学を徹底的に調べ直そうと思ったんです。つまり、卒業するはずが、出発になっちゃったんです」

　それから非常勤講師やアルバイトの翻訳などをこなしながら、一九七七年、三十七歳で『伝記伊藤整』を六興出版から上梓。伊藤整が詩人として出発し、小説家に転向する昭和十年代までの評伝をまとめ、研究者として出発する。

　その後、曾根先生の研究分野は伊藤整やモダニズムを中心に前後にどんどん広がり、昭和戦前から大正、明治、そして戦後の作家まで手がけるようになった。井上靖の全集を編纂したり福永武彦や吉村昭などの研究にまで手を延ばし、最近は、とうとう文学というジャンルさえ超え、中村古峡主幹の雑誌『変態心理』（日本精神医学会発行、一九一七～二六年）の復刻版（不二出版）を編集し、その研究書を出したりしている。どうしてこんな広がり方をしてきたのだろうか？

「昭和のはじめに伊藤整が新しい小説を書こうと模索しているときに目をつけたのが、

フロイトなんです。彼は父親を非常に嫌悪していたので、フロイトの唱えるエディプス・コンプレックスに強烈に惹きつけられたという個人的な思いもあったでしょう。しかしそれだけではない。伊藤整は貧しい家庭に育ったのだけれど、どうしても左翼になれなかった。当時はマルクス主義全盛の時代です。小樽高商の一年先輩である小林多喜二はプロレタリア文学の旗手となり、華々しく活躍している。左翼に行かず、モダニズムの文学に齧りついているためには、マルクスに対抗できる心理的な支えが必要だった。それで〈無意識〉から個人の自律性の不確かさを論じるフロイトと出会い、フロイトに頼るようになるわけです。

当時ジェイムズ・ジョイスやマルセル・プルーストは、個人の〈無意識〉や〈意識の流れ〉を重視した小説を発表していました。それを伊藤はフロイトと結びつけて、そこに二十世紀文学の新しい可能性を見出したんですね。そして小説や評論を書いた。それ以降、伊藤整は個人の自律性が絶対的なものではないという視点をずっと保ち続けたんです。

そこで昭和初年からさかのぼり、そもそも日本でフロイトがどう受け入れられてきたのかを、伝記を書くかたわら調べ始めた。その過程で『変態心理』という雑誌を見つけたんです。漱石門下の中村古峡という心理学者が大正六年（一九一七年）に創刊した雑誌で、創刊直後から積極的にフロイトの精神分析や夢の理論を紹介していたんです。はじめは日本でのフロイト紹介史を調べるということで、この雑誌をめくっていたんだけど、だんだんそれ以外の部分も面白くなってきて。オレは何をやってるんだろうと思いながら、のめり込んじゃったわけです」

と、楽しそうに笑う。その結果、日本でいちばんはじめに森鷗外が明治四十年（一九〇七年）にフロイトに言及したことがわかったそうだが、その短い一文を書くために、一体どれほどの数の雑誌や書籍に目を通されたのか。気が遠くなってきた。さらに昭和初年に二種類のフロイト全集が刊行されるまでの期間、フロイトに言及された雑誌・書籍を根こそぎ調べられたと……。

時代背景というものは、そうやって、時間と手間をかけてあぶり出されるものなのか。うーん、ようやく腑に落ちました。まさにこの膨大な蔵書を手元に置いてこそ成し遂げられる偉業だったんである。

「しかしそろそろ元に戻って、伊藤整の後半生の伝記を書かなければならない時期にきています」

伊藤整がフロイトに傾倒していく姿は、学生運動になじめずに伊藤整を精読していた曾根先生の若かりし日とどこか重なって見える。これから先生が描き出そうとしている伊藤整の後半生は、激動と復興の昭和史そのものだ。文壇に確固とした地位を築き、精力的に活動したとされる伊藤整の姿は、曾根先生の研究人生とどこかで重なっていくのだろうか。たぶん、ここに集積された膨大な書物たちが、その答えを握っている。

おわりに――三十一の書斎を訪ねて

本書は七年間にわたって三つの雑誌に連載した書斎のイラストルポに、書き下ろしを加えてまとめたものだ。自分の仕事の遅さにうんざりしつつも、なんとかかたちになったことで、宿便を出したような爽快さを感じている。

合計三十一の書斎を訪ねてみて、それぞれ違いはあるものの、大まかなタイプがあるように思えてきた。あくまでも私の見方であるが、分類してみたい。

1　大量の本を、どう並べるのかに腐心する

一般的なイメージではこれが書斎の王道といえるだろう。このタイプはさらに二つに分けられる。

「本を機械的に分類する」。自分以外の人も簡単に閲覧できる分類方法・ルールを考え出すのに苦労はするが、いったん稼働してしまえばとても楽。ただし、なんらかの理由でルールを守れなくなると崩壊する。冊数の多い書斎向き。死蔵本も少ない。

「自分にしかわからない分類で並べる」。脳内に育んだテーマや考えそのままに本を並べる。時間が経つと自分にもわからなくなる可能性があるのを、確固たる意志と明

断な頭脳でねじふせる。ある特化した分野についてずうっと研究している方などはこの方法をとらざるを得ないのだが、冊数が多くなってくると共に分類方法が困難になり、あそこことこと、あちらにあっちがつながって、この本はドコに入れようか、などと心悩まされることになる。つねに死蔵本との戦いとなる。

純然たる機械的分類を採用しているセンセイといえば、上野千鶴子さんだろうか。著者五十音順配列はとても便利だが、並んだ本の背と背の間から滲む情緒を楽しむことはできない。美しいまでにストイックで、潔い。自分流の分類で際立っていたのは杉浦康平さんと、西江雅之さん、熊倉功夫さん、小沢信男さん、柳瀬尚紀さん、そして月の輪書林……。本の背を眺めているだけでエッセイを読んでいる気分になるほど。ほとんどのセンセイは、この二つの並べ方を自分なりにブレンドして活用していた。

2　並べない、見せない、もしくは整理しない

書斎の持つ権威主義的な匂いに逆らい（?）、書斎のボヘミアンたるべく、大量の本を無造作に放置。本を並べるのが脳内をさらけ出すようで嫌だったり照れくさかったりするお気持ちもまたよくわかるし、居心地が悪くなっては書斎として機能しているとはいえないのだから、これもある意味で正しい書斎といえる。このタイプに属するのは佐高信さん、小林康夫さん、整理はされていたけれど、背を眺めなくてすむよ

うにすべて蓋をしてしまった南伸坊さんなど。本人の記憶力が頼りの書斎である。また辛淑玉さんや津野海太郎さんのように、並べないだけでなく、必要な部分を破りとり、本は破棄するという方もいらした。

3　場所をいくつも持つ

文章の神様が降臨してくる場所を求め、資料の本と共にあちこち移動しては書く。粉川哲夫さん、森まゆみさん、石山修武さんなど。資料を持ち歩くため、必然的に「2」を併用される方も少なくない。寝起きする場所まで移動されている小嵐九八郎さんには、放浪癖のある人間としてうらやましくもなったが、大量の段ボール箱の本と共に移動する様はまるでサーカス団のようで、相当な根性がなければできないなあとも思った。

そして以上の三タイプとはちょっと外れるが、多くのセンセイ方が研究のため、書くための本にびっしり埋もれてストイックに過ごされているなかで、ご自宅を兼ねた書斎だったせいもあるのだけれど、深町眞理子さんの書斎の一角には、自分の楽しみのためだけに読む本が愛おしそうに並べられていたのが印象的であった。

＊

さて、三十一の書斎はその持ち主と共に生きている。だから時の経過にともない、変化していくのが宿命である。取材時から大きな変化のあった書斎を中心に、ご本人からいただいたお手紙をとりまぜて、ご紹介させていただく。

主が彼岸の国へ旅立ってしまった書斎

金田一春彦さん（二〇〇四年五月十九日逝去）の蔵書は生前からすでに八ヶ岳大泉図書館（取材時の名称）に寄贈されていた。金田一さんの手元に残っていた本もすべて同館に移され、誰もが閲覧できるようになっている。同館は二〇〇四年に、北杜市金田一春彦記念図書館としてリニューアルオープンしている。ご自分の死後、蔵書を散逸させずに、活かされることが決まって、とてもうれしそうに微笑んでいたお顔が忘れられない。

千野栄一さん（二〇〇二年三月十九日逝去）の書斎は、「第三サティアン」はなくなったものの、「第一、第二サティアン」は基本的に変わらず、奥様でチェコ語研究者でもある千野亜矢子さんが守り続けているとのこと。千野さんに取材したのは、お亡くなりになるほんの少し前で、すでにお身体も本調子ではなかった。にもかかわらず、目をキラキラさせて蔵書やプラハの古本屋についてよどみなく語るそのお姿があまりにも強烈に焼きついていて、なんだか今も書斎でお元気にされているような気がしてならない。

移転した書斎

逢坂剛さんの仕事場は、二〇〇五年四月に同じ神保町のなかで移転。

米原万里さんの自宅兼書斎は、二〇〇〇年十二月に鎌倉へお引越し。

柳瀬尚紀さんの書斎は、二〇〇六年四月現在、改装工事中。

辛淑玉さんからはこんなお手紙が。「その後、仕事場も転々と、あるときはどさまわりの電車のなか、あるときは雲の上、はては会社の窓際で。そして今はサンディエゴの空の下……」

もともと移転（放浪）し続けている小嵐九八郎さんは、「なお、ふらりふらり」と。

ああ、うらやましい。

増殖した書斎

森まゆみさん。「その後どんどん増える本の半分は大学（東京国際大学）の研究室へ、半分は、千駄木に新しく借りた隠れ書斎に持っていきました。連載や短いものは自宅で、まとまったものや書き下ろしは千駄木で書き、夕方路地をぬけて根津の居酒屋へ行くのが楽しみ」

清水徹さん。「床に積む本がめっきり増えました。息子の部屋の整理がついたので、そこの壁一面を書架にして、すでに満杯」

解体された書棚

これは、月の輪書林。「棚は、生きものです。李奉昌の棚は『解体』されました。いまだ生きているのは、大杉栄、辻潤、竹中労ぐらいです。今は二〇〇六年発行予定の明治大正期の趣味人・三田平凡寺の関連本の棚へと大きな変化をとげています」

全面的に解体されたわけではないが、書肆アクセスの書棚もまた、本の背と背の間から滲む情緒を保ちつつ、日々刻々と出版される新刊本やミニコミと共に姿を変え続け、お客さんたちの心とお財布をわしづかみにしている。

こうして見ると、みなさんそれぞれ取材時に教えて下さった「自分なりの法則」にのっとった変わり方をしていて、その方向自体は変わっていないことがわかる。書斎魂というものは、一度できてしまうとなかなか変わらないもののようだ。実に興味深い。

そしてこの七年で、書き手である自分も変わった。若者の末席にいたつもりが中年となり、結婚してから住んだマンションは、あっという間に増殖する二人分の本とスペースとの戦いの場となった。増え続ける本から逃げ出すように、ふらふら取材に出かけては、うろうろ喫茶店をはしごして原稿を書いている。気がついたらボヘミアン書斎道に入門していたのだ。お話を伺った当時にはそれほどピンとこなかったのに、今原稿を読み返してみて激しく同意している自分を発見しては驚いている。そんなわけで、七年の間に書斎を見る視点自体がずいぶん変わってきた。

とはいえ、七年前も今も変わらず、いつも感じ入ることがある。それは、自分が居心地良く書く場所（書斎）作りのためにはどんな努力もコストも厭わないという、センセイ方の気迫である。他人から見たら常軌を逸した行為であっても、ひるまずに敢然と自分の「書斎道」を追求する気迫。

これこそが、この七年間、書斎を取材するたびに頂戴し続けた、私にとってなによりの宝物であり、奥義なのだと思う。

*

この書斎ルポは、『三省堂ぶっくれっと』（隔月刊）の一九九九年一月号から二〇〇二年三月号（この号で休刊）まで、『季刊・本とコンピュータ』の二〇〇二年春号から二〇〇三年夏号まで、『未來』（月刊）の二〇〇三年九月号から二〇〇四年四月号までの連載がもとになっている。この三つの雑誌でお世話になった担当編集者の塩野谷幹雄さん、河上進さん、小柳暁子さん、書く場所を与えて下さって、本当にありがとうございました。

そして取材に応じて下さった三十一人（図書館・書店を含む）のセンセイ方には、なにをおいてもお礼をいわなければならない。本当に本当にありがとうございました。「はじめに」で触れたように、書斎というのは仕事の進め方のコツや奥義がむき出しになっていると同時に、実はプライベートな空間でもある。ドコの馬の骨ともわからぬ人間に見せるなんて躊躇されて当然だ。なのに惜しげもなくさらけ出して下さったセンセイ方の広い広い懐に、ひたすら感謝・感激しております。

内澤旬子

二〇〇六年　穀雨

文庫版あとがき

人は他者から話を訊くとき、自分が理解できる部分だけしか聴きとることができないのだろうか。いやそれとも単純に自分の能力の欠損に過ぎないことなのか。

『センセイの書斎』は二〇〇六年に上梓した、自分の単著としてははじめての単行本である。イラストや装丁の仕事をする合間にいただいていた書斎のルポをまとめたものので、掲載雑誌が隔月であったり季刊であったりしたために、単行本として出せるまでの量がたまるまでに七年もの歳月がかかっている。一番古い原稿は今から十一年も前のものということになる。それでも読み返せば、取材時の光景がはっきりと甦る。

恐ろしくなるくらいわかっていなかったなと思う。いや、取材させていただいたセンセイ方の書かれてきた分野についての知識や業績について、という意味ではない（それは今も恥ずかしながらすべて把握しているとはとてもいい難い）。本、書物、書籍というものに対して抱く愛着や知識欲を満たす喜びと裏腹にひっそりと育ってしまう、恥じらいとはまた別の、ある種の疲れというか、倦怠といえばよいだろうか。ご本人も意識されないくらい微かに滲むものであったり、自覚されながら楽しんでおられたりお言葉のはしばしにちらりと匂わせていたものにふと気づかされる。

十歳年をとったことで、自分と本とのつきあい方が少しずつ変化したせいなのだろう。自分があとどれだけ本を読んだり集めたり、そして書き始めたばかりにもかかわらず死ぬまでにどれだけ書くことができるのか、残りの時間を意識しはじめたことも大きいのかもしれない。

自分が尋ね、語っていただいたものを理解して構成した文章にもかかわらず、今センセイ方の言葉を読むと頭を抱えたくなるくらい当時とはまるで違う調子で自分に響き返ってくるのだ。あーあ、あの次にもっと違う質問を突っ込んでみたかったなあと悔しくなる反面、これはまた十年寝かせて読んだらまたまるで違ったものとして読めるんではないかと、ちょっと楽しみにもなってしまった。この本を手に取ってくださった方々にも、そんなふうに読んでいただけたらとてもうれしい。

本は、テキスト情報であると同時に、厚みも重さもある紙束、つまり物質でもある（これからいや増す電子書籍はひとまずおいて）。紙質によっては人間の数十倍の寿命を持つものもあれば、酸化してあっという間に崩れてしまうものもある。ひとたび読めば資料として、心の支えとして、創造の源泉として、理由は様々だろうけれど、手放し難くなる（すぐ手放したくなるものもあるけれど）。それらが集まり並んだとき、本人以外の者から見てもわかる、有機的なつながりが生じる。物の集積ではあっても、コレクションとはまた少し違う。書斎の主と書斎に並ぶそれぞれの本の著者たちを編みつなげる何か。

だからこそ、書斎は同じ姿にとどまることはできないし、持ち主と添い遂げることもできない。恒久的に見えて、まるでそうではない。

ここに紹介した三十一の書斎は、それぞれのセンセイ方が膨大な時間をかけて築きあげたものにもかかわらず、わずかな例外を除いて時間とともに姿を変えていくそのほんの一瞬を切り取って提示しただけにすぎない。そのあまりのはかなさに呆然とする一方で、一瞬とはいえ、センセイ方の書斎にお邪魔して舐めるように書棚を眺め記録し、お話を伺うというかたちで共有させていただいた時間は、私にとって何物にも代えがたい、至福にして珠玉の体験だった。改めて御礼申し上げたく存じます。本当にありがとうございました。

そして単行本版あとがきと重複するのでお名前は略しますが、それぞれの掲載雑誌の編集者の方々にも、書斎の計測や書名の書き写しなどを面倒がらずに手伝っていただき、本当にありがとうございました。書き手として今よりもさらに未熟であった自分に興味を持ち、無謀なくらい手間のかかる取材に理解を示して下さる編集者の方々に出会えなければ、この本は成立しなかっただろう。今さらながら頭が下がる。

単行本を出した二〇〇六年以降、米原万里さんと石井桃子さんが鬼籍に入られ、そして書肆アクセスが閉店した。とても悲しく寂しく思う一方で、書斎や書棚に納まっていた本たちのその後を思う。そのまま保管されているかもしれないし、バラバラになって、巡り巡って別の持ち主の書斎に納まってるのもいるだろう。前の持ち主とはまた全然別の並び方で保管され、本や論文を書くための資料として付箋を付けられているかもしれない。枕元に置かれて毎晩少しずつ読まれているかもしれない。そうやってまた新しい何かが生み出され受け継がれていくかと思うと、少し心なごむ。

そして余計なお世話かもしれないけれど、本書が納まることとなる、読者の皆さまの書斎や書棚はどんなだろうかと考える。図書館やブックカフェの可能性もあるか。どんな本の間に挟まるのだろう。どんな棚の一部になるのだろう。かわいがられて個人の書棚になるべく長居させてやってほしいとも思うけれど、文庫なのだから気楽に流れ流れてうんと沢山の方々の手に取られ読まれるのもまた一興かもしれない。

最後に、文庫化にあたって尽力して下さった河出書房新社の塚田眞周博さんに、御礼申し上げます。

二〇一〇年秋分　有明月

内澤旬子

解説　書斎というもっとも身近な小宇宙

角田光代

私が内澤旬子さんを知ったのは、その緻密なイラストが最初である。媒体は何か忘れてしまったが、細い線でびっしりと書きこむ繊細な絵は、一度見たら忘れられない。イラストルポライター、というのが、内澤さんの肩書きだ。

本書では、作者の内澤さんが作家や評論家、研究者や建築家といった専門家を訪ねて、その書斎を見せてもらうという主旨の一冊だ。七年がかりで、三誌にわたり連載したものだという。

作者が訪ねたのは三十一人、そうそうたるメンバーである。林望さんからはじまって、南伸坊さん養老孟司さん、今は亡き米原万里さん、石井桃子さん。西江雅之さんもいれば上野千鶴子さんもいて、図書館や新刊書店、古書店もある。人選はバラエティに富んでいるが、何か一本筋が通っているように思える。何かの専門家でありながら、そこだけにおさまらず幅広い知識を持っている方々、とでも言おうか。

本棚というのは、なかなかに面倒なものである。本棚を他人に見せたくない人というのは、必ずいる。本棚を見せるのは下着のしまってある引き出しを見せるのとおなじくらいいやだと言った人も知っているし、本棚を見せるくらいなら鞄の中身を見せたほうがまし、と聞いたこともある。

かといって、好きなだけ眺めていいと言われても、ちょっとした躊躇がある。友人の家に遊びにいって、つい本棚に引き寄せられて書名を見ていくうちに、なんだかだんだん恥ずかしいような、申し訳ないような、何かあさましいことをしているような気持ちになって、ふいと目をそらしてしまうような体験がないだろうか。

私自身は、本棚を見られるのはさほどいやではないけれど、でも、じーっと本棚の前に立っていられると、どきどきしてくる。もしかして、特殊な性癖が浮かび上がっていたらどうしよう、とか、すっごい変人と思われていたら、とか、すっごい頭悪いと思われていたら、等々、等々、思うのである。本棚というのは、そんなふうに何かを暴露してしまう性質を、どういうわけだか持っているらしい。

もちろん作者は、その人の隠された性癖や好き嫌いを検分するために、ではなく、書斎の作り方やありようを学びに、書斎へ出かけていくのである。たんなる収納、ということではなくて、各専門家たちがどのように専門内外の情報を整理整頓しているのか、はたまた、していないのか。

だから、ここで選ばれ描かれているのは、自宅の本棚ではなく事務所や仕事場のそれである。しかしながら、ここで疑問が生じる。仕事関係の本ならば、自宅書棚を眺められるあの独特な羞恥心はないのだろうか。そして友人の本棚の前で感じる、恥ずかしいような、申し訳ないような気持ちを、読み手である私たちは感じないのか？

作者は、その情報処理整頓能力を学びにいく身として、取材される人々を先生ならぬセンセイと呼び、三十一人に会いにいく。その三十一人のセンセイ方、とくに恥ずかしがっているような気配はない。高名な方も辛口社会批評で知られる方も、みんなにこやかに作者を迎え入れている。もちろん作者の人柄の故もあるだろう。しかしだんだん、精密に写し取られる数々の書斎を見ているうち、羞恥心だの性癖だの、そんなことが消しゴムのかすほどにどうでもいいことに思えてくる。

なんというか、どの書斎も、間取りや平米に関係なく、広大なのだ。

作者の、写真よりも細かいような絵をじーっと見、手書きのこちょこちょした文字を読んでいくと、何かに手を引かれ、だだッ広い場所に連れていかれてしまう。ジャングルのような、宇宙空間のようなそこはどこかといえば、その人の、脳内なんだと思う。そのことに私が気づいたのは、津野海太郎さんの回、「好奇心のために、考えるために」と題されたコラムを読んでいるときだった。「いつも興味のわくテーマがだいたい十個くらいある」と言う津野さんは、半年くらいかけて資料をさがしていく。そうしてふと、興味が途切れる。作者は書く。

「書棚を眺めていくと、いろいろなテーマがぼんやりと見えてくる。好奇心のための本と、考えるための本。四十年という歳月の間に、津野さんのなかをものすごい勢いで本が通り過ぎていっているようだ」

まさしく、作者が写し取った書斎は、ひとりの人間の思考であり、興味であり、時間であり、変換である。一瞬も止まることなく動くそれらの、ある瞬間の静止画である。

そのことに気づくと、俄然、おもしろくなる。先に、人選に一本筋が通っていると書いたが、その共通点がわかった。脳内を見てみたい、と思う人の書斎が、つまりは選ばれたんだな。

作者は、最初、これらそうそうたるセンセイ方、大先輩たちを訪ねるのに、緊張したのではなかろうか。登場する書斎は、掲載時の順番に並んでいる。飄々とした文章からはその緊張は伝わってはこないけれど、けれど取材を重ねるうちに、次第に作者自身が、センセイ方の脳内散歩を自由気ままにたのしみはじめているように、私には思えてしまう。この短いコラムのなかに、思わずアンダーラインを引きたくなるセンセイ方の名言も、散歩中に見つける思わぬ宝物のようにあちこちにちりばめられている。

読んでいて思ったのだけれど、こういうセンセイ方は、つまらぬことにあまりとらわれていない。先ほど私が懸念した、「本棚を見られて恥ずかしい」ようなことも考えていないし、何かをよく見せようとか、こう見られたいとか、そういうことも、いっさいいない。書斎のとおり、多々に広がる興味に埋め尽くされた脳内に、そういう余計なものを差し入れるスペースも、ないんだろうと思う。どのセンセイ方も、自分の書斎、すなわち自分の興味や思考について語るとき、何か子どものように生き生きとうれしそうだったり、ちょっと誇らしげだったり、照れていたりする。センセイ方のそうしたチャーミングな表情を、作者は見事に絵と文章であぶり出している。だから、最初はセンセイ方の顔ぶれに緊張し身構えていた私たち読者も、だんだんリラックスしてきて、作者と同様に、ページをめくるたび広がる、異界のような脳内を、勝手気ままにぶらぶらと歩くことができる。

本書は、いろんな方向からたのしめる本に仕上がっているのだと、読み終えてつくづく思った。

友だちの家の本棚をまじまじと見るようなちょっと下世話な気持ちで、びっしりと描かれた書名を見ていくのもおもしろい。様々な分野の巨匠といってもいい人々の脳内を見るたのしみもあり、また、部屋や収納に垣間見られるその人たちの本質に、ちらりと触れたような気持ちになることもできる。「おわりに」にていねいに説明されているように、書斎の作り方を学ぶこともできる。資料の作り方や保存方法も、（あまりにも独特で真似できないながら）たいへん興味深かった。その人の、仕事の仕方、仕事にたいする姿勢も、書斎から見えてくる。さりげなく飛び出すいくつもの名言に、幾度もはっとさせられた。登場する三十一人の、ファンもそうでない人も、はたまただれも知らないという人ですらも、興味深く読める作り方をしてある。

世界じゅうをその足で歩き、その目で見、その手でスケッチし、自身の言葉にしてきた作者が案内してくれる、書斎という、もっとも身近な小宇宙たちである。

（かくたみつよ／小説家）

本書は二〇〇六年五月、単行本として幻戯書房より刊行されました。

【初出一覧】

林望「古典籍からアンアンまで、リンボウ先生のふみくら」〜
千野栄一「いるだけで本が買いたくなる書斎」
▼連載名「本棚探検隊　作家のちえっぶくろ」
『三省堂ぶっくれっと』（三省堂）
▼一九九九年一月号〜二〇〇二年三月号
西江雅之「本のコトバを聞き取って」〜
粉川哲夫「移動、解体、組み立てをくり返す書斎」
▼連載名「本棚拝見　センセイの書斎」
『季刊・本とコンピュータ』（トランスアート）
▼第二期第三号（二〇〇二年春）〜第八号（二〇〇三年夏）
小林康夫「『雑に置くこと』の美学」〜
杉浦康平「書斎を流動する本たち」
▼連載名「本棚探検隊」
『未來』（未來社）
▼二〇〇三年九月号〜二〇〇四年四月号
曾根博義「重ねず積まず、五万冊すべてが見える書棚」
▼書き下ろし
＊連載時の各回タイトルを変更し、加筆訂正を加えた。

センセイの書斎《しよさい》

イラストルポ「本《ほん》」のある仕事場《しごとば》

二〇一一年 一月一〇日 初版印刷
二〇一一年 一月二〇日 初版発行

著者 内澤旬子《うちざわじゆんこ》
発行者 若森繁男
発行所 株式会社河出書房新社
〒一五一-〇〇五一
東京都渋谷区千駄ヶ谷二-三二-二
電話〇三-三四〇四-八六一一（編集）
〇三-三四〇四-一二〇一（営業）
http://www.kawade.co.jp/

ロゴ・表紙デザイン 粟津潔
本文フォーマット 佐々木暁
本文組版 株式会社創都
印刷・製本 凸版印刷株式会社

Printed in Japan ISBN978-4-309-41060-9

寄席はるあき

安藤鶴夫〔文〕　金子桂三〔写真〕　40778-4

志ん生、文楽、圓生、正蔵……昭和30年代、黄金時代を迎えていた落語界が今よみがえる。収録写真は百点以上。なつかしい昭和の大看板たちがずらりと並んでいた遠い日の寄席へタイムスリップ。

免疫学問答　心とからだをつなぐ「原因療法」のすすめ

安保徹／無能唱元　40817-0

命を落とす人と拾う人の差はどこにあるのか？　不要なものは過剰な手術・放射線・抗ガン剤・薬。対症療法をもっぱらにする現代医療はかえって病を増幅・創出している。あなたを救う最先端の分かりやすい免疫学の考え方。

映画を食べる

池波正太郎　40713-5

映画通・食通で知られる〈鬼平犯科帳〉の著者による映画エッセイ集の、初めての文庫化。幼い頃のチャンバラ、無声映画の思い出から、フェリーニ、ニューシネマ、古今東西の名画の数々を味わい尽くす。

あちゃらかぱいッ

色川武大　40784-5

時代の彼方に消え去った伝説の浅草芸人・土屋伍一のデスペレートな生き様を愛惜をこめて描いた、色川武大の芸人小説の最高傑作。他の脇役に鈴木桂介、多和利一など。シミキンを描く「浅草葬送譜」も併載。

実録・山本勘助

今川徳三　40816-3

07年、大河ドラマは「風林火山」、その主人公は、武田信玄の軍師・山本勘助。謎の軍師の活躍の軌跡を、資料を駆使して描く。誕生、今川義元の下での寄食を経て、信玄に見出され、川中島の合戦で死ぬまで。

恐怖への招待

楳図かずお　47302-4

人はなぜ怖いものに魅せられ、恐れるのだろうか。ホラー・マンガの第一人者の著者が、自らの体験を交え、この世界に潜み棲む「恐怖」について初めて語った貴重な記録。単行本未収録作品「Rojin」をおさめる。

狐狸庵交遊録

遠藤周作　40811-8

遠藤周作没後十年。類い希なる好奇心とユーモアで人々を笑いの渦に巻き込んだ狐狸庵先生。文壇関係のみならず、多彩な友人達とのエピソードを記した抱腹絶倒のエッセイ。阿川弘之氏との未発表往復書簡収録。

花は志ん朝

大友浩　40807-1

華やかな高座、粋な仕草、魅力的な人柄——「まさに、まことの花」だった落語家・古今亭志ん朝の在りし日の姿を、関係者への聞き書き、冷静な考察、そして深い愛情とともに描き出した傑作評伝。

ヘタな人生論より徒然草　賢者の知恵が身につく“大人の古典”

荻野文子　40821-7

世間の様相や日々の暮らし、人間関係などを“融通無碍な身の軽さ”をもって痛快に描写する『徒然草』。その魅力をあますことなく解説して、複雑な社会を心おだやかに自分らしく生きるヒントにする人生論。

世界怪談名作集　上・下

岡本綺堂〔編訳〕　上／46222-6　下／46223-3

古今東西の怪談の造詣に深い、語りの名手・綺堂による古典的アンソロジー。リットン「貸家」、ビヤーズス「妖物」、ゴーチェ「クラリモンド」、デフォー「ヴィール夫人の亡霊」、ホーソーン「ラッパチーニの娘」他全７篇。

志ん朝のあまから暦

古今亭志ん朝／齋藤明　40753-1

「松がさね」「七草爪」「時雨うつり」……、今では日常から消えた、四季折々の行事や季語の世界へ、粋とユーモアあふれる高座の語り口そのままに、ご存じ古今亭志ん朝がご案内。日本人なら必携の一冊。

日本料理神髄

小山裕久　40790-6

日本料理とは何か。その本質を、稀代の日本料理人が料理人志望者に講義するスタイルで明らかにしていく傑作エッセイ。料理の仕組みがわかれば、その楽しみ方も倍増すること請け合い。料理ファン必携！

新編　百物語

志村有弘〔編・訳〕　40751-7

怪奇アンソロジーの第一人者が、平安から江戸時代に及ぶさまざまな恐い話を百本集めて、巧みな現代語にした怪談集成。「今昔物語集」「古今著聞集」「伽婢子」「耳袋」など出典も豊富でマニア必携。

ちんちん電車

獅子文六　40789-0

昭和のベストセラー作家が綴る、失われゆく路面電車への愛惜を綴ったエッセイ。車窓に流れる在りし日の東京、子ども時代の記憶、旨いもの……。「昭和時代」のゆるやかな時間が流れる名作。解説＝関川夏央

天下大乱を生きる

司馬遼太郎／小田実　40741-8

ユニークな組み合わせ、国民作家・司馬遼太郎と“昭和の竜馬”小田実の対談の初めての文庫化。「我らが生きる時代への視点」「現代国家と天皇制をめぐって」「『法人資本主義』と土地公有論」の三部構成。

少年西遊記　1・2・3

杉浦茂　1／40688-6　2／40689-3　3／40690-9

皆さんおなじみの孫悟空でござい。これからぼくの奇妙奇天烈な大暴れぶりを、お目にかけることになったので、応援よろしく。漫画の神様手塚治虫も熱狂した杉浦版西遊記がはじめて連載当時の姿で完全復活！

少年児雷也　1・2

杉浦茂　1／40691-6　2／40692-3

でれでれーん。われらが児雷也の痛快忍術漫画のはじまりはじまり。大蛇丸、ナメクジ太郎ら、一癖もふた癖もあるへんてこ怪人相手に紙面狭しと大暴れ。杉浦茂の代表作がはじめて連載当時の姿で完全復活！

国語の時間

竹西寛子　40604-6

教室だけが「国語の時間」ではない。日常の言葉遣いが社会生活の基盤となる。言葉の楽しさ、恐しさを知る時、人間はより深味を帯びてくる。言葉と人間との豊かな関係を、具体的な例を挙げながら書き継いだ名随筆。

満州帝国

太平洋戦争研究会〔編著〕 40770-8

清朝の廃帝溥儀を擁して日本が中国東北の地に築いた巨大国家、満州帝国。「王道楽土・五族共和」の旗印の下に展開された野望と悲劇の40年。前史から崩壊に至る全史を克明に描いた決定版。図版多数収録。

二・二六事件

太平洋戦争研究会〔編〕 平塚柾緒〔著〕 40782-1

昭和11年2月26日、20数名の帝国陸軍青年将校と彼らの思想に共鳴する民間人が、岡田啓介首相ら政府要人を襲撃、殺害したクーデター未遂事件の全貌！ 空前の事件の全経過と歴史の謎を今解き明かす。

太平洋戦争全史

太平洋戦争研究会 池田清〔編〕 40805-7

膨大な破壊と殺戮の悲劇はなぜ起こり、どのような戦いが繰り広げられたか――太平洋戦争の全貌を豊富な写真とともに描く決定版。現代もなお日本人が問い続け、問われ続ける問題は何かを考えるための好著。

ヒゲオヤジの冒険

手塚治虫 40663-3

私立探偵伴俊作、またの名をヒゲオヤジ！ 「鉄腕アトム」「ブラック・ジャック」から初期の名作まで、手塚漫画最大のスターの名演作が一堂に！ 幻の作品「怪人コロンコ博士」を初収録。全11編。

華麗なるロック・ホーム

手塚治虫 40664-0

少年探偵役でデビュー、「バンパイヤ」で悪の化身を演じた、手塚スター一の悪魔的美少年ロック、またの名を間久部緑郎。彼のデビュー作から最後の主演作までを大公開！ 「ロック冒険記」幻の最終回。

幸福の無数の断片

中沢新一 40349-6

幸福とは何か、それはいっさいの痕跡を残さないまま、地上から永遠に消え去ってしまうかもしれない人生の可能態。キラキラ飛び散った幸福の瞬間を記録し、その断片たちを出会わせる、知と愛の宝石箱。

四百字のデッサン

野見山暁治　40038-9

少年期の福岡での人々、藤田嗣治、戦後混沌期の画家や詩人たち、パリで会った椎名其二、義弟田中小実昌、同期生駒井哲郎……。めぐり会った人々の姿と影を鮮明に捉えるエッセイスト・クラブ賞受賞作。

桃尻語訳 枕草子　上･中･下

橋本治

むずかしいといわれている古典を、古くさい衣を脱がせて、現代の若者言葉で表現した驚異の名訳ベストセラー。全部わかるこの感動！　詳細目次と全巻の用語索引をつけて、学校のサブテキストにも最適。

シネマの快楽

上／40531-5
中／40532-2
下／40533-9

蓮實重彥／武満徹

ゴダール、タルコフスキー、シュミット、エリセ……名作の数々をめぐって映画の達人どうしが繰り広げる、愛と本音の名トーク集。映画音楽の話や架空連続上映会構想などなど、まさにシネマの快楽満載！

カリフォルニアの青いバカ

みうらじゅん　47298-0

お、おまえらどぉーしてそうなの。あー腹が立つ。もういいよホントに……。天才的観察眼を持つ男・みうらじゅんが世にはびこるバカを斬る。ほとばしるじゅんエキス、痛快コラム＆哀愁エッセイ。解説＝田口トモロヲ

万博少年の逆襲

みうらじゅん　40490-5

僕らの世代は70年の大阪万博ぐらいしか自慢できるもんはありません。とほほ……。ナンギな少年時代を過ごした著者が、おセンチなエロ親父からバカ親父への脱皮を図るために綴った、青春へのオマージュ。

時刻表2万キロ

宮脇俊三　47001-6

時刻表を愛読すること40余年の著者が、寸暇を割いて東奔西走、国鉄（現ＪＲ）266線区、２万余キロ全線を乗り終えるまでの涙の物語。日本ノンフィクション賞、新評交通部門賞受賞。

水木しげるの【雨月物語】

水木しげる　40125-6

当代日本の“妖怪博士”が、日本の古典に挑む。中学時代に本書を読んで感銘を受けた著者が、上田秋成の小説をいつか自分の絵で描きたいと念願。「吉備津の釜」、「夢応の鯉魚」、「蛇性の婬」の３篇収録。

妖怪になりたい

水木しげる　40694-7

ひとりだけ落第したのはなぜだったのか？　生まれ変わりは本当なのか？　そしてつげ義春や池上遼一とはいつ出会ったのか？　マンガと同じくらいに深くて魅力的な水木しげるのエッセイを集成したファン待望の一冊。

滑稽漫画館

宮武外骨　吉野孝雄〔編〕　47284-3

奇人でもあり変人でもある明治のジャーナリスト宮武外骨の奇想天外な戯画の数々を、当時の「滑稽新聞」から集めた過激なパロディ集。現代マンガを凌駕する恐るべき発想と爆弾的表現、そしてナンセンスの嵐。

黒い花びら

村松友視　40754-8

昭和歌謡界黄金時代を疾風の如く駆け抜けた、無頼の歌手・水原弘の壮絶な生涯。酒、豪遊、博打、借金に満ちた破天荒な歌手生活を、関係者達の取材を綿密に重ねつつ、波瀾の人生を描く感動のノンフィクション！

犬の記憶

森山大道　47414-4

世界的な評価をえる写真家が、自らの記憶と軌跡を辿りながら、撮影の秘密を明らかにする幻の名著、待望の文庫化。絶妙な文章で描かれる60～70年代の“闇”への誘い。写真多数収録。写真ファン必携。

犬の記憶　終章

森山大道　47424-3

『犬の記憶』15年の時を経て書かれたその続編。写真家たちとの熱い出会いを通して描く半自伝的エッセイ。時を遡り、空間を彷徨しつつ紡がれる文章は、妖しい輝きを帯びながら写真の始源を開いていく。

べけんや　わが師、桂文楽

柳家小満ん　40756-2

落語家・八代目桂文楽に“一目ぼれ”、芸の世界へ飛び込んだ筆者が、師匠への深い愛情をもって描く、名人の素顔。落語黄金時代の高座やお座敷、なつかしい落語家たちも多数登場。落語ファン必携の一冊。

松坂世代　マツザカ・ジェネレーション

矢崎良一　40819-4

1998年夏の甲子園で日本中を熱くした、奇跡のような若者たちのその後。「最強の世代」といわれる彼らは、松坂大輔とあの夏の体験を追いかけ、それぞれの栄光と挫折を体験する。その生き方を追った感動の書。

良寛異聞

矢代静一　40510-0

“いにしへを思へば夢かうつつかも”“あづさ弓春も春とはおもほえず”超俗的な詩僧・歌僧として知られる良寛の清貧に満ちた生涯を劇的に描く感動の大作！　姉妹篇・戯曲「弥々」を収録。

淀川長治 究極の映画ベスト100

淀川長治　40701-2

『淀川長治映画ベスト1000』の中から究極の百本をよりすぐり、淀川さんの発言・文章をボリュームアップ。グリフィス「イントレランス」から北野武「キッズ・リターン」まで。生涯かけて全作見たい。

著訳者名の後の数字はISBNコードです。頭に「978-4-309」を付け、お近くの書店にてご注文下さい。